야만의 시대기

이영숙
평론집

야만의 시대기

초판 1쇄 인쇄 · 2025년 9월 22일
초판 1쇄 발행 · 2025년 9월 29일

지은이 · 이영숙
펴낸이 · 한봉숙
펴낸곳 · 푸른사상사

주간 · 맹문재 | 편집 · 지순이 | 교정 · 김수란
등록 · 1999년 7월 8일 제2-2876호
주소 · 경기도 파주시 회동길 337-16 푸른사상사
대표전화 · 031) 955-9111(2) | 팩시밀리 · 031) 955-9114
이메일 · prun21c@hanmail.net
홈페이지 · http://www.prun21c.com

ⓒ 이영숙, 2025

ISBN 979-11-308-2326-3 03800
값 29,000원

- 저자와 합의하여 인지는 생략합니다.
- 이 도서의 전부 또는 일부 내용을 재사용하려면 사전에 저작권자와 푸른사상사의 서면에 의한 동의를 받아야 합니다.
- 이 도서의 표지와 본문 레이아웃 디자인에 대한 권리는 푸른사상사에 있습니다.

평론선 45

야만의 시대기

이영숙 지음

The Age of Savagery

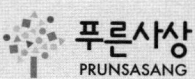
푸른사상
PRUNSASANG

| 책머리에

몽골에서 말타기 이틀째였다. 마부도 없이 우리는 테렐지 들판을 가로질러 언덕 지대까지 갔고 돌아오는 길에는 반대쪽의 경사진 돌길을 내려오게 되었다. 할 수 있다고 가이드가 부추겼기에 다들 용기를 냈다. 돌이켜보니 마부가 없었던 것도 아니다. 말 열두 마리를 숙소까지 데려온 말 주인과 그의 일곱 살 난 아들이 동행했다. 아이의 말 다루는 솜씨는 부럽기만 했다. 추, 추! 우리가 아무리 외쳐도 '출발'하지 않던 말이 아이의 심상한 한마디에는 순종했다.

내가 탄 말은 오른쪽 목덜미에 엄지손톱만큼 살점이 파여 진물이 흐르고 있었다. 걸을 때도, 달릴 때도 파리가 열댓 마리는 족히 몰려들었다. 내가 몸을 기울여 상처 위로 손을 휘저으면 아주 잠깐 몸을 떼었다가 다시 끈질기게 달라붙곤 했다. 파리와 신경전을 벌이느라 풍경을 둘러볼 겨를도 없이 나는 말의 목과 머리, 목덜미 아래로 보이는 앞발에 절로 집중하게 되었다. 말이 터벅터벅 걸을 때조차 아무 곳이나 짚는 게 아니라는 사실을 그제야 알았다. 목이 그 지경인데도 내 말은 미끄러지지 않을 돌과 땅을 골라 신중하게 발을 디뎠다.

지금도 나는 가끔 내 목을 만져본다. 진물이 묻어난다. 게르 체험할 때 유목민 가족에게 선물하려고 챙겨 간 물품 중에 마침 후시딘이 있었다. 세 개를 주면서 말의 상처에 꼭 발라달라고 거의 사정을 하면서도 말 주인이 가로챌지 모른다고 나는 의심을 거두지 않았다. 열 개를 모두 주지 않은 후회의 한편으로 말의 상처에 연고 따위는 발라주지 않는 몽골식 관례를 내가 모르는 것일 수 있다고 나를 나무라기도 했다. 무엇보다도 말에게 연고를 발라주지 않았을 거라고 말 주인을 의심하는 나 자신을 이해할 수 없었다. 어쨌거나 내 목에서는 여전히 진물이 흐른다.

  텍스트의 내밀한 언어를 파악하는 동시에 그것을 바깥의 대상들과 연결시켜주는 게 평론의 본분 중 하나라고 생각해왔다. 작품에 뛰어들어 작품을 즐기면서 텍스트가 품고 있는 세계관과 미의식, 삶의 태도, 시대적 모럴 등을 발견하고 분석하는 일은 흥미로웠다. 그러나 나는 평론가로서 너무 늦게 온 자. 평론적 예지가 번뜩이는 20대, 30대가 내겐 부재한다. 당대의 지적인 독서목록도, 문화환경도 성글기만 하다. 시인으로서도 게으르게 활동하는 와중이었다. 훈련도 극기도, 평론가에 대한 욕망과 자의식도 없는데 어느 날 원고 청탁이 먼저 와서 이 난리가 난 것이다.

  비유적으로 말하자면, 말 주인의 일곱 살 난 아들 같은 이가 평론가로 자랐어야 한다. 말을 부리는 게 자유로운, 그렇게 잘 자란 이들을 나는 지금도 부러워한다. 늦어서 그리 사려 깊게 땅을 골라 짚었나 싶기도 했던 내 말처럼 나는 문장과 단어를 고르느라 진도를 빼지 못할 때가 많다. 평론적 사유가 시적 문체에 실리면서 돌밭이 될까 봐 시에 대한 글을 쓰면서 시적 문체를 쓰기 위한 고민이 아니라 쓰지 않기 위한 고투가 이어졌다. 날 먼저 알아봐준 게 시였으므로 나는 시가 엄마인 줄 아는 새끼 오리였고, 냉정한 관찰자를 희구하는 지금까지도 나의 진물은 마를 날 없다.

  시의 입장에서도 할 말은 있을 것이다. 텍스트 바깥의 대상을 세계라 하고 자연과 인공사물과 인간으로 이루어진 그것의 표면과 이면의 유기적 활동을 현상이라 했을 때, 숱한 개념적 분화를 거친 하위 갈래에는 시도 평론도 어려워하는 독자가 있지 않겠는가. 이때 시를 평론처럼, 평론을 시처럼 다룬 시적 문체가 조금은 시와 평론의 문턱을 낮추지 않겠는가. 시원한 느티나무 그늘에 탁자와 편안한 의자를 내놓고 독자를 초대할 수 있는 것은 아닐까. 평론집을 경유한 시를 스크린처럼 관람할 수 있는 것은 아닐까……. 그렇다고 시 평론을 묶은 이 책이 몽땅 이런 몽상에 빠져 있는 것은 아니다. 세계는 그리 한가하지도 낭만적이지도 않다. 오히려 전장이다.

세계사적 지평 위에서 지금 우리는 어디에서 무엇을 하고 있는가를 구체적으로 묻는 것이 또한 평론이라고 할 때, 첫 평론집 제호에 '야만'이 쓰일 줄은 정말 몰랐다. 글을 추리고 분류하고 다시 읽는데 아직도 쓰지 못한 '야만'이 생각나 손이 떨렸다. 혹시 세계의 폭력성을 시적 문체가 완화하고 무마하는 것은 아닐까, 두려웠다. 그러나 시가 현실의 틈이나 사물의 배면, 감각의 음지에 자리한 인간의 감정과 윤리를 포착하는 장치를 내장한 생명체임을 우리는 안다. 당연하겠지만 이 글은 다만 해석의 윤곽을 제시할 뿐, 시들이 내뿜는 시적 에너지의 모든 결을 포획하지는 못한다. 시가 지닌 긴장감과 침묵의 행간을 감각적이며 비유적인 방식으로 공명시키고 싶어 시적 문체가 필요했는지도 모르겠다.

시에 관한 평론만을 묶은 이 책은 소제목 없이 4부로 구성되었다. 자율적으로 시 텍스트를 선택하기도 하지만, 타율적으로 배당된 텍스트도 섞여 있어 하나의 주제로 오롯하게 묶기가 쉽지 않았다. 다만 주제와 소재의 맥락적 친연성 여부를 그 기준으로 삼았을 뿐이다. 따라서 어느 정도는 개괄적 범주이고 허름한 연대이다.

제1부는 '시란 무엇인가'라는 근원적인 질문에 대해 답이 될 만한 글을 모

았다.「시의 방위」는 공간의 구조화된 방위를 사용하는 방식이 시적으로 달리 구현되는 지점을 톺아보았다.「언제나 너무 많은 '非'들」은 이수명 시에서 그간 논의된 바 없는 '비(非)' 개념을 통해 낯선 세계를 창조하는 시적 과정을 추적하였고,「바깥이라는 안의 전형」은 세계의 그 숱한 '밖'들은 '안'으로 환원되려는 타자들의 감성이었음을 살펴보기 위해 먼 데까지 다녀오는 모험을 감행하였다.「좋은 시, 어려운 시, 달아나는 시」는 세대론을 빌려 소위 좋은 시와 어려운 시를 대하는 문학도와 일반 독자, 기성 시인의 온도 차를 밝히고 '달아나는 시'를 그 대안으로 제시해보았다.「이렇게 절실한 말」이 비존재와 존재 간의 길항과 더불어 공시적 관계에 주목했다면,「문학의 '그러함'이라는 생장점 — 문학은 무엇이었는가」는 방대하고 추상적인 질문을 구체화하기 위해 통시적 관점으로 그 '무엇'이 무엇인지에 대해 진단하고 답하였다.

  제2부에는 이 책의 중심 주제로서 '야만'에 근접한 글들이 실렸다.「당신의 난각 코드 끝자리」는 세계자본과 세계화라는 현상에 종속된 국내 자본의 체제에서 새로운 노동 현실과 인간다운 삶의 상실이 동시적으로 수립되는 현실을 짚었다. 표제작이기도 한「야만의 시대기」는 인식의 지평을 좀 더 넓혀 생명 모독이 일상화된 이 비루한 시대상을 세계화, 식민지, 노동, 전쟁이라는 키워드로 조망했다.「사회현상이 문학에 기입되는 방식」에서는 시인들이 미리 가본 미래를 현재화하는 전략으로 사회현상을 다루는 방식을 살폈고,「적과 동지라는 딜레마」에서는 과거의 동지와 현재의 동료를 적으로 만들어 부를 창출하는 게 정치가 된 현실에서 오로지 나만이 나의 진정한 동지가 되는 세계의 도래를 보았다.「펜데믹 시대 마스크를 쓴 시들」과「펜데믹 시대 마스크를 쓴 시들, 그 이후」에서는 각각 2020년 봄부터 여름까지 발표된 시 15편과 2020년 7월부터 2022년 2월까지 발표된 시 25편을 통해 시가 재난을 대하는 태도를 다루었다. 야만의 주체가 코비드-19가 아

니라 사람이라는 결론으로 귀결되는 참담한 시적 여정을 우리는 견뎌야 한다.

제3부는 이 글의 둘째 마디에서 언급한 '바깥의 대상'에 관한 것이다. 「약속, 마음, 육체라는 신화」는 문학이 미추를 길어 올릴 때 현실은 도덕을 외재화하며, 문학이 세속에서 신화의 시간대를 지향할 때 현실은 신화를 세속의 시간대로 끌어내리는 현상에 주목하였다. 현실과는 다른 문양을 그려내는 시적 순간을 신화의 현재성이라 규명했다. 철학적 문양을 띠는 「존재론적인 고통과 육체로 환원된 정신주의」에서 박찬일의 고통의 진원지는 죽음, 인류, 신을 경유하는 시인의 성찰적 자아와 '나 속의 소년[곧 초자아]'으로 모아진다. 「신드롬과 징후」가 밥 딜런, 서태지, 김경주의 공통점을 변화의 전통을 내장한 가장 강한 개인임을 밝히는 데 주력했다면, 「수학은 어떻게 시로 건너오는가」에서는 프랙탈의 자장 안에서 전범화된 개인과 비전범화된 개인 혹은 집단의 문화양식이 시에서 발현되는 양상을 비교해보았다. 동양적 사유 안에서 「보이는 것 뒤에 보이지 않는 것들」는 현실 정치에 예속된 세속적 삶의 현상과 본질을, 서양적 사유 안에서 「고통에 관한 시적 아날로지」는 고통의 원인과 고통을 대하는 태도를 통해 대상, 현상, 관계의 아날로지적 창조의 순간을 보여준다. 「머물기, 달아나기 혹은 되돌아오기」에서는 모성과 부성을 둘러싼 가족 서사에 아로새겨진 시대성의 의미를 살펴보았다.

제4부에는 시의 발화점을 드러내는 글을 모았다. 「전선에서 온 편지」는 체제, 감각, 관계, 감정, 죽음의 전선(前線)까지 거슬러 올라가 쓴 시인의 면모를 다루었다. 「아우라가 현전하는 방식」에서는 시에 자주 등장하는 각주가 원본에 대한 오마주적 욕망인지, 원본의 아우라에 편승하기 위한 방편인지, 원본을 소비하는 현장의 목소리인지를 되짚어보았다. 「이미지 사용법」은 이미지 과잉 시대에 절제된 이미지를 운용하는 방식을, 「출발과 발생」은 사유로 추상화된 시공간을 통해 의미를 강화하는 방식을 다루었다.

「슬픔이라는 물렁한 관념 덩어리를」은 세계에 가려진 슬픔을 찾아내서 전경화하거나 삶의 현장에서 드러난 물리적 현실을 보편화할 때 배양된 슬픔에 관한 것이다. 시인과 독자에게서 그 공통감각은 윤슬로 빛난다. 「아, 시의 불행 시의 희열!」은 기원과 원본을 알 수 없게 되어버린 시대의 시의 불행과, 기원과 원본을 찾아 절벽 아래 어둠 속으로 뛰어내리는 시의 희열을 동시적으로 좇았다. 시의 불행과 시의 희열은 불행히도, 다행히도, 한 몸이다.

  평론으로 등단하기 몇 년 전에 내게 평론을 청탁하여 잔잔한 일상에 난리를 일으킨 분은 박찬일 교수이다. 그 계기가 없었다면 나는 평론을 쓰지 않았을 수도 있다. 황유지 평론가는 대학원 후배이자 나의 젊은 벗이다. 그녀가 그토록 맹렬하게 글을 써대지 않았거나 그녀와 그렇게 자주 평론적 상상력을 공유하지 않았다면 나의 긴장감은 유지되지 않았을 것이다. 민병도 씨, 당신의 전폭적인 믿음과 지지가 없었다면, 혁기와 하늬 그리고 그 배우자인 경아와 니카이의 기대와 사랑이 없었다면, 나는 지쳐 평이한 일상에 진즉 안주했을 것이다. 여러 스승과 친지, 문학 동료들, 내게 시를 배우는 제자들에게도 나는 사랑의 빚을 졌다. 선대의 지성을 포함한 이렇게 많은 조력으로 한 인간은 겨우 이만큼이나마 성장한다.
  그리고 1933년생 고순이 여사! 내 어머니 살아생전 이 책을 바칠 수 있어서 감사와 영광이 사무칩니다.

2025년 가을
이영숙

| 차례 |

■ 책머리에   4

제1부

시의 방위(方位)   17
김행숙 「지구를 지켜라」, 박찬일 「첨성대의 발달」, 이병일 「팥」, 강현국 「빨간 우체통」, 박윤일 「구두, 발자국」, 이장욱 「반려」

언제나 너무 많은 '非'들   31
이수명 「꿈에 네가 나왔다」·「도시가스」·「도시가스」·「무단결석」·「밖에 있는 사람」

바깥이라는 안의 전형   45
문성해 「밖이라는 것」, 손미 「창문들의 플랫폼」, 김유미 「飛禽島」, 김은상 「하이델베르크의 고독」, 박지웅 「새의 훗날」

좋은 시, 어려운 시, 달아나는 시   57
이장욱 「생활세계에서 춘천 가기」, 김이듬 「시골 창녀」

이렇게 절실한 말   71
한명희 「이 노을은 어딘가 익숙하다」·「살던 동네」·「고대 그리스식 비극」·「사이비」·「토끼풀을 먹은 토끼를 나무랄 수는 없듯이」

문학의 '그러함'이라는 생장점 ― 문학은 무엇이었는가   82
박지웅 「잘 가」, 심영의 『오늘의 기분』, 황보름 『어서 오세요, 휴남동 서점입니다』

야만의 시대기

제2부 당신의 난각 코드 끝자리 93
반연희 「제국의 밤」, 서안나 「난각 코드」, 조세희 「내 그물로 오는 가시고기」, 한영수 「을밀대 지붕 위의 체공녀처럼」, 김사인 「성웅(聖雄)」

야만의 시대기 104
백무산 「바람에 실려」, 권박 「코코넛 매트」, 신동옥 「프롤레타리아의 봄밤」, 장우원 「내 슬픔은」

사회현상이 문학에 기입되는 방식 116
천명관 「고령화 가족」, 손원평 「타인의 집」, 김유철 「그러려니 비극」, 김종희 「생로병사」, 장석주 「꿈속에서 우는 사람」, 한명희 「스위스행 종이비행기」, 이영숙 「수건의 고독사」, 김현주 「이끼」, 권형영 「사라진 사람들은 부엌에 모여 산다」

적과 동지라는 딜레마 134
전선용 「뱀사골에서」, 이장욱 「적」, 김성규 「동지」, 이재무 「고백」, 박관서 「서울에서 보내는 편지」

팬데믹 시대 마스크를 쓴 시들 144
이태수 「봄 전갈 — 2020 대구 통신」, 김은령 「불가촉시민」, 한정원 「에포케」, 안현미 「카만카차9」, 김나영 「이런 적은 처음입니다」, 김명인 「누가 수조 속에 가물치를 풀어놓았나?」, 박정원 「붉은여우를 찾아서」, 이승하 「대낮의 군대」, 나희덕 「어떤 부활절」, 이영광 「검은 봄」, 휘민 「신분당선」, 서안나 「마스크」, 함기석 「마스크」, 이희형 「나는 이제 예전만큼 자주 걷지 않지만 방 안에서도 산책할 수 있다는 것을 알게 되었습니다」, 이병률 「면역」

팬데믹 시대 마스크를 쓴 시들, 그 이후 163

조향미 「마스크」, 박수빈 「들꽃 요양원」, 류근 「코로나 학번」, 손세실리아 「누나라는 말」, 김현 「간다」, 송문희 「슬픔 한 권 — 코로나19를 발췌하다」, 채선 「감염」, 박용하 「생활의 실패」, 여국현 「천변 풍경 3」, 박성민 「비대면의 가을」, 강영환 「그늘에 앉은 남자」, 김네잎 「스마일 마스크 증후군」, 손미 「불면」, 이영숙 「12월 32일」, 이은래 「이 시절에」, 김승일 「추모 도서 출간 파티」, 조창환 「마스크 안의 기도」, 전선용 「전염, 그 현상에 대하여」, 장우원 「사회적 거리두기 2.5」, 이영광 「자연처럼」, 김이하 「당부」, 김효은 「코로나 시대에 신은 줌(zoom)놀이를 한다」, 안현미 「변신마스크」, 김은후 「어처구니 보고서」, 송경동 「비대면의 세계」

제3부

약속, 마음, 육체라는 신화 183

권기선 「국경」, 김중일 「마음의 잠」, 김륭 「검은 기린」

존재론적인 고통과 육체로 환원된 정신주의 194

박찬일 「마음에 대한 보고서 2 — 詩에 대하여」·「마음에 대한 보고서 11 — 육식에 대하여」·「알 수 없는 고통」·「소년」·「1990·내 밥」·「마음에 대한 보고서 3 — 감사에 대하여」·「마음에 대한 보고서 6」·「중앙SUNDAY — 서울, 포스터」·「마음에 대한 보고서 17 — 내 눈동자에 대하여」·「죽은 나무가 나무다」·「그가 나에게」·「이웃에 계신 하나님」·「바다를 두고 — 序詩」·「인류에 대한 관심」·「낮술」·「어머니」·「백설공주가 일곱 난장이와 자꾸 헤어진다」·「인류」·「돼지! 그리고 비디오」·「병 깊은 자의 노래」·「회복기의 노래 1」

신드롬과 징후 206

밥 딜런, 서태지, 김경주

수학은 어떻게 시로 건너오는가   220
이종민 「프랙탈」, 성보현 「여행」, 배창환 「4·16의 아침」, 장석남 「법의 자서전」, 이길한 「행복한 바보, 바보 행복한」

보이는 것 뒤에 보이지 않는 것들이   237
김완, 「선암사, 꽃의 시간」·「황석산을 오르며」·「시간의 얼굴」·「달마고도를 걷는다」·「부치지 못한 시집」

고통에 관한 시적 아날로지   247
허정애 「우리는 타인의 얼굴에서 어떻게 걱정의 감정을 읽어내는가」, 허연 「가여운 거리」, 최문자 「손」, 이보경 「타프롬 사원과 스펑나무」, 이윤설 「예약된 마지막 환자」

머물기, 달아나기 혹은 되돌아오기   261
정일근 「어머니의 문장」, 이진옥 「씻김」, 나희덕 「슬픈 모유」, 김용택 「위대한 나의 아버지」, 김재필 「그러거나 말거나」, 최영철 「아흔아홉 개의 정류소를 지나」

제4부

전선에서 온 편지   277
문현미 「얼음 전선 — 서대문형무소」, 김석영 「내가 모르는 장면」, 이점선 「오늘 나는 네가 살지 못한 만구백오십번째 밤」, 위성욱 「난파」, 이영주 「묘지기」

아우라가 현전하는 방식   289
김유태 「검은 원」, 문보영 「절벽 미소」, 김언희 「자기소개 — 에두아르 르베에게」, 장석원 「나의 영혼은 목소리에 저항할 수 없다 — Tracy Chapman 「The Promise」에 붙여」, 고경자 「벨베데레의 봄」, 최휘 「은사님이 더 이상 시를 쓰지 않았으면 좋겠다」

이미지 사용법 306
주병율 「신기루 — 굴참나무 잎」·「김종삼처럼 말하다 — 먼지들」·「너무 늦은 시간」·「다알리아」, 한명희 「7년 7개월」·「누구의 누구」·「다음에」

출발과 발생 317
이강하 「눈사람」·「칸나의 해안」·「붉은 화첩」·「줄무늬 돌」·「오래된 나무 이야기」

슬픔이라는 물렁한 관념 덩어리를 326
허유미 「브로콜리」, 이령 「슬픔의 가속」, 민구식 「과메기」, 손수진 「그녀의 밥」

아, 시의 불행 시의 희열! 333
김옥종 「풍장(風葬)」, 문경재 「함정」, 이돈형 「노릇」, 신현락 「문장의 표정」

- ■ 발표지 목록 343
- ■ 찾아보기 345

제1부

시의 방위(方位)

김행숙 「지구를 지켜라」, 박찬일 「첨성대의 발달」, 이병일 「팥」,
강현국 「빨간 우체통」, 박윤일 「구두, 발자국」, 이장욱 「반려」

　최초로 자신을 일으켜 세운 직립원인이 방금 '앞발'에서 차원 변화를 일으킨 '손'을 모두고 앞을 내다본다. 단숨에 뒤와 양옆이, 위와 아래가 생겨난다. 네 발로 땅을 딛고 있을 때는 상상할 수 없었던 공간이 그/그녀를 에워쌌으며, 그/그녀로부터 확산되어 나간다. 그/그녀를 중심축으로 하는 전·후·좌·우·상·하의 방위가 최초로 경험되는 순간이었다.
　경험은 인식을 낳고 인식은 개념으로 추상화된다고 했을 때, 방위라는 개념은 중심축이 스스로를 자각하는 순간부터 발생하는 공간의 구조화된 방향성을 갖는다. 넓거나 좁다는 의미의 지각적 공간이나 장소와 결부된 실재적 공간, 혹은 동서남북 등으로 분할되는 추상적 공간과는 달리 방위를 비실용적 측면에서 인식한 역사는 오히려 유구하다. 해 뜨는 동방이라는 이미지가 동쪽이라는 방위를 뜻하면서도 일면 신비를 덧입힌 오리엔탈리즘으로 기능할 수 있었던 것은 방위를 상징적 공간으로 적극 활용한 예이다. 역사를 좀 더 거슬러 올라가면 신화와 주술이 그 공간을 채운다. 태양신을 섬기는 행위는 동쪽이라는 방위에 대한 숭배이기도 했다.
　방위의 중심축을 자처하며 인간은 세계를 자신 안으로 응축시키거나 자신을 세계 속으로 확산시켜왔다. 직립원인이 뒤로 돌아서거나 거꾸로 서서 볼 때 전·후·좌·우·상·하의 공간적 배치가 새롭게 이루어지는 것과 마찬가지로 방위의 결정 조건은 중심축에 자리한 존재의 바라봄과 관계한다. 존재들은 바라봄을 통해 매 순간 방위와 결부되었다. 사람마다 문화마다 민족마다 다른 방위를 갖는 것이 다양성을 유지하는 세계의 운행 방식이었고, 공동체 안에서 개별성을 유지하는 삶의 조건이었다. 한 개인이 세계관이니 종교관이니 개성이니 하면서 자신만의 주된 방위를 갖는 것처럼, 자신만의 정체성을 가진 시인이나 시인과는 별개의 인격을 가진 시의 주체 역시 시의 주된 방위를 갖고 있다. 주된 방위란 주된 방향성에 다름 아니니 시의 주체가 줄곧 바라보는 정면이 곧 그것이다. 존재를 중심축으로 가진 각각의 정면들은 시의 방위이자 시의 한 세계를 품은 시로 매 편 새롭게 탄생한다.

  한편 정면에서 비켜나 있는 현상과 사물들은 자신들을 스쳐 지나가는 존재의 시선을 붙잡지 못한 채 주체의 시야 밖으로 미끄러진다. 그러나 미끄러진 사유와 언어들이 기왓장처럼 부스러져 시 바깥을 폐허로 만드는 것은 아니다. 흐르는 강물을 지켜보다 문득 시선을 놓았을 때 역으로 내가 강을 거슬러 오르는 느낌이 들거나, 옆 차선에서 다른 차가 전진할 때 멈춰 있는 내 차가 후진하는 것 같은 느낌들이 시에는 끼어들기 마련이고, 이런 요소들은 사물과 현상에 대한 관점이나 시각이라는 일방향보다 방위라는 입체적 측면에서 발견될 여지가 더 많다. 다만 시의 안팎에 널브러진 그 '미끄러진 사유와 언어'들까지 평문이 다 찾아낼 수 있는 확률은 거의 없다. 지면의 제한이라는 단서를 달지만, 결국 평자의 주관성과 능력 부족이라는 한계가 주된 원인이 될 것이기 때문이다. 다만 시의 방위라는 입체적 프레임을 통해 전경화되지 않은 시의 이면들이 발견될 수 있다면 다행일 것이다.

지구

밤마다 지붕 위로 올라가는 사람이 있습니다. 나는 이상하게 생각하지 않았어요. 아무도 모르게 하는 일 하나쯤은 누구나 가지고 있잖아요? 몰래 후원을 하거나, 눈물을 흘리거나, 시를 쓰거나, 폭약을 제조하거나, 자위, 자해, 자살을 하는…… 그러나 밤은 이미 패색이 짙습니다. 저들은 패색을 밤의 색깔, 지구의 기분이라고 부릅니다. 저희들의 패색왕이여,

낮이 연장, 연장되었습니다. 낮이 1시간이라면 밤은 1초. 밤의 정신은 퇴각, 퇴각…… 퇴각의 초침 속에 깃들어 있어요. 심야택시 한 대가 밤의 퇴로를 빠져나갔습니다. 지구는 뿌리 없는 나무예요. 동지여, 무사히 도착하면 그곳 사정을 알려 줘요. 그곳에도 밤마다 지붕 위로 기어 올라가는 사람이 있다면, 단 한 명이라도 밤의 지붕에 오두카니 앉아서…… 망망대해를 표류하고 있다면,

가슴팍에 칼을 꽂듯 세계의 심연을 들여다봤다면, 그리하여 마침내 공포를 깨우쳤다면, 새로운 신입당원이여, 지붕 위로 쫓겨난 개여, 아직도 자기 믿음이 부족한 자여, 그대는 비밀을 파헤친 자, 더 많이 알게 된 자예요. 지구는 날개 없는 거대한 새입니다. 선택받은 자의 얼굴은 뺨을 맞은 자의 얼굴과 닮았습니다. 지금 뺨을 맞은 사람으로 하여금 말하게 해야 합니다. 그러므로 당신이 비명을 질러야 합니다.

— 김행숙, 「지구를 지켜라」 전문(『시와 반시』 2019년 가을호)

익히 알려진 바와 같이 남미의 '불개미 뗏목'은 잦은 홍수를 이겨내기 위한 불개미의 생존 전략이 진화한 결과물이다. 적게는 수백 마리에서 많게는 수백만 마리가 서로의 입과 다리를 물어 거대한 뗏목을 형성하는데, 마른 땅을 만날 때까지 물 위에서 최대 3주를 버틸 수 있다고 한다. 이들이 여왕개미와 알들을 안전하게 둘러싸면서 대오를 구축하는 데 걸리는 시간이 2

분 이내라는 사실은 존속 위기 타이머를 생존의 방향으로 돌리는 데 필요한 유효시간의 긴박함을 말해준다. 1년 남짓 산다는 불개미와 기대수명으로 80년을 넘겨 사는 인간을 놓고 봤을 때, 이미 10여 년 전에 지구의 환경위기시계가 가리킨 21시 33분은 익사냐 생존이냐를 가름하는 불개미의 2분에 해당하는 시간일 수도 있다. 그러나 불개미와 달리 인간 세계에서는 소수만이 '뗏목'의 필요성을 인지할 뿐 대다수가 '2분'의 긴박성을 간과하고 있다. 이 시는 이런 위기의식에 대한 외마디 절규와 같다.

충분히 긴 지렛대와 그것이 놓일 한 점만 주어진다면 지구라도 들어 올리겠다고 한 것은 아르키메데스였다. '아르키메데스의 점'의 관점을 떠올리면서 지구에서 발사된 최초의 인공위성(1957)에 주목한 것은 한나 아렌트였다. 그때부터 인간이 "지구 밖에서 지구에 묶여 있는 자연을 생각하고 다루었다"(『인간의 조건』)는 것인데, 인공위성 발사가 자신을 신격화한 인간이 지구와 지구의 생물을 대상화하게 된 상징적 사건의 시초였음을 역설하는 것에 다름 아니다. "밤마다 지붕 위로 올라가는 사람"이 이제 겨우 '2분' 남았다고 "비명을 질러야" 하는 단계가 "패색이 짙"은 지구의 현 상태이며, 이것이 "뿌리 없는 나무"이며, "날개 없는 거대한 새"인 "지구"를 지키는 길인 것이다. 누구로부터? "패색을 밤의 색깔, 지구의 기분이라고 부"르는 '저들'로부터. 마치 '아르키메데스의 점'과 지렛대와 그것을 작동시킬 무한대의 우주적 공간을 소유한 듯 지구를 유린한 "저희들의 패색왕"으로부터.

사실을 말하자면 "연장, 연장"되는 "낮"은 거짓의 표면이고, "퇴각, 퇴각"하는 "밤"은 진실의 내면이다. "세계의 심연을 들여다" 본 자와 "공포를 깨우"친 자를 향해 시의 주체가 촉구하는 것은 아르키메데스의 반어적 어법과 한나 아렌트의 제안적 어법보다 더욱 날카롭고 초조하다. 지구 밖에서 지구를 보았던 기원전 3세기의 과학자에게는 농담이 섞여 있었고, 20세기의 정치사상가에게는 아직 인간에 대한 기대가 섞여 있었으나, 21세기의 시인에게는 "초침" 소리만이 째깍거린다.

인류

자신을 감당할 길 없어요 시체가
툭툭
시체 위에 시체가 툭툭
시체가 툭툭
원통 가운데를 지나 시체가 툭툭
항아리처럼 부풀어 올라
시체가 툭툭
하늘을 감당할 수가 없어요

시체가 툭툭 시체 위에 시체가 툭툭
얼굴 붉히게 하는 表現
시체가 툭툭

아침부터 한밤중까지 하늘을 감당할 수 없어요
시체가 툭툭
얼굴 붉히게 하는 표현
시체가 툭툭
시체 위에 시체가 툭툭
존재가 투두둑,
自身을 감당할 수 없어요

가재가 툭툭
가재 위에 가재가 툭툭

— 박찬일,「첨성대의 발달」전문(『문학사상』 2019년 6월)

밤하늘의 별들을 보며 인간은 미의식을 느끼는 외에도 호기심을 충족시키기 위해 나름의 방식으로 별을 관찰해왔다. 나라의 길흉을 점치면서는 점성학이, 역법(曆法)을 연구하면서는 천문학이 발달하였고, 별과 별 사이에 상상의 선을 그어 동물이나 인물을 구현하면서는 별자리가 신화화되었다. 시간이 흐르면서 인간의 관심사가 바뀌었다. 별을 관찰하는 목표나 방식이 변모하였고, 그 장소도 경주 첨성대에서 각 지역의 천체관측소 등으로 현대화되었지만, 새로운 별을 발견하거나 지구 역시 우주 속 하나의 별이라는 측면에서 대안적 지구를 찾는 일도 꾸준히 진행되는 중이다. '하늘을 감당하라'고 만든 것이 '첨성대'의 기원이며 현재 역시 그 기능과 역할은 크게 변하지 않고 있다. 그런데 이 시에서 '첨성대'가 "하늘을 감당할 수가 없어요"라고 말할 때 「첨성대의 발달」은 오히려 반어적으로 삐끗한다. "하늘을 감당할 수가 없"을 뿐만 아니라 심지어 "자신을 감당할 길 없어요"라고까지 말하기 때문이다.

이 시의 중심 이미지는 "시체가 툭툭/얼굴 붉히게 하는 표현"이다. 인간("시체")에 대해 말함으로써 별이 얘기'되고', 별에 대해 말함으로써 인간이 얘기'되는' 방식이다. '시체'는 유성에 다름 아니고, '감당할 수 없'을 정도로 떨어지는 유성은 '감당할 수 없'을 정도로 많은 인간 군상, 곧 존중받지 못하고 '툭툭' 던져지는 인간들에 다름 아니다. 죽은 사람으로 살아 있는 사람의 숫자를 점쳐보아도, 죽은 별로 살아 있는 별을 점쳐보아도 아직 사람도 별도 너무 많다. 과잉된 것들의 하나인 내가 너무 많다. 무덤("항아리처럼 부풀어 올라")이 너무 많다. 별과 인간은 유비 관계에 있으므로, 이 시에서 무수한 천체는 곧 인류다. '첨성대'가 '발달'하는 것은 산 자들을 위한 것인 바, 죽은 자들을 위한 것이 되어버린 도치 관계로 인해 '첨성대의 발달'은 비극적이다. "시체가 툭툭"이란 현상이 "얼굴 붉히게 하는 표현"이 되는 이유다.

시인은 '시작노트'에서 "별은 극단이다. 별자리가 극단 중의 극단이다. 많음으로서의 별이(혹은 별자리가) 인류의 삶을 정당화시킨다. 인류의 몰락을 정당화시킨다. '많음으로서 별'의 몰락이 인류의 몰락을 정당화시킨다."라고 했다. '많음으로서의 별'과 '인류'가 정면에 서자 시의 방위들이 생겨났다. '시체 : 별 : 천체'와 '시체 : 인간 : 인류'가 유비 관계라면, '많음 : 툭툭'과 '감당하지 못함 : 얼굴 붉히게 하는 표현'은 현존에 관한 것이고, '첨성대의 발달 : 쌓이는 죽음'은 아이러니를 형성함으로써 존재의 비극성이라는 결말에 도달한다. 그러나 "가재가 툭툭/가재 위에 가재가 툭툭" 떨어진다 해도 '가재'가 사라지지 않는 것처럼, "존재가 투두둑" '몰락' 해도 존재들의 세계는 영속된다. 이것이 죽음의 역설이고 존재의 비애이며 더불어 '첨성대'가 거느린 방위의 속성이다.

우리

나는 팥을 쒀서 밤과 낮을 만드는 사람이지요
팥은 팥이 되는 일에 교교하게 몰두 중인데요
불과 흙에서 구워져 나온 돌이면서
불구죽죽하게 햇볕과 바람과 이슬을 쬐지요
오래된 맑음을 등지고 잠을 자면서도
흐린 날이 인도하는 침묵으로 반짝거리지요

나는 팥 속에 뭐가 있는지도 모르면서
팥을 솥에 안치고
팥 익는 냄새로 찬연하게 음울함을 달래지요
땅 위에 사는 것들은 팥의 껍질과 붉은빛이
오장육부의 피를 틔우고 귀신을 쫓는다고 말하죠
불길한 욕망도 팥빛 앞에서는 낙천적으로 바뀌죠

가죽자루에 담긴 팥빛은 텅 빈 골짜기 하나를 파네요
거기 팥죽 할머니와 호랑이는 내가 태어나기 전에
있었을라나, 죽음에 이르는 길을 허기져 돌아왔을라나
가마솥의 팥죽은 소금 한 움큼을 어여삐 만났을라나

서서히 새알 무리와 팥빛을 감고 푸는 주걱이 정좌하듯
나는 팥죽 감미롭게 스미고 퍼져 있을 질그릇이 되었죠
— 이병일, 「팥」 전문(『예술가』 2019년 여름호)

　과거가 미래를 만나는 방식은 자기의 이야기를 흘려보내고 그 행방을 묻지 않는 것이다. 과거는 개입할 수 없음이 아니라 개입하지 않음으로써 미래가 된다. 이 적극적 수동이 만들어낸 작품이 신화와 전설이다. 한 집단이 그것을 공유하기 위해서는 시간과 공간이라는 지평이 필요하다. 역사의 뒤채임을 함께 겪는 그 집단을 우리는 민족공동체라 부른다. 서사와 운명의 '몽고반점'이 그들의 DNA에 공통의 무늬로 새겨져 있다. '우리'라는 이름으로 그들이 시의 정면을 이룰 때 시의 방위는 집단의 내부를 향해 "정좌"한다. 이를 위해 '팥-팥빛-팥죽'이 시적으로 연대한다.
　"불과 흙에서 구워져 나온 돌"인 "팥"은 "맑음을 등"진 채 "침묵으로 반짝거리"는 "팥빛"을 띤다. "팥빛"은 "오장육부의 피를 틔우고 귀신을 쫓"을 뿐만 아니라 "음울함"과 "불길한 욕망"조차 "낙천적으로 바"꾼다. 액을 물리치기 위해 백일이나 돌에서부터 열 살이 될 때까지 아이의 생일상에 줄곧 올랐던 수수팥단지처럼 "팥죽 할머니와 호랑이"의 옛이야기에서 최상위 포식자였던 "호랑이"를 물리친 게 "팥죽"이었음을 환기하면, 신화와 전설에 관계하는 것은 상징으로서의 "팥빛"이다. "팥빛"이 판 "텅 빈 골짜기"를 이야기가 채우는 가운데 "팥"은 쑤어져 "팥죽"이 된다. "팥죽"을 쑨다는 것과 "텅 빈 골짜기"를 경유한다는 것은 동일한 의식이다. 그 결과 "팥 속에 뭐가 있는지도 모르면서/팥을 솥에 안치"던 "나"는 비로소 할 일을 마친 "주걱이 정좌하듯" "팥죽"을 떠 담은 "질그릇"이 됨으로써 집단 서사를 한 '주걱' 떠내 개인 서사로 완성한다.

한 그릇의 "팥죽"에는 "팥빛"을 공유하는 집단정서가 "감미롭게 스미고 퍼져 있"다. 시의 방위들은 팥이 "팥이 되는 일"이나 "팥을 쒀서 밤과 낮을 만드는" 일의 "교교"한 "몰두"와 맞물린다. '우리' 안에서 갈등과 소외 없는 세계가 실로 오랜만에 현실로 소환된다.

너

> 잊을 수 없다는 말 함부로 하지 말라 사문 사문 사문 걷던 사문진 물새들이 사람을 사랑한다는 그 일의 참 멀고 쓸쓸한 구병산 모퉁이를 돌고 돌아서 사문 사문 사문 날아간 서쪽 하늘 외로움은 聽覺이어서 달맞이꽃 별빛 터지는 소리 곁에 혼자 서 있는 빨간 우체통
>
> 반 고흐의 잘린 귀 같다
> ─ 강현국, 「빨간 우체통」 전문(『예술가』 2019년 가을호)

'나'가 주체의 자리에 섰을 때 대략 '너'는 첫째, '나'의 또 다른 자아로서 자기 이중화의 방위를 갖거나 둘째, 객관적 타자로서 근원적으로 분리·분할된 비상호적인 존재라는 방위를 갖거나 셋째, '나'와 더불어 세계를 구성하는 기초단위로서의 상호 주관적인 존재라는 방위를 갖는다. 즉 주체가 직시하는 것이 자신의 감추어진 자아이거나, 전적으로 외적 존재인 나 이외의 타인이거나, '나'와 직접적으로 생의 맥락을 주고받은 '너'가 된다. 이 시는 사랑이라는 맥락을 공유한 세 번째의 방위와 관련이 있다.

이 시에서는 '사문진'의 '사문'이 중요한 포지션이다. 의태어("사문 사문 사

문 걷던", "사문 사문 사문 날아간")로 활용한 정황도 정황이거니와, "외로움은 청각이어서"에 걸쳐져 의성어의 효과를 내면서 시 전체를 채우던 "사문진 물새들"이 문득 사라진 "서쪽 하늘"을 풍경처럼 남겨놓는다. 무엇보다 '沙門'과 '寺門'을 오가며 씻은 탈속의 귀로 "달맞이꽃 별빛 터지는 소리"를 들으며 그 "곁에 혼자 서 있는 빨간 우체통"은 "반 고흐의 잘린 귀"에 비유되거나 동일시된다. 어찌 보면 "잊을 수 없다는 말 함부로 하지 말라"는 독백은 자신을 청자로 하는 자기 이중화의 첫 번째 방위로 환원될 가능성도 있다. '너'라는 방위는 그만큼 "멀고 쓸쓸"하며, 외롭고, 종교성("沙門", "寺門")으로 빛난다. 사물들("빨간 우체통")은 모두 너의 분신("잘린 귀")이 된다.

혈육

아버지는, 소나 양이 벗어놓은, 구두를 팔았다.

나는, 마구간에서 태어났다. 햇빛의 무덤인, 단칸방 다락은 구두 창고, 밤새 독파 중이던, 제삼세계 문학전집 행간들은, 말발굽들이 달그락달그락, 절뚝이며 지나가는, 시장골목이었다.

팔다 남은 말발굽들은, 다락에 차고 넘쳐서, 부엌으로, 옷장으로 내 책상 밑으로, 마구 헤집고 다녔다. 나는 말발굽 소리를 머리에 이고, 잠이 들었고, 아버지는, 쓰라린 말발굽 신발을, 평생 벗지 못했다. 영영, 녹슨 대문 앞 가지런히 놓인, 구두 한 켤레가 되었다

나는, 마구간을 벗어나게 되었지만, 좁은 시장 골목을 지날 때마다, 비닐에 덮인 채, 먼지를 피하던 딱딱한 말발굽이, 야야, 어디가노, 다정하게 이름 부르며, 쫓아올까 봐, 자꾸, 뒤돌아보게 되는 것이다.
— 박윤일, 「구두, 발자국」 전문(『시와세계』 2019년 여름호)

시에서 혈육은 왜 자주 남루한가. '소가죽·양가죽' 구두를 팔면서도 "아버지"들 자신은 왜 자주 "쓰라린 말발굽 신발을, 평생 벗지 못"한 채 "영영, 녹슨 대문 앞 가지런히 놓인, 구두 한 켤레가 되"는가. "나"들은 왜 자주 "마구간에서 태어"나 "제삼세계문학전집 행간" 같은 "시장골목"을 벗어나지 못하는가. "마구간을 벗어나"고서도 "좁은 시장 골목을 지날 때마다" "딱 딱 한 말발굽"으로 표상되는 "아버지"가 환기되는 걸 꺼려 하거나 욕망하는 양가감정("쫓아올까 봐")을 어쩌지 못해 "나"들은 왜 "자꾸, 뒤돌아보게 되는 것"인가.

태생적으로 부여받은 삶의 조건이란 측면에서 혈육은 어느 만큼은 공동 운명체이고, 삶의 여러 변수로 인해 어느 만큼은 개별운명체다. "마구간에서 태어"나 "말발굽 소리를 머리에 이고, 잠이"드는 것이 전자라면, "마구간을 벗어나게 되"는 것은 후자다. 그러나 "야야, 어디가노, 다정하게 이름 부르며" "아버지"는 여전히 간섭하거나 염려하며 도처에서 생시처럼 "쫓아" 온다. 도무지 벗어났다고 할 수 없는 것이 또한 혈육이다. 혈육을 정면에 두는 순간 시는 벗어나고 싶어도 벗어날 수 없는, 아니 벗어나지지 않는 운명에 대한 노래가 된다. 남루하지만 "다정"한 시의 방위는 동·서·남·북에서 더 세분화되어 북동이니 북서니 남서니 남동이니, 연민이니 애증이니 하면서 우리의 심장 깊숙이까지 와 닿는다.

그리고, 나

  나는 고양이도 개도 키우지 않는 사람이었는데
  나에게는 직업이 따로 있었는데
  지금은 코끼리를
  그것도 밤의 코끼리를

삐이이이 — 삐이이이 —
코끼리가 코를 높이 쳐들고 우는 밤마다
나는 이성애자 남성이 아니고 서울 시민이 아니고 이장욱이라는 기괴한 이름을 잃어버렸는데

나는 코가 길어지는 것이 좋았지.
다리가 굵어지는 것이 좋았네.
거대한 상아를 두 개나 가지게 되었다.
은행에 가서 계좌를 해지하고 회사에는 사직서를 발송하고 휴대전화를 밟아 부숴버리고

나는 나 자신에게 가장 가까운 것이 되었다고 느꼈습니다만
대체 여긴 어디?
나는 코끼리의 커다란 꿈속
아주 가까운 곳에서 태어났을 뿐

코끼리는 쥐 원숭이 공룡 세균보다 눈앞의 나를 사랑하면서
증오하면서
쿵쿵
코끼리답게 도착하였다.
쿵쿵
코끼리답게 떠나갔다.

삐이이이 — 삐이이이 —
긴 울음을 들으며 나는 밤이 새도록 코끼리를 추격하였다. 코끼리를 향해 창을 던졌다. 코끼리의 시체를 해부하였다.
피가 튀고 살이 갈라지고 뼈는 곱게 갈아서

드디어 나는 생활을 시작하였다.

야만의 시대기

이것이 코끼리의 생활이라고 자각하였다.
— 이장욱, 「반려」 전문(『아시아』 2019년 여름호)

시에서 '나'는 시의 시발점이자 종착지다. 시는 '나'와 연루된 사물, 현상에 대한 기억과 상상 사이를 오가며 욕망의 갈피에 대해 기술한다. 그러나 시에서 '나'는 현실 속의 사실적 존재가 아니다. 시에서 요구되는 것은 사적인 '나'가 아니라 보편적인 '나'이며, 일반적인 '나'가 아니라 특수화된 '나'이기 때문이다. 그것은 무엇에 대한 '나'의 태도나 반응, 무엇과 '나'의 관계성 등으로 나타나지 결코 '나'의 독자적 의지나 강변으로 표현되지 않는다. '나'에서 시의 방위는 무수한 개별자들로 이루어진 세계의 다양성과 '나'의 접목에 의해 무한히 다채로워질 수 있다. 내가 나를 "반려"로 삼는 고독한 삶도 그중 한 갈래다.

생활인으로서의 '나'는 "직업이 따로 있"고, "이성애자 남성"이며, "이장욱이라는" "이름"으로 살아가는 평범한 "서울 시민"이었다. 그러나 "밤의 코끼리를" 반려로 들이면서 지금까지의 '나'의 일상은 "기괴한" 것으로 전이된 채 성적 취향도, 소속도, 신분도 알 수 없게 되어버리고, 이름마저 "잃어버"리게 된다. 점차 코끼리의 외형("코"·"다리"·"상아")을 닮아가고 생활적이고 문명적인 삶을 전복시키길 욕망("은행에 가서 계좌를 해지하고 회사에는 사직서를 발송하고 휴대전화를 밟아 부숴버리고")함으로써 '나'는 "나 자신에게 가장 가까운 것이 되었다고 느"끼지만, 그것은 아직 욕망에 불과할 뿐("나는 코끼리의 커다란 꿈속/아주 가까운 곳에서 태어났을 뿐")이다. "쿵쿵/코끼리답게 도착하였다"가 "쿵쿵/코끼리답게 떠나"가는 욕망의 태도는 백일몽처럼 흔하다. "밤이 새도록 코끼리를 추격"하여 "창을 던"져 잡은 "코끼리의 시체를 해부"하는 것은 그러므로 욕망을 현재화하려는 적극적인 방어라고 할 수 있다. "피가 튀고 살이 갈라지고 뼈는 곱게 갈아서" '나'는 "코끼리의 커다란 꿈속"을 벗어난다. 이로써 "드디어 나는 생활을 시작하"게 되었으며, "이것이 코끼리의 생활이라고 자각하"게 된다. '나'는 '나'의 욕망을 버리지 않았으며, 비로소 "나 자신에게 가장 가까운 것", 곧 '나' 자신의 "반려"가 되었다. 생활적이고 문명적인 삶에서 벗어나려는 욕망이 '나'를 통해 언제든 실현될 수 있는 '나' 자신의 잠재태가 된 것이다.

 인간들 간의 소통을 마다하고 자폐의 공간으로 "쿵쿵" 걸어 들어가는 저 지축을 울리는 발소리가 시에서 방위의 문제를 생각나게 했다. 시의 주체가 인간이거나, 사물이거나, 관념이거나를 막론하고 그것은 대상과 함께 이동한다. "쿵쿵" 발소리에 들썩거려지는 몸을 잠시 돌려 다른 곳을 볼 때마다 새로운 시의 방위들이 죽죽 치달으며 생겨난다. 이렇게 생겨난 입체적이고 감각적이며 내면적인 시들이 유례없이 지면마다 "쿵쿵" 발자국을 찍어댄다. 현대시의 징후라고 할 수 있는 그 어떤 운동이 이미 시작된 듯하다. '지구-인류-우리-너-혈연-나'로 이어진 이 글의 주제들에서 방위에 대한 조심스런 논의 속에 질문을 숨겨놓은 것도 그 때문이다. 이 글은 아직은 규명되지 않은 그 움직임에 '시의 방위'라는 그물을 쳐놓고 무엇이 잡힐까 지켜보는 허술하기 짝이 없는 기다림 같은 것이다.

언제나 너무 많은 '非'들

이수명 「꿈에 네가 나왔다」·「도시가스」·「도시가스」·
「무단결석」·「밖에 있는 사람」

　등단한 지 17년 만에 출간된 『언제나 너무 많은 비들』(2011)은 이수명의 다섯 번째 시집이다. 그로부터 10여 년간 그의 시집 목록에는 『마치』(2014)와 『물류창고』(2018), 『도시가스』(2022)가 추가되었고, 그는 여덟 권의 시집을 낸 중견 시인이 되었다. 이 글에서 다룰 다섯 편의 시는 모두 『도시가스』에 실렸는데, 최근작을 논하기 위해 10여 년 전에 출간된 시집의 표제를 호출한 이유는 '비' 때문이다. '비[雨]'가 아니라 '비(非)'로 읽었을 때 첫 시집에서 여덟 번째 시집까지를 관통하는 전류가 느껴진다. 정형외과의 물리치료사가 통증 부위에 댄 전압장치의 강도를 조절해주듯 각자 체질에 맞는 정도만큼 이수명의 시에서 우리는 이렇게 시적으로 감전되지 않았던가.
　통상적으로 시 다섯 편이라는 분량은 시집 한 권에 비해 주어지는 정보가 당연히 적다. 따라서 시인의 시 세계에 대한 전면적 통찰이나 풍부한 논의의 가능성도 상대적으로 줄어들 수밖에 없다. 그럼에도 대부분 시 다섯 편에는 시인의 선택 의도를 내재한 시적 서사가 '있고', 다섯 편을 하나로 꿰는 의미망이 '있으며', 이를 하나의 이미지로 통합하는 지배적인 인상뿐 아니라 서정적이라거나 실험적, 실천적이라는 장르적 특성, 화자(주체)-대상-

객관적 상관물이라는 시의 구성요소가 활용되는 방식 등이 일정 부분 드러나 '있기' 마련이다. 그러나 이수명에게서는 이런 '있음'들이 '없음'으로 나타나며, 어떤 창작방법론에도 묶이지 않는 특이점이 지속되어왔다. 반면에 이수명의 시에는 '언제나 너무 많은 비(非)들'이 '있어' 왔고, 현재도 그렇다.

꿈에 네가 나왔다.
네가 누더기를 걸치고 있었다. 왜 누더기를 입고 있니
누더기가 되어 버렸어
날씨가 나쁜 날에는 몸을 똑바로 세울 수 없는 날에는
누더기 옷을 꺼내 입는다고 했다.

꿈에 네가 나왔다.
꿈속을 네가 지나가고 있었다. 너무 자연스럽게 걸어가서
너무 쓸쓸해서 땅에서 돌멩이를 주웠는데
빛을 다 잃은 것이었다.

돌벽 앞에 네가 한동안 서 있었다.
나는 돌벽이 무너질 것 같다고 피하라고 했는데
너는 집을 나와서 천천히 산책 중이라고 했다.

꿈에 네가 나왔다.
아주 짧은 꿈이었다.

―「꿈에 네가 나왔다」 전문

꿈에 나타나는 표상은 대체로 단편적으로 구성되나 인과적이지 않으며, 현실의 체험이 융합하고 치환되거나 상징과 형상화의 방식으로 나타난다고 알려져 있다. A가 B라는 인물로 인식되거나 C라는 사건이 D라는 사건과 겹쳐져도 꿈의 주체는 의구심을 갖지 않으며, 대화나 설명이 없어도 대

상의 의도를 그대로 파악한다. 심지어 보라색 물방울에 쫓기거나 세발자전거를 타고 하늘을 날 때조차 그지없이 현실적이다. 꿈을 묘사한 시가 환상이 아니라 초현실에 가까운 것은 그것이 현실 너머의 현실이기 때문일 것이다. 관습과 교육과 이데올로기와 이해관계와 인간의 경향성 등으로 세속 현실이 오히려 왜곡된 상[歪像]으로 충만한 환상이라고 했을 때, 꿈은 왜상 없이 순수한 현실이 된다. 꿈꾸는 당사자인 꿈의 주체는 1인칭 주인공 시점으로 꿈속에서 행위한다. 내가 누구의 공포심과 불안과 슬픔을 목격하거나 가위에 눌리는 것을 보지 않고, 공포심을 느끼고 불안하고 슬피 울거나 적극적으로 가위에 눌리는 것은 바로 꿈꾸는 나 자신이다. 그런 의미에서 꿈은 피동이 아니라 능동이다.

  이 시에서 '나'는 점차 비(非)인칭화되고 있다. "왜 누더기를 입고 있니/누더기가 되어 버렸어"라고 '너'에게 감정을 이입하던 '나'는, '나'를 전혀 의식하지 않고 "너무 자연스럽게" 나를 지나치는 '너'로 인해 "너무 쓸쓸해서" 기분이 "빛을 다 잃은" "돌멩이" 같아진다. 이로 인해 앞의 "누더기가 되어 버"린 주체가 되짚어지는데, 누더기를 입고 있는 '너'로 인해 감정이 누더기 같아진 것은 '나'이며, 이 밀착된 능동의 정서가 점차 '너'를 능동의 자리에 앉히고 자신은 피동으로 물러나는 방향으로 전개된다. "돌벽이 무너질 것 같다"는 인식을 하면서도 '나'는 "돌벽 앞에 네가 한동안 서 있"는 것을 '한동안' 바라보고 있다. 뭔가 위험하다고 느낀 것과 동시에 "피하라"고 하지 않고 말이다. 달려가 '너'를 돌벽으로부터 떼어낼 수도 있었는데 '나'는 그러지 않는다. 아니, 그러지 못한 것이다. 이미 '나'는 피동이 되어가는 중이었기 때문이다. 이에 걸맞게 "너는 집을 나와서 천천히 산책 중"이라고 말한다. 이런 어긋남에 의해 꿈속 주체는 '너'라는 2인칭 주인공 시점으로 전이되고 '나'는 인칭을 잃는다. 능동이 사라진 텅 빈 꿈은 그러므로 "꿈에 네가 나"온 "아주 짧은 꿈"으로 간략하게 정리된다. 왜상적 현실에서의 피동과 어긋남이 꿈이라는 순수한 현실 공간으로 자리를 옮겼을 뿐, 이수명의 시에서 그 테마는 사실 반복적이다.

짐을 가지고 오지 마
짐을 항상 너무 많이 가지고 오잖아
짐을 둘 데도 없잖아
거리를 걸어가다 말고 같은 시간 같은 길
짐을 내려놓고 우리는 또 말다툼을 한다.

장소부터 말해봐
어느 국수집으로 가는 건지
아까 본 베트남 쌀국수는 사거리 번화가에 있고
베트남 쌀국수는 어디에도 있다. 다음 골목에도
베트남 쌀국수 계속 베트남 쌀국수

어느 집으로 갈 건지
베트남 쌀국수 집엔 사람이 많아
항상 많잖아
테이블이 몇 개 붙어 있는 좁은 집인데 사람이 너무 많아 들어갈 수 없잖아

너는 길바닥에 쭈그리고 앉는다.
여기서 가장 가까운 데를 검색해보자
네가 좋아하는 숙주나물을 잔뜩 얹어주는 곳
우리는 설익은 나물을 씹으며 평소의 표정을 지을 거야
먼 곳을 바라보며 가능하면 보편적인 표정을
보편적인 나물 앞에서

근데 거기는 자주 갔던 곳이야
자주 만나지도 않았잖아

우리는 같은 시간 같은 길에서 맞춰지지 않는 말을 계속한다.
번갈아 대화를 놓친다. 대화가 아니라 애원을 한다.
내일 가자고 했잖아
거기는 아름다운 지역으로 알려져 있잖아

오토바이가 지나간다. 가스통을 싣고 달려간다.
하나 둘 셋 넷
가스통을 너무 많이 싣고 간다.
위험한 오토바이 위험한 가스통
서울은 거의 모든 가구에서 도시가스를 사용한다.

―「도시가스」전문

 표면적으로는 음식점을 가기 위해 만난 '너'와 '나'. 그러나, 어긋남은 처음부터 발생한다. 목적과는 달리 '우리' 중 하나는 "짐을 항상 너무 많이 가지고 오"며, 마치 데자뷰처럼 "같은 시간 같은 길/짐을 내려놓고 우리는 또 말다툼"을 한다. 게다가 "어느 집으로 갈 건지" 선택은 계속 유예되고, "베트남 쌀국수는 어디에도 있"어서, 혹은 "사람이 너무 많아 들어갈 수 없"다는 이유로 선택이 유예될 핑계는 계속 늘어난다. 지친 "너는 길바닥에 쭈그리고 앉"고, '나'는 "여기서 가장 가까운 데를 검색해보자"며 "네가 좋아하는 숙주나물을 잔뜩 얹어주는 곳"에 대한 기대감을 부추기지만, "근데 거기는 자주 갔던 곳이야"라고 '너'는 반대하고, "자주 만나지도 않았잖아"라며 '나'는 반문한다. "내일 가자고 했잖아/거기는 아름다운 지역으로 알려져 있잖아"라는 대목에서 어긋남은 정점에 달한다. '우리'가 "같은 시간 같은 길에서 맞춰지지 않는 말을 계속"하고, "번갈아 대화를 놓"치는 그곳은 과연 어디일까. 또한, 한 번도 도달하지 못한 채 "설익은 나물을 씹으며" "평소의 표정"을 '지을' 가능성만 있는 "아름다운 지역"은 어디일까.

앞서 꿈속을 '순수한 현실 공간'이라 했으니, 우리가 사는 이곳을 '세속의 현실 공간'이라 칭하기로 하자. "오토바이가" "가스통을 너무 많이 싣고" "달려"가는 이곳의 세속적 풍경을 통해 우리는 역으로 '너'와 '나'가 결코 도달하지 못한 채 "같은 시간 같은 길"에 계속 머무는 저곳을 순수한 현실 공간이라 불러도 무방할 것 같다. 우리의 어떤 체험은 심연에 자리잡은 채 꿈속에서 오랜 시간을 두고 반복적으로 재생되지 않던가. 시험을 보러 가야 하는데 신발이나 교복을 찾지 못해 애를 태우고, 어떤 사유로 군 제대가 계속 미루어지는 악몽 따위 말이다. 그렇다고 하여 이 시적 공간이 꿈속이라는 것은 아니다. 오히려 꿈속으로 상정되는 어떤 공간이 이수명의 시적 공간이라는 말이 더 적절해 보인다. 그 실마리는 "보편적인 표정", "보편적인 나물"에서의 '보편적'이란 현상과, "모든 가구에서 도시가스를 사용"하는 보편적 상황에서 '가스통을 사용하는 사람들이 일부 사는' 목적지로서 "아름다운 지역"이 암시하는 비(非)보편적인 장소에 들어 있는 것 같다. 비(非)현실적이고, 비(非)상식적인데 순수한 현실 공간은 아닌 그런 시적 공간. 같은 제목을 사용하고 있는 다음 시에서 '비(非)'의 영역을 좀 더 구체화해 볼 수 있을지 모르겠다.

　　썩은 광장을 따라 걸었지

　　썩은 낙엽 썩은 사과가 굴러다니고

　　게임을 난 할 줄 모르지 손가락으로 화면을 두드리는 법을 배워야 한다고 너는 말한다. 나는 배워야 한다. 두드리고 계속 두드리는 것을 새로운 공격을 하는 것을 그래, 각오를 다진다.

　　장갑을 벗고 흰 장갑을 벗고 장갑을 치우고 손을 치우고 배워야 한다.

바닥에 한 사람이 신문지를 깔고 누워 있다. 신문지를 덮고 누워 있다. 몇 장은 둥근 맨홀 뚜껑으로 굴러가서 뒹군다.

맨홀 뚜껑에는 도시가스라 씌어져 있다. 뚜껑을 열지는 않는다.

가스가 있다. 우리에게는 가스가 있다. 가스는 색깔이 없고 냄새가 없고 무게가 없고 가스는 소리가 없고 보이지도 않고 그러나 가스는 부드럽고 가스는 온화하고 가스는 은은하게 순조롭게 우리에게 흘러들어오고 가스는 우리를 어루만지고 우리의 생각은 온통 가스로 가득 차 있다. 도시가스 보급이 전국으로 확대되었다. 그래서

산책 같은 건 필요 없다. 산책길에 해가 떨어지는 것을 바라보는 것은 소용없다. 해는 우리가 인사도 하기 전에 빨리 떨어지고

저기 광장의 끝이 벌써 보인다. 끝을 향해 제대로 나 있는 길 반듯한 길을 따라 걷는다. 썩은 광장에 당신은 서 있어요 입에서는 태만한 노래가 흘러나오고

너는 반듯한 이마를 들고 이번에는 제발 좀 가만히 있으라고 말한다. 화면을 두드리지 말라고 썩은 손가락을 사용하지 말라고 한다. 나는 사용하지 않는다. 새로 나온 게임을 배우지 않는다.

—「도시가스」전문

네 명의 등장인물이 있고, 다섯 개의 공간이 등장한다. 썩은 광장을 따라 걸어가는 나, 게임을 배워야 한다고 나에게 강요하거나 제발 좀 가만히 있으라고 말하는 너, 신문지를 깔고 누워 있는 한 사람, 길 끝의 썩은 광장에 서 있는 당신이 그들이다. 그리고 썩은 광장, 게임 속 공간, 노숙자[떠돌이]를 암시하는 인물이 누워 있는 공간, 도시가스 표시가 있는 맨홀 뚜껑 근처,

끝을 향해 제대로 나 있는 반듯한 길이 또한 그곳이다. '나'는 '썩은 광장'과 연루되어 있고, '너'는 '게임의 가상공간'과 '반듯한 길'에 연루되었으며, '한 사람'은 '썩은 광장'과 '도시가스'를 매개하는 일에, 그리고 '당신'은 '썩은 광장의 끝'에 연루되어 있다.

 둥근 형태로 조성된 세속의 광장을 떠올려보자. 광장의 가장자리에서 직선거리로 중심부를 지나면 광장의 끝에 다다를 수 있을 것이다. '나'는 "썩은 광장"에서 출발하여 "썩은 광장"의 "끝"을 지향한다는 점에서 "당신"과 같은 부류다. 그러나 "게임을" "할 줄 모르"는 '나'에게 "손가락으로 화면을 두드리는 법을 배워야 한다고" 말하는 '너'의 말을 거부하지 않고 '나'는 "그래, 각오를 다"지기까지 한다. 가상세계에 익숙해진다는 건 도시가스를 사용하는 일이나 "반듯한 길을 따라 걷는" 것과 마찬가지로 현대적 삶의 일반화된 패턴이기 때문이다. 세속 공간을 지배하는 것("도시가스 보급이 전국으로 확대되었다.")은 '가스'처럼 색깔도, 냄새도, 무게도, 소리도 없고 보이지도 않으며, 온화하고, 은은하고, 순조롭게 우리에게 흘러들어오고, 우리를 어루만지며, 우리의 생각 속에 가득 들어차는 그 무엇이다. "산책"하면서 "해가 떨어지는 것을 바라보는 것은 소용없다"는 부정적 견해는 "해는 우리가 인사도 하기 전에 빨리 떨어"진다는 실용적인 관점에서 연유한다. 그런데 여기까지 이르기 전에 이미 '나'에게는 균열이 왔다. "신문지를 깔고 누워 있"는 인물이 이 시에서 기여하는 바를 보라. 그는 자신이 깔고 덮은 신문지 몇 장을 굴러가게 하여 우리의 시선을 "도시가스라 씌어져 있"는 "맨홀 뚜껑"으로 데려간다. 그에게 도시의 보편화된 시설인 "도시가스"는 결코 사용할 기회조차 주어지지 않는다는 점에서 그는 잉여 인간에 속한다. 그러나 이러한 세속적 판단은 시적 판단과 당연히 다르다. '나'는 그 인물로 인하여 "화면을 두드리는 법을 배워야 한다"던 '너'의 강요가 "화면을 두드리지 말라"는 제한으로 바뀌는 것을 쉽게 받아들인다. "새로 나온 게임을 배우지 않"

기로 한 '나'는 "끝을 향해 제대로 나 있는 반듯한 길을 따라 걷"기는 하지만 이는 다만 "썩은 광장"에 빨리 도착하기 위해서다. 어쩌면 "입에서" 태만한 노래가 흘러나오"는 "당신"은 미리 당도한 '나'일 수도 있다. 여기에서 "썩은 광장"이 암시하는 장소성이 앞의 「도시가스」에서 드러난 "아름다운 지역"과 겹쳐지면서 비(非)장소성으로 우리를 안내한다.

마르크 오제는 "장소가 정체성과 관련되며 관계적이고 역사적인 것으로 규정될 수 있다면, 정체성과 관련되지 않고 관계적이지도 않으며 역사적인 것으로 정의될 수 없는 공간은 비장소로 규정될 것이다."[1]라고 갈파했다. 이어서 그는 "전자는 결코 완전히 지워지지 않으며 후자는 결코 전적으로 실현되지 않는다."[2]라고 하면서 미셸 드 세르토를 빌려 "비장소가 장소의 부정적인 속성, 즉 장소에 부여된 이름이 부과하는, 장소가 장소에 부재하는 상황을 암시한다"는 점과 "이 이름들은 장소들 안에 비장소를 창조한다. 그것들은 장소를 거쳐 가는 곳으로 변형시킨다."[3]는 점을 강조했다. 물론 이수명의 시에 할당된 장소/비(非)장소는 마르크 오제가 '장소'의 예로 든 집이나 학교, 교회, 광장 등의 인간적인 면이 깃든 곳과 '비장소'의 예로 든 고속도로, 인터체인지, 공항, 대형마트, 여행지 등 인간적인 면이 거세된 장소 — 그러므로 비장소란 장소가 아닌 장소를 일컬음 — 와 일치하는 것은 아니다. 다만 장소와 비장소의 의미 맥락은 '장소가 아닌 장소'(비장소)와 '현실이 아닌 현실'(비현실)이라는 시공간을 시적 공간으로 채택한 이수명의 시 세계와 긴밀하게 연결된다.

---

1 마르크 오제, 『비장소』, 이상길, 역, 아카넷, 2017, 97쪽.
2 위의 책, 98쪽
3 위의 책, 105쪽.

아침에 일어나면 물부터 마신다.
흐린 눈앞에 무분별한 책들이 꽂혀 있는
책장이 흔들리는
아침은 우울해
아침 담배는 우울해
아침빛이 너무 쓸쓸해서
빛에 무엇을 비춰볼 엄두가 안 난다.
오늘 무엇을 원하는지 생각해 보다가
비행기 시간을 검색해 보다가
출발하는 것이 싫어 아무 곳도 가고 싶지 않다.

정오가 지나 타이레놀을 두 알 먹고
빌려온 책을 뒤적거린다.
일주일 연체된 책을 다 읽지는 못할 것 같다.
이 일을 미루고 저 일을 미루고
멀쩡한 약속을 깨고
일주일 치 필요한 식료품 목록을 짜다가 집어던진다.
물을 한 잔 더 마시고 지하실로 내려갈까
지렁이와 이야기를 나눌까
최근에 발견한 지렁이에게
같이 죽자고 말하는 대신 그래도 잘 지낸다고
말하는 게 좋겠지

창을 뚫고 들어오는 나뭇가지가 있어
그것이 머릿속을 뚫고 들어올지 잠시 생각한다.
손이나 몸이 나뭇가지가 될지도 모른다.
나무가 되기 전에
나뭇가지가 되기 전에 일어나
주방에 타일을 붙일까

야만의 시대기

> 하나를 붙이면 다른 하나가 떨어지고 그것을 붙이면
> 처음 것이 떨어지는
> 이상한 타일 붙이기를 하고 있을 때
> 계속 여기 머물러 있는 것이 좋은지
> 알지 못한다. 어디로 옮겨가는 것이 좋은지
> 알지 못한다. 그래도
> 신음소리는 내지 않는다.
> 떨어진 타일들이 움직이는 것만
> 바라보고 있다.
>
> ─「무단결석」 전문

 시공간으로 시야를 좁혔을 때 '무단결석'은 최소 두 가지 상황을 창출한다. 내가 출석해야 할 공간의 텅 빔이 하나요, 내가 부재해야 할 공간이 의외의 나로 채워지는 것이 또 하나다. 출석해야 할 공간의 상황은 상상을 통한 예측이 가능하지만, 내가 부재한다고 해서 그 시공간이 나의 의식에서 소멸하는 것은 아니다. 보편적이고 규칙적이던 일상이 보내오는 파동에 나의 일탈은 자극받는다. 보편적이고 규칙적이던 일상의 양날이었던 이 '장소'가 갑자기 '비(非)장소'로 전환되는 것이다. 이 실내는 '여행지'와 같아지고, '정체성'이나 '관계성', '역사성'을 일시적으로나마 탈피한다. 이 장소는 '창조'된 비장소가 되었다. 그러나 이런 창조가 단박에 이루어지는 것은 아니다. "아침에 일어나면 물부터 마"시는 것은 습관적 행위다. "아침"과 "아침 담배"가 "우울"한 것도 평소대로다. 여기까지는 이곳이 여전히 '장소'임을 말해준다. 이윽고 "비행기 시간을 검색해 보다가/출발하는 것이 싫어 아무 곳도 가고 싶지 않"은 자유와, "빌려온 책을 뒤적거"리는 여유와, "이 일을 미루고 저 일을 미루"는 나태와, "멀쩡한 약속을 깨"는 객기와, "일주일치 필요한 식료품 목록을 짜다가 집어던"지는 방임을 거치면서 장소는 서서히 비정체적이고, 비관계적이며, 비역사적인 비장소로 옮겨간다.

'전적으로 실현되지 않는' 비장소의 특징은 「꿈에 네가 나왔다」와, 두 편의 「도시가스」에서도 이미 언급되었다. 전자에서 '나'는 '너'에 도달하지 못하고, 후자에서 '우리'는 '베트남 쌀국수집'이나 '아름다운 지역'에 결코 도달하지 못한다. 그래서 실패한 것일까. 그러나 목표 지점에 도달하고야 마는 세속의 현실 세계가 더 가치 있다고 누가 말할 수 있을까. 이수명의 비장소가 아름다운 이유는 '전적으로 실현되지 않는' 지점에 대한 일관된 헌신에 의해서다. 「무단결석」에서도 마찬가지다. "지하실로 내려갈까", "지렁이와 이야기를 나눌까", "그래도 잘 지낸다고/말하는 게 좋겠지"와 같은 유보적인 자세, 그리고 "창을 뚫고 들어오는 나뭇가지가" "머릿속을 뚫고 들어올지 잠시 생각"하면서 "손이나 몸이" "나뭇가지가 되기 전에 일어나" "주방에 타일을 붙일까"로 이어지는 사유에는 행위가 따르지 않는다. 그러나 비장소에서는 "하나를 붙이면 다른 하나가 떨어지고 그것을 붙이면/처음 것이 떨어지는/이상한 타일 붙이기"와 같은 유희가 파생한다. 타일이 떨어지고 깨어지는 찰나는 얼마든지 길게 연장할 수 있는, 여기는 "떨어진 타일들이 움직이는 것만/바라보고 있"어도 되는 '창조'의 공간이기 때문이다.

> 한밤중에 일어나면
> 한밤중에
> 집 밖에 서 있는 사람이 있다.
> 나는 안에 있어
> 그 사람이 누구인지 모른다.
> 그 사람은 머리가 짧아 보인다.
> 바람에 날아가지도 않고
> 한쪽으로 기울어지지도 않고
> 어둠 속에 부풀어 오르지도 않는다.

그 사람은 까맣다.
그 사람은 밖에서 까맣게 서 있다.
한동안 그 사람으로 있다.
하지만 어쩌면 그 사람은 그 사람이 아닌지도 모른다.
밖에 서 있는 동안 그 사람 비슷한 것이 되었는지도 모른다.
그 사람을 지나가는
사람들도 다 비슷하고 어떤 사람은 지나가면서 입을 가리고 무어라고 얘기하지만
입을 가린 채 비슷하고
비슷한 것은 계속 비슷한 것으로 있다. 나는 안에서 계속 안에 있다.
이제 비슷한 것에게 오늘의 작별 인사를 한다.
어쩌면 다른 것에게 했는지도 모른다. 밖에 있는 또 다른

―「밖에 있는 사람」 전문

유희에 대해 조금 더 생각해보자. "한밤중에 일어나면/한밤중에/집 밖에 서 있는 사람이 있다"는 대목은 '한밤중에 일어나지 않으면 한밤중에 집 밖에 서 있는 사람은 없다'는 전제를 바탕으로 한다. 바깥이 어두울 때 베란다 유리창이 거울의 역할을 한다는 사실을 우리는 안다. 그리하여 시는 시작점부터 '집 밖에 서 있는 사람'이 '나'일 수도 있을 가능성을 짐짓 숨기고 있음을 은연중에 유포한다. 시적 유희가 시작되는 것이다. 시침 떼기("나는 안에 있어/그 사람이 누구인지 모른다.")와 단서 제공("그 사람은 머리가 짧아 보인다.")이 밀고 당기기를 하며, 명징하게 거리를 두었다가("그 사람은 밖에서 까맣게 서 있다.") 믹스("어쩌면 그 사람은 그 사람이 아닌지도 모른다.")하여 초점을 흐리기도 한다. 관용("밖에 서 있는 동안 그 사람 비슷한 것이 되었는지도 모른다.")하는가 했더니, 이 모두를 단숨에 무(無)로 만들어버린다("이제 비슷한 것에게 오늘의 작별 인사를 한다./어쩌면 다른 것에게 했는지도 모른다. 밖에 있는 또 다른"). 유희의 형태를 띤 이 시는 한밤중에 잠이 깬 '나'가 "집 밖에 서 있는 사람"이 되었다가

"그 사람"으로, 그리고 "그 사람과 비슷한 것"으로 바뀌는 사물화 과정을 거치면서 아예 "다른 것"이라는 비(非)사물이 되어가는 과정에 대한 진술로도 읽힌다. 인간에서 비인간으로, 존재에서 비존재로, 사물에서 비사물로.

  영화 〈식스 센스 *The Sixth Sense*〉(1999)에서 '콜 시어'는 현실 세계에서 억울하게 죽은 귀신들을 볼 수 있는 남다른 감각을 가졌다. 건물의 계단에서도, 도로에서도, 장례식장에서도 아이는 귀신과 맞닥뜨린다. 모든 게 담겨 있으면서 어느 것도 담겨 있지 않은 것 같은 여덟 살배기의 건조한 표정이 이수명의 시에 오버랩된다. 그의 시는 철학 용어 없이 철학을 내포하고, 심각함 없이 깊으며, 유희처럼 담백하다. 그의 시에 도달하기가 쉽지 않은 이유다. 세속의 현실 공간에 발을 디딘 채 아무도 가보지 않은 지점과 누구도 보지 못한 대상을 시로 옮기는 창조적인 작업을 시인은 40년째 이어오고 있다. 이수명은 언제나 너무 많은 '非'를 가지고 있다.

바깥이라는 안의 전형

문성해 「밖이라는 것」, 손미 「창문들의 플랫폼」, 김유미 「飛禽島」,
김은상 「하이델베르크의 고독」, 박지웅 「새의 훗날」

　바깥은 안을 기준으로 하는 그 반대편을 일컫는다. 안이 기준이 된다는 것은 안이 주체이고, 밖은 타자이며 객체라는 규준에 다름 아니다. 속해 있다, 포함된다는 말이 안에 대한 긍정으로, 벗어났다와 포함되지 않는다는 말이 밖에 대한 부정으로 확정된 것은 주체와 타자(내지는 객체)와의 관계가 이러한 언술 행위를 넘어 삶 전반에 얼마나 육화되었는지를 보여준다. '손은 안으로 굽는다'거나, '피는 물보다 진하다'와 같은 속담이 당위로 통용되는 세속의 세계에서도 주체를 둘러싼 경계 외부는 여전히 배타적 영역이었다. 안은 나와 우리로 수렴되고, 밖은 너와 그들로 수렴되었다.
　그러나 한편 우리의 문학 전통에서는 이를 근대 이전 사유체계의 수습되지 않은 잔유물로 보는 견해가 꾸준히 제기되었을 뿐만 아니라 이를 전복하려는 시도 역시 계속되는 중이다. 그 와중에 데카르트의 절대적 주체가 칸트를 거치며 헤겔에서 그 정점을 찍었다가 사르트르와 레비나스를 거쳐 푸코와 데리다 등에 이르러 그 관계가 역전되는 근대 서양 철학의 영향력도 간과할 수 없다. 거칠게 말했을 때 타자가 없으면 주체도 없다는 반전 상황은, 주체를 이루고 있는 타자 — 인간을 둘러싼 환경, 곧 언어 체계나 법 등의 상징 질서 — 에 속해 있는 것이 곧 주체(라캉)라고 명명하는 단계에까지 나아갔다. 그 연장선에서 "문학은 본질적으로 타자를 드러내는 감성의 영역"(권택영)이 된다. 문학은 이성이 아니라 감성에서 작동하기 때문이며, 감성은 억압되고 배제되어 있던 타자를 끄집어내 작품 속에 출현시키려는 욕망을 실행하고 구체화하기 때문이다. 타자가 또 다른 나[주체]라는 관점에서 본래적인 주체와 타자의 경계는 무너지기도 한다.

안과 밖, 주체와 타자, 긍정과 부정 혹은 부정의 부정, 이성과 감성 등의 경계는 무너짐으로써 대립적 개념들을 유통시키는가, 무화됨으로써 가치의 전도를 촉발하는가, 아니면 스스로를 전복시킴으로써 서로를 전복하는 모험을 감행하는가, 아니면 다른 무엇들일까.

다음과 같이 다섯 편의 시를 통해 이를 살펴보고자 한다.

> 무끈한 사진기를 가슴팍에 멘
> 사진사는
> 출사(出寫)를
>
> 금빛의 낚싯줄을 높다라니
> 등에 멘 낚시꾼은
> 출조(出釣)를
>
> 덜그럭거리는 화구를
> 어깨에 멘 화가는
> 사생(寫生)을 나가지
>
> 또한 낡은 구두의 시인들은 모두
> 산책을 좋아했다는

이 모든
발바닥들의 궁극 목적지인
밖이라는 것

이 들끓는 목적들을
다 풀어주는
이 밖이라는 것

멸종한 공룡들 발자국과
톱사슴벌레 화석들도
밖에선 다 한식구였지
다 나가서 이루어진 것들이었지

태양의 성지이자
달의 유적지

지구이고
태양계이고
우주인
이 밖이라는 것

어디를 다 싸돌아다녀봐도
결국은 도달해야 하는
이 나라는 것

— 문성해, 「밖이라는 것」 전문(『문학동네』 2018년 봄호)

    제목에서부터 '밖'을 특정하고 있는 이 시는 '밖이라는 것'이라는 결론에 귀납적으로 도달함으로써 시적 설득력을 확보한다. 사진사, 낚시꾼, 화가, 시인들은 출사와 출조, 사생, 산책이라는 방식으로 '밖'을 향하는데, 그 '밖'

은 공간적 분할인 안의 반대편으로서의 밖이 아닌 것은 분명하다. "궁극 목적지"이며 "이 들끓는 목적들을/다 풀어주는" "것"으로서의 '밖'이기 때문이다. 말하자면 그것은 '들끓는 목적들'인 욕망을 충족시키는 공간으로 기능하지 않는, 오히려 '들끓는 목적들'로부터 풀려나게 하는[해방시키는] 것으로서의 '밖'이다.

화석 속의 공룡들과 톱사슴벌레도 이 '밖'의 방식으로 살았다. 사진사, 낚시꾼, 화가, 시인, 공룡과 톱사슴벌레가 "다 한식구"일 수 있는 가능성은 지구, 태양계, 우주로까지 확장된다. 마지막 연, "어디를 다 싸돌아다녀봐도/결국은 도달해야 하는/이 나라는 것"에서 '밖'의 정체는 밝혀지는데, '들끓는 목적들을/다 풀어주는' '것'으로, '밖'이 되고 나서야 '궁극 목적지'인 '나라는 것'에 도달할 수 있게 되는 것이다. 공룡, 톱사슴벌레와 지구, 태양계, 우주가 그 자체로 '밖'이면서 '나'일 수 있는 것과는 다른 양상이다. 이들에게는 애초부터 '들끓는 목적들'이 없기 때문이다.

'한식구'의 가능성을 꿈꾸면서 「밖이라는 것」이 '밖'에 대해 확증했다면, 우연이겠지만 같은 지면에 실린 다음의 시는 '밖'에 대해 대뜸 의심부터 하고 본다. 너는 정말 밖인가.

    너는 정말 밖인가

    천천히 밀어내고 있다

    뺨을 맞대고 서면
    서로를 그으면서
    두 대의 기차가 지나간다
    모래알이 소름소름 떨어진다

너는 정말 밖인가
너는 나를 두고 깨졌다고 말했다

의자에 앉아 손을 흔들면
너는 항상 창문 속에서 사라졌다

너와 나 사이에 자를 대고 주우욱 긋는다
반듯하게 분리된다

우리는 각, 각이 된다

밖은 정말 밖인가
누가 먼저 나갔나

부들부들 떨면서 스쳐간다

공이 날아와 뺨에 박힌다

우리는 떨어진다
— 손미, 「창문들의 플랫폼」 전문(『문학동네』 2018 봄호)

'밖'이 밖이 아니라면 무엇이란 말인가. "너는 정말 밖인가", "밖은 정말 밖인가"가 반복되면서 '밖'은 어느 사이 밖이 아닌 게 되어버린다. 거짓 없이 진실하다는 의미에서의 '정말'이라기보다는 믿을 수 없어서, 혹은 '정말'이길 바라는 희망의 독백으로서 일종의 허언에 가깝다. 그렇다면 '안'은 어디에 있는가.

'너'가 밖이라면, '나'는 안이 되어야 한다. "너는 정말 밖인가"라는 독백은 '안'에 있는 자의 언술이기 때문이다. 그러나 설혹 '너'가 진정 밖이라 해도 이미 '정말'이란 말을 신뢰할 수 없게 되었기 때문에 이미 안도 없는 것이 된다. "의자에 앉아 손을 흔들면/너는 항상 창문 속에서 사라졌다"라는 구절이 '창문 속으로 사라졌다'가 아니라 '창문 밖으로 사라졌다'라고 수정되었을 때 '밖'을 성립시킬 수 있다. 그러므로 "너와 나 사이에 자를 대고 주우욱 긋는다/반듯하게 분리된다"거나 "우리는 각, 각이 된다"라고 했을 때도 우리는 안과 밖으로 '분리'되는 것이 아니라 두 개의 사물이 한 공간에 있듯 "플랫폼"을 공유한다. '각각'이 아니라 그마저도 분리된 '各, 各'("두 대의 기차가 지나간다")으로, 혹은 '各, 角'("너는 항상 창문 속에서 사라졌다")이거나 '角, 角'("반듯하게 분리된다")으로.

너와 나, 안과 밖은 최소한의 균형도 이루지 못하고 서로 "천천히 밀어내고 있"거나, "서로를 그으면서" "지나"가거나, "모래알이 소름소름 떨어"지는 가운데 연민과 배려도 없이 각자 불안에 겨워 "부들부들 떨면서 스쳐간다". "공이 날아와 뺨에 박"히고, "우리는 떨어"짐으로써 파국에 이룬다. 그러나 애초부터 '너'라는 '밖'과 '나'라는 '안'은 경계도 없고 시간도 없는 '플랫폼'의 '창문들'이므로 시작도 파국도 없다. 그리하여 '너'라는 '밖'과 '나'라는 '안'은 끝없이 투명해져서 단지 "두 대의 기차"처럼 "서로를 그으면서" 교차점 없이 그저 "지나"갈 뿐이다. '각, 각'의 방식으로 시는 아무런 관계도 형성하지 않은 채 끝없이 미끄러진다. '너는 정말 밖인가'라고 재차 물으며 뫼비우스의 띠처럼 끝나지 않을 유희를 계속하기 위하여.

관계성을 가지지 않는다는 것은 경계를 가지지 않는다는 말과 같다. 역으로 관계성을 가진다는 것은 경계를 가진다는 말이 된다. 시작도 파국도 엄연한 다음의 시에서 '안'과 '밖'의 경계는 강화된다.

낙지를 팔아 목돈을 줄 때마다 남자는 여자를 데려왔다 여자는 남자의 지문 깊은 곳까지 들어가 손금을 쪼며 노래했다 이 섬에서 당신에게 갇히겠어요 당신을 걸어 잠가 놓고 골절된 당신의 시간을 부축하겠어요 남자가 그것은 떨어진 단추를 다는 방법이겠구나 뇌에서 심장으로 가는 뒤편이겠구나 그래서 만조처럼 차올라 저기 불어오는 바람의 언어를 해독할 수 있겠구나 설레는 동안 나뭇잎들은 저마다의 리듬으로 파도소리를 합창했다 부리 붉은 새들이 구름을 옮겨 앉고 떠나가는 사이 언제부터일까 해안이 시들어가고 꺼진 등불 아래로 그림자들이 버려졌다 세상 모든 내면을 헛돌았던 영혼들이 밟혀 발목이 시큰거렸다 벌써 여섯 번째 여자였다

— 김유미, 「飛禽島」 전문(『예술가』 2018년 봄호)

섬 안의 '남자'와 섬 밖의 '여자'를 서사의 배음으로 삼은 아름다운 이 시에서 안과 밖은 몇 차례 뒤척인다. 섬 안의 남자가 섬 밖의 여자를 데리고 왔을 때, 여자가 남자의 안이 되고자 했을 때("이 섬에서 당신에게 갇히겠어요"), 다시 여자가 남자의 밖이 되고자 함으로써("당신을 걸어 잠가 놓고 골절된 당신의 시간을 부축하겠어요") 남자가 스스로의 안이 되었을 때("그것은 떨어진 단추를~해독할 수 있겠구나"), 여자가 떠나감으로써("부리 붉은 새들이 구름을 옮겨 앉고 떠나가는 사이") 남자가 자신의 밖으로 나와 다시 섬 안의 남자가 되었을 때("꺼진 등불 아래로 그림자들이 버려졌다~발목이 시큰거렸다") 등이 그것이다. 그럼에도 변하지 않는 것이 있다면, 그것은 남자 자신이다. 이러한 뒤척임 속에서도 그는 늘 '안'에 속해 있다. 심지어 여자가 남자의 안이 되고자 했을 때조차.

섬과 섬 안의 섬이 된 자신이라는 이중의 '안'에 기거함으로써 남자는 '여자'들과 종내 맞닿지 못했을 뿐만 아니라 그 자신 섬이 되어가고 있다. "떨어진 단추를" 달지 못하고, "뇌에서 심장으로 가"는 길을 잃거나, "바람의 언어를 해독"하는 데 실패했다 하더라도 그는 '안'에서 나오지 않을 것이다. 이제는 "시들어가"는 저 "해안"이 다시는 그에게 "목돈"을 주지 못할지라도 그는 큰 새가 날아가는 형상을 가졌다 해서 '비금도'로 불리는 섬의 형상대로 또 날아가고야 말 일곱 번째 "여자"를 데려오는 꿈을 꿀 것이다. 밖을 불러들이지 않고 안에 기거하는 남자에게 안과 밖은 공존하는 세계다. 그가

안을 강화할 때 밖도 강화된다. 그러나 힘의 논리가 아니므로 밖의 조건들이 안의 상실을 야기하지 않는다. 섬이라는 경계는 물리적으로만 기능하는 것이 아니라 그의 정신이기도 하다. 그는 끊임없이 밀려오고 밀려가는 파도를 학습한 섬의 꿈이다.

'밖'에서 '나'[안]에 도달하는 「밖이라는 것」과는 달리 「비금도」는 안에서 '나'에 더욱 깊어지는 여정을 보여준다. 그러나 '궁극 목적지'가 '나'란 점에서 출발점이 다른 두 시는 부분적으로 겹친다. 「창문들의 플랫폼」이 안과 밖의 경계가 지워진 곳, 일종의 허공 같은 곳에 시적 공간을 마련함으로써 다른 시적 문법을 보여주었다면, 다음 시는 '내 방'이라는 '안'을 채택하였다는 점에서 「비금도」와 출발점이 같지만, 시공간을 몽상의 에너지가 점유했다는 점에서는 차이가 난다. 한편, 「밖이라는 것」의 '궁극 목적지'가 양(陽)의 통로를 경유한다면, 다음 시는 음(陰)의 통로를 경유한다.

몽상적 폭설이다. 고양이와 함께 잠들어 흘러가는 방이다. 내 나이에 걸맞은 곁이 없다는 것을 자책하면서. 더듬더듬 곁이 슬퍼 황도십이궁을 꿈틀거리면서. 몇 명, 아니 몇 그루의 하이델베르크를 예감하면서.

무너진 하이델베르크를 헤아린다. 저녁을 다해 낮을 노력해도 땀은 그리움처럼 헐값이었다. 나는 언제나 신세지는 금치산자로 읽혀진다. 온통 꽝뿐인 뽑기 놀이에 놀라지 않은 척했지만 친구들의 웃음이 떠나간 공중에 홀로 앉아 긴 한숨을 건져내며 하얗게, 하얗게 웃어보기도 했다.

나는 죽어서도 무명을 살아가겠다. 이것은 운명에 대한 나의 가없는 우정. 바람의 태내에서부터 감사만큼 근사한 변명이 없다는 것을 알았다. 급성간염이 간경화가 되고 간암이 된다. 나에게 진화란 오로지 그런 것이다. 배에 복수가 찼을 때 내일이라는 위험한 표정은 달 속에 묻어버려야 했다.

그러나 무명이란 이런 것이 아니지. 이름이 없으므로 태어난 적도 없지 않은가. 비로소 나는 무명의 잉태와 숨결을 느낀다. 이제부터 페가수스는 하이델베르크의 생일이다. 선의의 어머니가 악의인 것처럼. 피의 온기가 오히려 불온인 것처럼. 하이델베르크가 나를 지상의 유령으로 걷게 한다.

하이델베르크는 방의 기침. 하이델베르크는 뽑기 구슬. 하이델베르크는 고양이가 뱉어낸 창틀. 창틀에 앉은 나는 낭만의 파르티잔. 온통 일요일인 방의 축농증이 밤의 등뼈에 쌓여간다. 사랑을 완성하는 것은 불멸이 아니라 충만한 이별이다. 기린의 목소리로 외치는 폭풍 같은 혁명. 그곳에서 탄생한 나는 하이델베르크의 전략이다
― 김은상, 「하이델베르크의 고독」 전문(『시작』 2018년 봄호)

폭설로 인해 방에 갇힌 '나'라는 외적 상황과 몽상이라는 내적 풍경이 하모니를 이루는 이 시는 현재를 기준으로 과거라는 물리적 시간, 생이라는 통시적 시간, 신화라는 추상적 시간 사이를 몽상적으로 운동하는 중이다. '나'는 "나이에 걸맞은 결이 없다는 것을 자책"하는 사람으로, "언제나 신세 지는 금치산자"로서 "온통 꽝뿐인 뽑기 놀이"와도 같은 "운명"을 살아간다. 심지어 '나'에게는 "그리움"조차 "헐값이었다." 그럼에도 자신에게 주어진 운명을 거부하거나 원망하지 않는다는 의미에서 '나'는 "죽어서도 무명을 살아가겠다."는 다짐을 한다. "운명에 대한 나의 가없는 우정"을 보여주는 이와 같은 말이 일종의 허세였음은 곧 드러나고 마는데, "감사만큼 근사한 변명이 없다는 것"을 "태내에서부터" 알고 있었다는 고백이 그것이다. 만약 '나'에게 진정성이 있었다면 "내일이라는 위험한 표정은 달 속에 묻어버"릴 것이 아니라 껴안고 함께 가야 할 대상이 아니었을까. '가없는 우정'을 들먹거린 사실을 조소하면서 '나'는 '무명'의 본질에 대해 성찰한다. "이름이 없으므로 태어난 적도 없"는데 '태내에서부터' 알고 있었노라던 기만을 반성

한다. 그러자 비로소 "나는 무명의 잉태와 숨결을 느낀다." 몽상에 속도가 붙는 것은 이때부터다.

'하이델베르크'가 변주되기 시작한다. "몇 명, 아니 몇 그루의 하이델베르크를 예감하"는 정도로 미온적이던 하이델베르크는 "무너진 하이델베르크를 헤아"리면서 17세기에 한때 폐허가 되었던 고착된 이미지를 상기시키기도 한다. 그러나 '무명의 잉태와 숨결'에 닿으면서 "이제부터 페가수스는 하이델베르크의 생일"이 된다. '나'는 하이델베르크라는 나를, 사물을, 지명을, 역사를, 상징을, 자유를 감각적으로 느끼고 그 "고독"을 "악의"와 "불온"의 힘까지 다하여 몽상한다. '나'는 "불멸"의 "사랑"이 아니라 "충만한 이별"과 "기린의 목소리[거의 소리를 내지 않는]로 외치는 폭풍 같은 혁명"에서 탄생한 자이다. '나'는 타율적이고 오랜 시간의 산물인 "진화"가 아니라 자율적이고 순간적인 "전략"이 됨으로써 이 모든 '하이델베르크'라는 음(陰)적 현상의 주도권을 갖게 된다. "하이델베르크는 나를 지상의 유령으로" 임명하였고, '나'는 '하이델베르크'가 된다. 또한 "페가수스는 하이텔베르크의 생일"이므로, '나'는 '페가수스'의 그 복잡한 가계와도 병렬로 연결된다. 이제 "하이델베르크의 고독"은 곧 '나'의 고독이다.

앞의 네 편의 시가 '안'과 '밖'의 관계에서 부분적으로 겹치거나 길항하는 양상을 보여줬다면 다음의 시는 이들과 다소 동떨어져 있다.

>나무가 아름답고 긴 내장을 꺼낸다
>제가 뱀인지 모르는 뱀이 제가 나무인지 모르는 나무줄기를 기어오른다
>
>몸통으로 숨통을 죈다, 뱀은 긴 구멍이다
>제가 새인지 모르는 어린 새는 길고 어두운 실개천을 따라 걷다 부리에서 흰 꽃을 피울 것이다

> 바깥에만 삶이 있는 것은 아니다
> 제가 새인지 모르는 꽃들이 뱀의 피부에 수놓인 봄날
> 갈라진 혀끝에서
> 다시 갈라진 혀를 내미는 나무를 뱀의 어느 날이라 할까
>
> 새는 뱀을 통과해 꽃이 되고
> 뱀은 꽃의 힘으로 기어가 나무로 선다
> 흙속으로 내장을 밀어 넣어
> 꼼꼼하게 물을 길어 올린 나무는 훗날 어린 새를 키울 것이다
>
> 그러고 보면 나무는
> 세상에서 가장 느리게 먹이를 던지는 손이다
>
> 봄이 오면 뱀은 등에 꽃을 피우고
> 길고 부드러운 수천 년의 내장을 흘러 다닐 것이다
> ——박지웅, 「새의 훗날」 전문(『시와 정신』 2017년 겨울호)

　3연의 1행, "바깥에만 삶이 있는 것은 아니다"에서 '바깥'이란 인간의 세계를 가리키는 것으로, 이 한 문장 속에는 실상 인간의 삶 전부가 블랙홀처럼 빨려 들어가 있다. 무시무시하고 어마어마한 요약이 아닐 수 없다. 금을 긋는다는 것은 이런 것. 인간과 자연은 이 한 금을 경계로 갈라진다. 인간은 '바깥'으로 간단하게 추방된다.

　인간이 사라지자 자연의 세계에서는 이상한 일들이 생긴다. "제가 뱀인지 모르는 뱀이 제가 나무인지 모르는 나무줄기를 기어오"르고, "제가 새인지 모르는 어린 새는 어두운 실개천을 따라 걷다 부리에서 흰 꽃을 피"우며, "제가 새인지 모르는 꽃들이 뱀의 피부에 수놓인"다. 마치 「밖이라는 것」에서 '멸종한 공룡들'과 '톱사슴벌레 화석들'이 살아생전에 '한식구'였듯이 뱀과 나무줄기가, 꽃과 새가 그 모양새나 속성에 따라 서로를 넘나든다. 그러

면서도 자신이 누군지 모르는 것은 뱀이니, 나무니, 새니, 꽃이니 따위가 인간 세계에서만 통용되는 기호이기 때문이다. 이들의 세계에서 "새는 뱀을 통과해 꽃이 되고/뱀은 꽃의 힘으로 기어가 나무로 선다". 나무가 "흙속으로 내장을 밀어 넣어/꼼꼼하게 물을 길어 올"리는 것은 "훗날 어린 새를 키"우기 위한 것이므로, "그러고 보면 나무는/세상에서 가장 느리게 먹이를 던지는 손이다". 이런 마련이 있기에 자연은 지구에서 인간보다 더 수십 억 년 전부터 생존해 올 수 있었던 것이다. "길고 부드러운 수천 년의 내장을 흘러다"니는 방식으로.

실상은 인간과 자연이 대립하는 것이 아니라 인간은 자연에서 파생된 존재에 불과할 뿐이다. '안'과 '밖'은 그때서부터 생기지 않았을까. 엄격히 따지자면 자연의 '밖'에 인간이 존재했던 것이다. 물론 자연은 이런 구분을 할 의사가 전혀 없었을 테지만 말이다. 그러나 지금까지 '안'은 인간의 자리였고, '밖'은 자연의 자리였다. 「새의 훗날」은 이런 도치에 대한 외유내강식 환기라고 할 수 있다.

지금까지 살펴본 다섯 편의 시는 '안'과 '밖'이라는 이분법적 주제에 의해 산발적으로 채집된 텍스트다. 글이 밖으로 드러나는 내면이라고 했을 때 위의 시들이 보여준 저 숱한 '밖'들은 결국 '안'으로 환원되려는 타자들의 감성이 아니었을까. 바깥이라는 안의 전형이 아니었을까.

좋은 시, 어려운 시, 달아나는 시

이장욱 「생활세계에서 춘천 가기」, 김이듬 「시골 창녀」

1.

  포털에 '좋은 시'를 검색하면 좋은 시 모음, 한국인이 좋아하는 시, ○○○ 시인이 추천하는 좋은 시 등의 카테고리가 뜬다. 좋은 시는 명시와 동의어로 쓰이면서 애송시로도 연계된다는 점에서 이들의 시 목록은 대체로 겹친다. 좋은 시 관련 책 정보도 여러 개 뜨는데, '올해의 좋은 시' 등으로 시의 발표 연도를 한정시킨 경우를 제외하면 역시 앞의 사정과 비슷하다. 클릭해 보면 대부분이 '최남선에서 기형도까지'의 시들로, 1900년대부터 1980년대까지의 시인들이 이 자장 안에 들어 있다. 2020년인 현재까지 최고 120년에 걸쳐 인기를 누려왔다면 좋은 시는 생명력이 강한 시이기도 하다. 이리 보나 저리 보나 과연 '좋은 시'는 좋은 시인 것이다. 올해도 좋은 시 쓰세요, 시인에게 보내는 새해 덕담은 얼마나 훈훈했던가.
  그런데, 6년 전쯤이던가, 당시 강의를 나가던 대학의 문예창작과 시창작 수업 때의 일이다. 좋은 시를 쓰려면…, 무심코 이렇게 운을 떼었을 텐데, 한 학생이 물었다. 과연 좋은 시라는 것이 보편적일 수 있을까요? 사적으로 문제의식을 가져본 적이 없었고, 공적으로 이에 대한 논의가 있었던 기억도

나지 않았다. 잘 쓴 시, 완성도가 있는 시를 묶은 개념어가 '좋은 시' 아니었나? 그러나 질문의 요지는 그게 아니었다.

과연, 좋은 시가 보편적일 수 있을까. 강의실에서 나온 한때의 발언으로 논의를 시작하는 이유는 시에 대한 태도는 저마다 주관적이어서 일반화할 수 없고, 전적으로 개별적이라는 학생들의 의견에도 일리가 있기 때문이다. '좋은 시'를 폄훼하거나 그 가치를 부정하려는 의도는 전혀 없는데, 돌이켜 보면 '좋은 시'의 목록은 학습의 결과물에 가깝다. 청소년기에 접한 시 대부분은 교과서에 실렸던 것으로, 아주 드물게는 그 시를 마중물 삼아 시의 드넓은 바다로 나아간 사람도 있지만, 대다수에게 시는 이해와 감상보다는 시험 성적을 위해 밑줄 긋고 달달 외워야 했던 여러 암기 과목 중 하나였을 뿐이다. 시대에 따라 이데올로기를 주입시키려고 교과서에 게재되는 시가 있었는가 하면, 이데올로기적 요소 때문에 배제되는 시도 있었다. 교과서의 보수성은 어제오늘의 일이 아니지만, 시 역시 교과서가 개정되어도 별로 바뀌지 않고 세기를 넘겨 이월되었고, 청소년기에 외웠던 시는 기억 속에 그대로 살아남아 '좋은 시'의 플랫폼으로 모여들었다. 교과서에 실린 시만큼 생명력이 긴 시가 없어 보이는 이유다. 그러나 21세기의 학생들은 '좋은'으로 포장되어 교과서에 배포된 시들을 신뢰하지 않았다. 교과서의 시를 마중물 삼아 시의 드넓은 바다로 나아가고자 했던 문학 선배들과 동종인 건 맞지만, 20세기에서 이월된 시들이 자신들의 어법, 감수성, 정신세계와는 완연히 다르다는 것을 알기 때문이다. 언어적 환경도 존재들의 지위도 달라졌는데, 과거의 산물인 '좋은 시'를 어떻게 거부하지 않을 수 있겠는가. 그럴 수밖에 없다는 것을 세대론이 말해준다.

알다시피 한국전쟁 이후 우리의 세대 개념은 전후세대-4·19세대-베이비붐세대-386세대-X세대-Y세대-Z세대로 바뀌어왔다. 전후세대가 1930년대에 태어나 1950년대에 20대를 이루는 집단을, 4·19세대가 1940년대에 태어나 1960년대에 20대를 이루는 집단을 가리키듯 '~세대'라고 했을 때의 기준은 20대다. 대략 한 세대씩 건너뛰는 식으로 전후세대의 자녀 세대가 베이비붐 세대이고, 4·19세대의 자녀 세대가 386세대, 베이비붐 세대의 자녀 세대가 X세대, 386세대의 자녀 세대가 Y세대, X세대의 자녀 세대가 저 교실에서 질문을 던졌던 학생들도 속해 있는 Z세대이다. 먼저, X세대가 누구인가. 서태지로 촉발된 문화혁명의 동시대에 그들은 '정의할 수 없음'을 뜻하는 X로 표상되면서 X-Y-Z로 이어지는 신세대들의 시초가 되었던 집단이다. 산업화 이후의 물질적인 풍요를 바탕으로, 부분의 민주화 속에서 성장한 그들이 반항파로 불린 것은 공동체를 중시하고 행복 추구를 위해 생을 희생하는 것도 불사하던 기성세대와는 달리 필요 이상의 노력을 하지 않는 개인주의적 현실파들이었기 때문이다. 이러한 부모세대의 가치를 학습하며 자란 Z세대는 바로 전의 밀레니얼 세대인 Y세대와도 차별성을 가진다. Y세대가 아날로그에서 디지털화 시대를 경유하면서 성장했다면, Z세대는 디지털 문화 자체가 고향이기 때문이다. 디지털화 시대와 디지털 시대의 격차를 고령화사회와 고령사회의 차이에 비유할 수 있을까. Z세대는 온라인매체에서 문화활동과 소비활동을 하면서도 부모 세대가 겪었던 금융위기 시대의 교훈을 내면화하여 합리적인 삶을 영위하는 특성을 보인다. 그들의 사고방식과 생활 패턴 역시 이와 다를 바 없다. 자신을 드러내는 데 두려움이 없고, 자기의 생각과 의견을 거침없이 피력하며, 권위에 머리 숙이지 않는다는 것. 개인적이고 독립적인 성향은 단적으로 브랜드보다 상품의 품질을 더 우선시하는 소비 형태에서도 나타난다.

'좋은 시'로 뭉뚱그린 기성 시인의 저명한 시들을 좋은 시로 받아들이지 않겠다고 피력했던 학생과 그에 동의한 학생들이 Z세대였다는 사실을 말하기 위해 이렇게 먼 길을 돌아왔다. 중요한 것은 '좋은 시'에 대한 그들의 불신이 문학 주변부 젊은 층의 태도와도 다르다는 것이다. 이때 젊은 층이란, 연령대보다는 2000년대를 전후한 일군의 새로운 시적 경향—소위 어려운 시라고 뭉뚱그린—을 보여주는 시인들을 가리킨다. X-Y세대에 걸쳐지는 이들의 영혼에는 20세기의 아날로그적 전통과 21세기의 디지털적 비전이 반반씩 섞여 있다. 일단의 평론가들이 2000년대의 최고 시인으로 꼽은 김경주나, 다른 평론가 그룹에서 선정한 황병승을 예로 들자면, 이들의 새로움은 전통적 가치에서 출발한 변혁이었다. 그러나 매해 유수한 문학상의 수상자들도 점차 젊어지고 있다. 일례로 24세, 25세에 김수영문학상을 수상한 황인찬(2012년 수상), 문보영(2017년 수상) 등이 그렇다. Y세대인 이들은 새로움을 자신에게서 출발시켰다는 점에서 앞의 문학 선배들과 다르다. 이들의 어법과 감수성과 정신세계는 Z세대와 가장 근접해 있을 수밖에 없고, 게다가 현재 그 또래의 시인 층은 두텁기까지 하다. 그렇다면 건조하고 그토록 합리적인 사이클을 가진, 이른바 디지털 원주민(digital natives)으로 불리는 Z세대 문학도들이 2000년대도 아닌 그 이전 기성세대가 완성한 '좋은 시'라는 브랜드를 굳이 소비할 필요를 느낄까. 문학도뿐 아니라 동시대를 사는 또래의 일반 독자 역시 마찬가지일 것이다. 1990년대 초 힙합과 함께 빠른 속도와 라임이 듬뿍 들어간 랩(rap)이 대유행을 할 수 있었던 것은, 아무리 노력해도 노래 가사를 거의 알아들을 수 없었던 기성세대와는 달리 젊은이들은 랩 자체가 자신의 정신의 속도이고 몸의 감각이었기 때문이다.

 Y세대의 자녀 세대는 아직 역사의 전면에 등장하지 않았으므로, 당분간 Z세대에게 직계 후배는 없다. 이는 문학도로서, 혹은 이미 기성 시인으로서의 Z세대의 독주가 더 지속될 것이며, 문제는 그동안에 이들의 정체성이 더욱 오롯해져서 기성세대와의 거리가 더 벌어질 것이라는 점이다. 이후의 세대에 미칠 이들의 영향력도 간과할 수 없다. 현장에서는 여전히 다양한 시인들이 다양한 시를 발표하고 있지만, 큰 줄기로 보았을 때 과거에는 비교적 그 경계가 뚜렷했던 순수서정, 리얼리즘, 모더니즘 계열의 시가 분화하

여 무어라 규정하기 어려운 형태로 변해가고 있는 것이 사실이다. 시는 본래의 갈래 개념을 벗어나 혹시 쉬운 시와 어려운 시로 양분되는 것은 아닐까.

2.

언필칭 시가 점점 더 어려워지고 있다. '점점 더'에 방점이 찍히는데, 사실 시는 본래 어렵다. 일상보다 조금 앞에, 혹은 조금 위에 놓이기 때문이다. 그 '조금'의 거리를 비추는 건 햇빛은 아니어서, 달빛이기도 하고 별빛이기도 하다. 그 '조금'의 거리는 동네 마실은 아니어서, 초행길이기도 하고 방랑길이기도 하다. 그 '조금'에 다가가는데 걸리는 게 문자 독해의 시간은 아니어서, 한 시간이나 열흘이 걸리기도 하고 결국 도달하지 못하기도 한다. 시가 어려운 이유이다. 1920년대에도 시는 어려웠고, 30년대, 40년대, … 70년대, 80년대, 90년대에도 시는 여전히 어려웠다. 시인은 우리가 슬쩍 보고 지나친 것을 허투루 놓치지 않았고, 우리가 보지 않은 세계를 발견해서 가시화했다. 누구를 위해서가 아니라 순전히 자신으로 인해 그렇게 한 것이지만, 그러나 그 덕분에 우리는 비루한 일상을 시에 헹구어 내다 널기도 하고, 일상을 연민하는 자(시적 화자)의 위로를 듣기도 하고, 일상을 벗어나 시의 높이로 가끔 공중부양하기도 하였다. 진부하고 상투적인 것으로 가득한 현실 세계 속에서 시가 느닷없이 포착한 낯선 찰나를 통해 생이 감각적으로 구체화되는 경험을 공유해왔던 것이다. 귀에 못이 박히도록 들려주고, 눈에 자주 밟혀주는 '좋은 시'가 있어 가능했던 일이기도 하다. 그런데 시가 점점 더 어려워지고 있다. 그리고 그 '점점 더'가 가속화되고 있다. 이렇게 느끼는 건 일반 독자만이 아니다. 100세 시대에 걸맞은 사회 전반적인 현상이지만, 대학의 평생교육원이나 지역의 문화원, 문화센터, 사설 교육

기관 등에서 시를 공부하는 시인 지망생이 그렇고, 시의 생산자이자 소비자이면서 한편 비평가이기도 한 기성 시인들조차 그렇게 얘기한다.

그런데 이상하지 않은가. 1990년대 후반 인터넷의 대중화 이후 10여 년이 지나면서 스마트 폰과 태블릿 PC, SNS가 활성화되면서 시인을 포함한 저자의 권위가 사라지고 독자들이 새로운 창작자로 등장하는 시의 일대 민주화가 이루어진 것은 주지의 사실이다. '아무도 청탁하지 않았지만, 학자금 대출을 갚기 위해 월 만 원의 구독료를 받고 하루 한 편의 수필을 구독자의 이메일로 전송해주는 셀프 연재 프로젝트 〈일간 이슬아〉를 시작'한 거의 무명에 가까웠던 이슬아 작가, 2010년 한 철강업체에서 일하던 20대 청년이 용광로에 빠져 사망한 기사에 댓글 형식의 시, 시 형식의 댓글을 남기기 시작한 필명 제페토 등이 그 주인공이다. 작업 결과물을 책으로 냈을 때 독자의 반응은 뜨거웠고, 이들은 일약 유명해졌다. 웹진이나 블로그, 카페, 팟캐스트, 트위터 등을 통해 시의 유통도 활발해져서 독자의 취향에 따라 문예지에 실린 시들이 신속하게 온라인으로 퍼져나갔다. 1980년대까지의 '좋은 시' 목록과 더불어, 이후에 발표된 시들의 제목을 치면 대부분 검색이 가능해진 시대가 된 것이다. 이런 상황이라면, 어려운 시가 문제 될 이유는 없어 보인다. 선택의 주도권을 쥔 독자들이 배제해버리면 그뿐이지 않을까. 그럼에도 논란이 지속되고 있는 것으로 보아서는 이를 무시할 수 없는 사회문화적인 조건이 숨어 있는 것인지도 모르겠다. 디지털 기기처럼 시도 복잡하게 진화하는 가운데, 진화의 주체는 누구일까.

우리 사회에서 어려운 시와 난해시는 거의 동의어로 쓰인다. 난해시 · 대중시 · 통속시[1]와, 쉬운 시 · 잘 팔리는 시 · 어려운 시[2]의 갈래 구분에서 드

---

1 「난해시 · 대중시 · 통속시」,『현대시』1993년 11월호.
2 김병호,「쉬운 시 · 잘 팔리는 시 · 어려운 시」,『대전일보』2018.3.6.

러나는 바와 같이 그것은 독자를 의식하지 않는 쪽에 홀로 자리를 잡는다. 소통 부재를 목표로 삼는 것은 아니겠으나, 적어도 소통 부재를 지향하는 것으로는 보인다. 1930년대 이상의 「오감도」가 난해시의 기원을 연 이래, 초현실주의적인 시나 해체시, 21세기 초입 미래파의 시에 이르기까지 그것은 충격과 비판과 탐구와 모방의 대상이 되어왔다. 그 과정에서 난해시가 시의 외연을 넓혀온 것이 사실이다. 태풍의 눈이라고도 할 수 있는 그 중심에는 언제나 젊은 시인들이 있었다. 범위를 좁혀 미래파가 출현한 2005년 이후 현재까지를 돌이켜보자. 태풍이 지나가고 나면 피해 복구가 이루어지듯, 미래파가 던진 충격도 (논의가 충분하지는 않았다고 생각하지만) 비판과 탐구의 시간 속에서 완화되고 조정되고 부분적으로는 폐기되는 과정을 거쳤다. 기성세대는 이것을 이른바 발전적 해체의 양상으로도 보았는데, 워낙 놀라웠던 체험이었던지라 그 여진은 젊은 시인들에게서 모방과 변형이라는 형태로 내면화되고 있었던 것 같다. 미래파 이후 젊은 평론가들의 약진과 결합하면서, 대부분 대학 이상의 고학력을 가진 젊은 시인들이 일종의 전문가집단을 형성하게 된 것이 본래 어려운 시를 이제는 손댈 수 없이 어렵게 만든 전말이 아닐까. 간과할 수 없는 것들이 또 있다. 스타벅스가 입주하면 빌딩의 물리적 가치도 상승한다는 세간에서처럼 문예지의 지면 역시 이들의 유치를 열망한다. 문예지의 소비자는 문학도와 시인·작가·평론가 등 대다수 문학의 자장 안에 있는 인물들이어서 시 전문가 집단이 포진하고 있을 때(소설 쪽도 사정은 마찬가지겠지만) 문예지의 가치가 상승하고 그나마 부력을 갖게 된다는 것이 문예지의 기본 전략이다. 이러한 전문가집단을 많이 유치할수록 일류가 되고 그렇지 않을 경우 암묵적으로 이류, 삼류 취급을 받기까지 한다. 평론가도 마찬가지여서 평론 대상을 선정하는 기준이 되는 것은 자신의 위상뿐 아니라 장차 출간할 평론집의 구색에 부합하느냐의 여부도 포함된다. 젊은 평론가들이 자주 호출하는 시인들이 같은 계절에 여기저기 비슷한 주제들로 본의 아니게 겹치기 출연을 하는 것은 그런 연유에서고, 자본으로나 시장 장악력 등에서 절대적으로 메이저 문예지가 유리한 것은 당연지사다.

  어려운 시에 대해 거부감을 가지고 있는 일반 독자, 혹은 기성 시인의 입장에서는 지적 전문가를 겸하고 있는 젊은 시인 집단, 젊은 평론가와 젊은 독자의 필요, 문예지의 욕망이라는 이 사각의 프레임을 떠도는 지적 허영이라는 유령이 자신들을 시에서 소외시킨 요인들로 보일 수도 있다. 어려운 시들이 유통되는 저 매혹적인 방식들—엘리트적 이미지, 인기를 추동하는 자본의 힘, 매체와 출판이 선호하는 아이템들, 무엇보다도 그들의 젊음—에 대한 동경과 반발이라는 양가감정, 디지털 세계를 효과적으로 활용하지 못하는 데서 오는 상대적 박탈감 등으로 인해 상처를 받았을 수도 있다. 그러므로 이들이 굳이 스트레스를 받아가면서 '어려운 시'라는 브랜드를 소비할 이유는 없어 보인다. 어려운 시를 쓰는 소수에 비해 여전히 '좋은 시'를 쓰는 시인들이 다수이고, '좋은 시'는 일상에 신선한 영감과 행복을 가져다준다. 더욱이 시간은 흘러가고 유행은 바뀐다는 사실을 현대 문화사가 증명하고 있지 않은가. 그 와중에도 여전히 남아 있고 지속적으로 재생산되는 것, 그것이 생명력이다. "의미의 해체, 지속성과 유기성의 파괴, 미결정성과 중층결정성, 불완전성과 부분적 자립성"을 "시대적 화두"로 가지고 있는 "포스트모더니즘의 시대"[3]에 쓰인 시들, 곧 인간은 거세되거나 사소해지고, 시스템을 차지하는 것은 이미지와 몸체 없는 목소리이며, 시간도 관계도 여운도 사라진 낯선 시적 공간을 젊은 시인들은 어떻게 얼마나 지켜낼 것인가. 최대 120년의 생명력을 가진 '좋은 시'와 견주어보았을 때 말이다.

---

3 황치복, 「새로운 작시술, 서사의 문법」, 『열린시학』 2020년 봄호.

3.

좋은 시를 쉬운 시라고, 어려운 시를 나쁜 시라고 할 수 있을까. 혹은 좋은 시를 나쁜 시라고, 어려운 시를 좋은 시라고 할 수 있을까. 어느 것도 정답은 아니다. 1부는 문학도의 입장에서 좋은 시가 나쁜 시의 뉘앙스를, 2부는 일반 독자와 기성 시인의 입장에서 어려운 시가 나쁜 시의 뉘앙스를 풍기고 있지만, 좋은 시와 어려운 시 사이의 괴리를 드러내기 위한 장치 같은 것일 뿐 다소 과장된 측면도 없지 않다. 시 안에서 세대 간의 불화는 일정 부분 당연한 일이지만, 이쪽도 저쪽도 다 포괄하는 제3의 지대에 대해서도 생각해 볼 만하다. 일명 '달아나는 시'라고 명명해본다. 먼저, 생활세계에서 춘천에 가는 방식으로.

    생활세계에서 춘천을 갔네.
    진리와 형이상학에 깊은 관심을 가지고
    생활세계에서 춘천을 갔네.
    초중등학교 때는 우주의 신비와 시를 배웠지.
    공부도 열심히 했고 연애도 했는데
    또 독재자를 뽑았구나.

    춘천에는 호수가 있고 산이 있고 깨끗한 길이 있지.
    여자와 남자와 개들과 소풍이 있고
    할머니도.
    인사를 하고 밥도 먹었네.
    나는 춘천에 들렀다가 그리스와 신라시대를 거쳐
    서울로 돌아왔다.

    저는 종교적인 인간이라 매일 기도를 합니다만
    고백성사를 한 뒤에 영성체를 모셔야 합니다만

아아, 유물론이 옳았다.
춘천에서 나는 죽어가는 시절의 고독을 떠올리고
사후의 무심을 떠올리고
길거리의 개들과 눈을 맞추었네.

생활세계에서 춘천을 가는 일
그것은 할인마트에 내리는 석양처럼 신비로운 일
낮잠에서 깨어난 오후처럼
비변증법적인 일
열차가 북한강의 긴 교량을 건널 때 옆자리의 아이가 자지러지게 울어대자
바로 그 순간 온몸에 스며드는
정확한 일
— 이장욱, 「생활세계에서 춘천 가기」 전문(『현대문학』 2017년 8월호)

    재미와 놀이는 불가분의 관계다. 놀이가 아닌 것으로 여겨지는 순간 공부도, 직장도, 가사도 일이 된다. 일에서 보람은 느낄 수 있을지언정 재미와는 거리가 멀어지는데, 시를 읽는 일이 놀이가 되려면 이장욱을 읽자, 라고 말해도 괜찮지 않을까. 시적 재미란 소재 자체가 품고 있는 유머나 희화화된 대상에서 오는 것만은 아니다. 우선 첫인상이 좋아야 하고, 독자를 차별하는 기색이 전혀 없어야 한다. 그래야 시 앞에서 긴장하지 않는다. 시가 현실에 발 담그고 있는 것을 보는 순간 독자는 시가 자신에 관해 말하려 한다는 사실을 직감하게 된다. 그다음에는 시가 자신을 환상이든 미래든 지옥이든 어디로 데려가더라도 맡기고 따라간다. 시적 체험이란 시가 놀이가 되는 과정인데, 어느새 보니 독자는 시의 손을 잡고 "생활세계에서 춘천을 갔네." 이렇게 리듬에 몸을 맡기게 되는 것이다. 구어체의 문장이 축지법을 쓰듯 몇 계단을 한몫으로 건너뛰거나("저는 종교적인 인간이라 매일 기도를 합니다만/고백성사를 한 뒤에 영성체를 모셔야 합니다만/아아, 유물론이 옳았다.") 사건과 사

유의 충돌("공부도 열심히 했고 연애도 했는데/또 독재자를 뽑았구나."), 시제의 불규칙한 변용("나는 춘천에 들렀다가 그리스와 신라시대를 거쳐/서울로 돌아왔다.") 등이 시에 재미를 불어넣기도 한다. 이를 적확하게 표현한 글을 인용하지 않을 수 없는데, "불연속적인 문장들"을 징검다리처럼 건너뛰고, "시제의 의도적 교란"을 퍼즐처럼 맞추면서 "두드러지는 형태 파괴적인 실험이 없이도 충분히 전위적"(이광호)인 그의 시들과 노는 방식은 독자의 취향대로 다양해진다. 놀이의 기본 조건이다.

 내용에 몰두했을 때, 독자는 시 한 편을 읽으면서 최소한 세 군데의 세계를 경험하게 된다. 세속 공간인 '생활세계'와 '춘천'으로 상징되는 비세속 공간, 그리고 세속을 초월한 "그리스와 신라시대"가 그것이다. '생활세계'에서는 교육·정치·종교 행위 등을 하지만, "또 독재자를 뽑"은 것을 보면 시행착오와 판단오류가 교육을 통해서도 타성적인 종교 행위를 통해서도 좀체 개선될 여지가 없는 곳이다. 그러나 '춘천'은 "진리와 형이상학"의 세계를 소환하여 자연 사물이나 사람이 낱낱이 물자체로 있는 공간이다. '생활세계'에 대한 반성("아아, 유물론이 옳았다")과 시대에 대한 통찰("죽어가는 시절의 고독을 떠올리고"), 철학적 사유("사후의 무심을 떠올리고")가 "길거리의 개들과 눈을 맞추"면서 대등해지는 세계. 그리하여 "춘천에 들렀다가 그리스와 신라시대를 거쳐/서울로 돌아"오는 사유의 여정을 가능하게 하는 곳. "유물론"과 "비변증법적"이라는 용어로 인해 '생활세계에서 춘천을 가는 일'은 "할인마트에 내리는 석양처럼" 일상적이었던 것이 "신비로운 일"로 재발견되는 순간이다. 그런데 독자에 따라 '생활세계'와 실제적 장소로서의 '춘천'만 발견할 수도 있고, '유물론'과 '비변증법'을 열쇠로 삼아 시를 철학적 관점에서 재해석하거나, "우주의 신비와 시를 배"우고 "연애도 했"다는 것의 의미를 더 파헤칠 수도 있다. '생활세계'와 '춘천'을 관념론과 유물론으로 변주하면서 관념/감각, 몸과 마음이 분리된 세계/합일된 세계에 대한 면면들을 살필 수도 있고, "할인마트에 내리는 석양"과 "낮잠에서 깨어난 오후"가 비변증법적으로 작동하게 된 단서를 '춘천'에서 찾아낼 수도 있다. 이것이 가능한 것은 이장욱의 시가 다의성과 다층성을 품고 있기 때문이다.

이장욱의 시가 '달아나는 시'의 놀이적 속성들을 보여줬다면, 김이듬의 시는 파토스의 지경을 보여준다. 독자의 내면에 깊이 숨어 있는 '시골 창녀'를 발굴하는 방식으로.

    진주에 기생이 많았다고 해도
    우리 집안에는 그런 여자 없었다 한다
    지리산 자락 아래 진주 기생이 이 나라 가장 오랜 기생 역사를 갖고 있다지만
    우리 집안에 열녀는 있어도 기생은 없었단다
    백정이나 노비, 상인 출신도 없는 사대부 선비 집안이었다며 아버지는 족보를 외우신다
    낮에 우리는 촉석루 앞마당에서 진주교방굿거리춤을 보고 있었다
    색한삼 양손에 끼고 버선발로 검무를 추는 여자와 눈이 맞았다

    집안 조상 중에 기생 하나 없었다는 게 이상하다
    창가에 달 오르면 부푼 가슴으로 가야금을 뜯던 관비 고모도 없고
    술자리 시중이 싫어 자결한 할미도 없다는 거
    인물 좋았던 계집종 어미도 없었고
    색색비단을 팔러 강을 건너던 삼촌도 없었다는 거
    온갖 멸시와 천대에 칼을 뽑아들었던 백정 할아비도 없었다는 말은
    너무나 서운하다
    국란 때마다 나라 구한 조상은 있어도 기생으로 팔려간 딸 하나 없었다는 말은 진짜 쓸쓸하다

    내 마음의 기생은 어디서 왔는가
    오늘 밤 강가에 머물며 영감(靈感)을 뫼실까 하는 이 심정은

영혼이라도 팔아 시 한 줄 얻고 싶은 이 퇴폐를 어찌할까
밤마다 칼춤을 추는 나의 유흥은 어느 별에 박힌 유전자인가
나는 사채 이자에 묶인 육체파 창녀하고 다를 바 없다

나는 기생이다 위독한 어머니를 위해 팔려간 소녀가 아니다 자발적으로 음란하고 방탕한 감정 창녀다 자다 일어나 하는 기분으로 토하고 마시고 다시 하는 기분으로 헝클어진 머리칼을 흔들며 엉망진창 여럿이 분위기를 살리는 기분으로 뭔가를 쓴다

다시 나는 진주 남강가를 걷는다 유등축제가 열리는 밤이다 취객이 말을 거는 야시장 강변이다 다국적의 등불이 강물 위를 떠가고 떠내려가다 엉망진창 걸려있고 쏟아져 나온 사람들의 더러운 입김으로 시골 장터는 불야성이다

부스스 펜을 꺼낸다 졸린다 펜을 물고 입술을 넘쳐 잉크가 번지는 줄 모르고 코를 훌쩍이며 강가에 앉아 뭔가를 쓴다 나는 내가 쓴 시 몇 줄에 묶였다 드디어 시에 결박되었다고 믿는 미치광이가 되었다

눈앞에서 마귀가 바지를 내리고
빨면 시 한 줄 주지
악마라도 빨고 또 빨고, 계속해서 빨 심정이 된다
자다가 일어나 밖으로 나와 절박하지 않게 치욕적인 감정도 없이
커다란 펜을 문 채 나는 빤다 시가 쏟아질 때까지
나는 감정 갈보, 시인이라고 소개할 때면 창녀라고 자백하는 기분이다 조상 중에 자신을 파는 사람은 없었다 '너처럼 나쁜 피가 없었다'고 아버지는 말씀하셨다
펜을 불끈 쥔 채 부르르 떨었다
나는 지금 지방 축제가 한창인 달밤에 늙은 천기(賤技)가 되어 양손에 칼을 들고 춤춘다

— 김이듬, 「시골 창녀」 전문(『시인광장』 2013년 6월호)

제법 긴 시의 전문을 인용한 것은 각 행과 연이 빈틈없이 제자리를 지키면서 유지되는 긴장을 허물 방법이 없기 때문이다. 삽이나 곡괭이가 부질없어지는 시. 그리하여 털끝 하나 다치지 않고 자신을 지켜내는 시. 접신한 시. 마음의 기생, 육체파 창녀, 감정 갈보, 늙은 천기의 파토스가 다 쏟아져 들어온 시. 시인으로서, 여성으로서, 인간으로서 할 말을 다 한 시. 금기어들로 고귀해진 시. 시(詩)인 체하는 시가 부끄러워지는 시. 영감(靈感)을 뫼실까 하는 퇴폐와 유흥이 전염되는 시. 시에 결박되었다고 믿는 미치광이가 되지 못해 자책하게 하는 시. 나쁜 피를 수혈하는 시. 독자의 양손에 칼을 들려주는 시. 달밤에 칼춤을 추게 만드는 시. 너도 늙은 천기가 될 수 있다고 용기를 주는 시. 시를 보여주는 시. 주석이 필요 없는 시. 달아나는 시.

4.

달아나는 시는 생명력이 있는 시의 다른 말이다. 제3의 지대에 속한 많은 시들이 세대와 시대를 뛰어넘어 오래 재미있기를!

이렇게 절실한 말

한명희 「이 노을은 어딘가 익숙하다」·「살던 동네」·「고대 그리스식 비극」·
「사이비」·「토끼풀을 먹은 토끼를 나무랄 수는 없듯이」

"그러나 그들은 더 이상 얘기를 나누지 못했다. 왜냐하면 그 순간 〈누군가〉
가 그들을 불렀기 때문이다."

— 보르헤스, 「죽은 자들의 대화」[1] 부분

보르헤스가 글의 마지막 문장을 이렇게 맺었을 때, "그들"의 "얘기"는 닫히지 않고 오히려 무한히 열린다. 작가가 '누군가'에 대한 정보나 '누군가'의 개입으로 인한 서사의 방향성을 보여주지 않아도 그 지분을 자유롭게 이월 받은 독자의 상상력이 각자의 서사로 만들어나가기 때문이다. 천 명이 읽으면 천 개의 이야기가 '발생'한다.

이미지로 말하는 시에서도 비슷한 일이 벌어진다. 서사가 해피엔딩과 세드엔딩을 독자의 가슴까지 배달하지 않는 게 현대적 감각이라면, 현대시는 시공간의 어긋남을 통해서도 감각을 갱신한다. 있음과 없음, 차 있음과 비어 있음, 유와 무, 존재와 비존재와 같은 개념들은 동서양을 막론하고 철학의 주요 테마였지만, 시는 주로 후자 쪽에 매료되어왔다. 이들은 암반을 떠

---

[1] 호르헤 루이스 보르헤스, 『칼잡이들의 이야기』, 황병하 역, 민음사, 1997, 35쪽.

받치는 지하수 같고 달의 뒷면 같으며 앞면이라고 해도 크레이터에 가깝고 평원보다는 절벽이며 눈보다는 비이거나 햇빛보다는 바람이다. 있어도 있지 않음과 없어도 없지 않음의 아득한 기원이고 미래이며, '마치 아무 일도 없던 것처럼'이라는 노래 가사의 주제이거나 각주이며, 한편 부재로 말하는 존재이다. 익숙함이 낯설어지고, 익숙하지 않은 것이 익숙해지는 세계. 한명희의 시는 '부재'의 시공간을 거쳐 그곳에 도착한다. 천 명이 읽으면 천 개의 이미지가 '발생'한다.

이 노을은
어딘가 익숙하다

그때의 그 어스름이
아직 그 자리일 리 없지만
나는 이 저녁을 이미 겪은 듯하다

땅강아지들이 슬슬 땅 위로
올라올 준비를 하는 시간

지붕과 첨탑과 오래된 나무들이
가장 먼저 어둠에 물들 것이다

가로등이 켜지더라도 그것은
어둠을 더욱 강조하는 것일 뿐

땅강아지들은 불빛을 피해
어디로든 숨어들 것이다

이 바람도

어딘가 익숙하다

바람이 가는 곳을
나는 이미 다 거쳐 온 듯하다

멀리서 컹컹
개 짖는 소리가 들리고

어둠은 차츰
몸을 낮출 것이다

익숙한 온도와
더 익숙한 습기

당황한 내가 이국처럼 서 있다

—「이 노을은 어딘가 익숙하다」 전문

　익숙함 때문에 "당황한 내가 이국처럼 서 있"는 이 시는 낯설다. 익숙함과 낯섦을 동시에 배반한다. "어딘가 익숙"한 "노을"과 "바람", "온도와 더 익숙한 습기"는 지금 여기의 것이고, "그때의 그 어스름"과 "그 자리"는 지금 여기의 것이 아니다. 그러나 지금 여기의 것이 아닌 것이 지금 여기를 관장한다. "이 저녁"은 새로 찾아온 저녁이지만 "이미 겪은 듯"한 저녁이 되고, "바람이 가는 곳"은 예측 불가한데도 마치 "나는 이미 다 거쳐 온 듯하다". "그때"라는 시간과 "그 자리"라는 공간, "그 어스름"이라는 정황에서 세 번이나 강조된 '그' 극점을 반복해 살고 있었으므로, "나"의 모든 나날은 경험된 것으로 실재한다. 이 범주를 벗어나지 않으므로 미래 역시 현재의 연장선에 있을 뿐이다. '그' 극점에 속한 것이 아닌 일상, 일테면 "지붕과 첨탑과 오래된 나무들이/가장 먼저 어둠에 물들 것"이고, "땅강아지들은 불빛을 피해/어디로든 숨어들 것"이며, "어둠은 차츰/몸을 낮"추는 평범한 저녁이 문득 낯설어지는 현장에 "당황한 내가 이국처럼 서 있"는 풍경이 그려지는가. "이 노을"도, "이 저녁"도, "이 바람도" '그'의 자장에 속하여 '지금 여기'에는 '지금 여기'가 부재한다. 이 낯섦 앞에서 사물처럼 외로운 "나"와 함께 어떤 강한 인상, 어떤 충만, 어떤 격렬한 사건이 결부되었을 '그'로 거슬러 오르는 우리의 시적 탐험이 시작된다.

    편의점은 그대로 있고
    떡볶이집은 어느새 많이 낡았구나
    버스 정거장은 그대로인데
    공항 가는 버스는 없어졌구나

    놀이터가 많은 동네
    놀이터마다 압정이 떨어져 있는 동네

    3단지 앞 소나무는 몰라보게 자랐고
    313동 앞 측백나무는 든든한 담이 되었구나

    한번 나간 앰뷸런스가
    다시는 돌아오지 않았던 동네
    짧지만 길게 살았던 동네

    일없이 문득 들러보는
    옛날 동네
                                       —「살던 동네」전문

조금 다르게 변주해보자. 모든 시공간은 존재와 부재를 동시에 가지고 있다는 식으로 말이다. 그렇다고 논의의 판도가 많이 달라지지는 않는다. 시공간의 어긋남의 한 양상이기 때문이다. 내가 "살던 동네"를 "일없이 문득 들러보"았을 때, 내가 직면하는 것은 그곳에 존재했던 나와 지금은 부재하는 나를 동시에 경험한다는 사실이다. 과거의 시간과 현재의 시간이 동시에 흐르지만, 그 무게중심이 평형을 이루거나 평등하지 않고 "옛날"로 경사질 때 현재는 공허해지고 "옛날"은 풍요롭게 살이 오른다. "3단지" "313동"에서 "짧지만 길게 살았던" 날들은 지금 여기로 불려와 잠시 풍요롭게 북적인다. 물론 그 무게중심이 현재로 경사지기도 한다. '그래도 옛날이 좋았어'의 방식으로 반추되곤 하는 "옛날"에 비하면, 재개발이 되지 않은 바에야 현재는 대체로 "낡았구나"로 귀결될 수밖에 없다. "소나무"와 "측백나무"의 성장이 늙수그레한 시간의 흐름을 대변한다면, "공항 가는 버스"가 "없어"진 "버스 정거장"은 "동네"의 쇠락을 대변한다. "놀이터가 많은 동네"이지만, "놀이터마다 압정이 떨어져 있는" 정황은 놀이터가 아이들에게 버림받았거나 어른들로부터 방치된 폭력의 방증이다. "한번 나간 앰뷸런스가/다시는 돌아오지 않았던" 시간대를 지난 지금까지의 시간은 '길지만 짧게 살았던' 부재로 현재화된다.

　　　나냐 신이냐
　　　하나를 택하라

　　　성난 외침이 계속되고
　　　여자는 떠났다
　　　두 아이를 데리고 떠났다

　　　눈먼 제사장은
　　　올해는 가을 없이 겨울이 올 거라고 했다

이렇게 절실한 말

겨울이 유난히 춥고 습할 거라고 했다

분노를 가라앉히는 것은
이교도의 딸을 개종시키기보다 어려웠다

이국땅에서 아이들은
모국어를 잊고도 잘도 자랐다

아무 문제도 없었다
다만 여자의 신에게
돌봐야 할 여신도가 너무 많았을 뿐

정말 아무런 문제도 없었다
남자가 지상에서의 행복 대신
천국에서의 행복을 택했다는 소식이 전해졌을 뿐

그때야 여자는
아이들을 남자에게 돌려보냈다
한 명씩 한 명씩 차례로 보냈다

텅 빈 신전 앞에서
여자가 할 수 있는 것은
딱 한 가지밖에 없었다

처음부터 끝까지
사랑이라는 이름으로 벌어진 일들이었다

―「고대 그리스식 비극」 전문

시인이 "사랑"을 "고대 그리스적 비극"에 견준 이유는 명백하다. 신화적 아우라를 통해 신이 내린 운명에 저항하고 파멸을 감내하면서까지 자유의지를 실현하는 "사랑"의 위대함을 드러내기 위함이다. 현대적 어법으로 감당할 수 없는 영역을 우회한 전략이기도 하다. 지상에서 실현되지 않은 "사랑"의 비극("남자가 지상에서의 행복 대신/천국에서의 행복을 택했다")을 벗어나기 위해 "남자"와 "여자"의 "사랑"의 결과물인 "아이들을" 제물("그때야 여자는/아이들을 남자에게 돌려보냈다/한 명씩 한 명씩 차례로 보냈다")로 바치는 데까지 나아갈 수 있는 현대적 제의란 없기 때문이다. 더욱이 "여자"는 "나냐 신이냐/하나를 택하라"는 "남자"의 "성난 외침"에 "남자"로부터 "두 아이를 데리고 떠났"던 사람이다. "여자"가 "아이들"을 "남자"에게 "돌려보"냄으로써 "남자"는 "신"과 동등해진다. 그것이 자신의 "신"을 버린 "텅 빈 신전 앞에서/여자가 할 수 있는" "단 한 가지밖에 없었"던 선택이었고, "처음부터 끝까지/사랑이라는 이름으로 벌어진" 이 모든 "일들"의 전말이다.

이 대범한 시적 구상은 「이 노을은 어딘가 익숙하다」와 「살던 동네」에서 언뜻 감지되던 죽음의 이미지를 좀 더 굵은 선으로 연결한다. "익숙한 온도와/더 익숙한 습기"(「이 노을은 어딘가 익숙하다」)는 "한번 나간 앰뷸런스가/다시는 돌아오지 않았던"(「살던 동네」) 사건을 지나 "눈먼 제사장은/올해는 가을 없이 겨울이 올 거라고 했다/겨울이 유난히 춥고 습할 거라고 했다"(「고대 그리스식 비극」)에서 트라이앵글로 묶인다. '그리스'라는 신화적 시공간을 빌려 "사랑"은 죽음도 갈라놓을 수 없게 위대해졌다. "남자"는 여기에 없어도 여기에 있다.

    이렇게 절실한 말이
    또 있을까

    사이비

영어도 아니고
일어도 아니고
순우리말은 더욱 아닌

다시 생각해 보면

영어 같기도 하고
일어 같기도 하고
우리말 같기도 한

사이비

가짜인 듯하다가 진짜인 듯하고
진짜인 것 같다가 가짜 같기도 한

진짜일까 봐 떠날 수 없고
가짜일까 봐 더욱 떠날 수 없는

알면서도 속고
몰라서도 속는

사이비

이 안에도 사이비가 있다
우리들 중에 숨어 있는 사이비가 있다

내 안에도 있다
아닌 척 앉아 있는 사이비가 있다

─「사이비」전문

시인의 "직설적인 어법"이 잘 드러난 이 시는 군살 하나 없다. 언젠가 한명희에 대한 또 다른 평문에서 '이미지 없이 이미지를 말하는 시인'이라 말한 적이 있는데, 그때는 그 방식이 "직설적인 어법"에서 비롯된 것인지 잘 개념화해내지 못했던 것 같다. 다수의 시들이 그렇지만 「사이비」는 특히 그 점에서 더 명징하다. 이 시는 "사이비"에 각주를 달 의사는 없다.

우리 사회에서 "사이비"는 부정적 용어로 자주 쓰인다. 사전적 의미에 '겉으론 비슷하나 본질은 완전히 다른 가짜'라고 못박았기 때문이기도 할 것이다. "가짜"를 경유해서만 "진짜"에 도달할 수 있고, "가짜"가 없으면 "진짜"도 알 수 없는 세상이 되어버렸다. 우리가 속한 시공간("이 안에도 사이비가 있다")과 집단("우리들 중에 숨어 있는 사이비가 있다")뿐 아니라, 나("내 안에도 있다")와 밀착되어 있어 분리될 수 없는("아닌 척 앉아 있는 사이비가 있다") 존재가 "사이비"인 것이다. 그러나 "가짜"인데 "가짜"인 줄 모르거나, "가짜"인데 "진짜"인 줄 착각하는 "사이비"보다 "가짜인 듯하다가 진짜인 듯하고/진짜인 것 같다가 가짜 같기도 한" 그런 "사이비"가 어쩌면 보다 더 '인간적'이다. 그런데 "이렇게 절실한 말이/또 있을까"라는 찬탄에 초점을 맞추면, "사이비"는 객관적 대상이 아니라 주관적 자아, 곧 시적 자아의 일부가 된다. "가짜"에서 시가 나온다. "가짜"에서 비유가 나온다. "절실한 말"이 나온다.

> 토끼풀을 먹어 치운
> 토끼를 나무랄 수는 없듯이
> 기울어진 채 돌아가는
> 지구를 뭐라 할 수 없듯이
> 금성과 화성과 토성과 천왕성까지
> 한쪽으로 기울겠다는 것을 어쩔 수 없듯이
> 강물과도 바닷물과도 섞이지 않겠다는

기름을 어쩔 수 없듯이
섞이지 않으면서도
물방울 위에 계속 떠 있는
기름방울을 어쩔 수 없듯이
토끼는 토끼의 길을 가고
토끼풀은 토끼풀의 길을
지구는 지구의 길을
금성과 화성과 토성과 천왕성도 각자 자기의 길을
강물은 강물의 길을
바닷물은 바닷물의 길을
기름은 기름의 길을 갈 뿐이듯이
그냥 가기만 하는 데도
넘어질 것은 넘어지고
쓰러질 것은 쓰러지듯이
어두워지는 것은 어두워지듯이
깜깜해지기도 하듯이
넘어진 어떤 것은
못 일어나기도 하듯이
넘어진 자리
토끼풀이 눌리고
눌린 토끼풀이 납닥납닥해지듯이
억울한 것도 같고
섭섭한 것도 같은데
올려다보면 아무것도 보이지 않듯이
아무것도 없어서
억울할 수도 없듯이
—「토끼풀을 먹은 토끼를 나무랄 수는 없듯이」 전문

앞의 논점들과는 달리 이 시는 운명에 관한 것일까. 운명이라면, 사물과 생명체들이 "각자 자기의 길을" 가는 것은 이미 주어진 바에 따르는 순리이거나 체념이 될 것이다. "그냥 가기만 하는 데도/넘어질 것은 넘어지고/쓰러질 것은 쓰러"진다. 그러나 "넘어진 어떤 것"이 "못 일어나기도" 할 때 "넘어진 자리/토끼풀이 눌리고/눌린 토끼풀이 납작납작해지"는 의외성까지 토끼풀의 운명에 포함해야 한다면 생은 아주 많이 편협해질 듯도 하다. "각자 자기의 길"을 가는 식으로 관계성을 배제한 채 세상이 원활하게 돌아갈 수 있다면 "눌린 토끼풀이 납작납작해지"는 일은 없어야 했다.

 토끼풀은 토끼가 좋아하기 때문에 붙인 이름이지 이름 때문에 토끼가 마구 "먹어 치"우는 것은 아니다. 당연히 "토끼풀을 먹어 치운/토끼를 나무랄 수는 없듯이" "기울어진 채 돌아가는/지구"도, 물과 "섞이지 않"는 "기름"도 우리가 어떻게 할 수 있는 대상이 아니다. 스물여덟 행의 이 긴 비유는 마지막 다섯 행을 향해 질주하는데, "억울한 것도 같고/섭섭한 것도 같은데/올려다보면 아무것도 보이지 않듯이/아무것도 없어서/억울할 수도 없듯이"라는 비유가 다시 향하는 것은 인간 자신이다. 그리하여 천지 사물의 시공간을 공유하는 인간 역시 "넘어지고" "쓰러지"며 "어두워지"고 "깜깜해지고" "넘어"져 "못 일어나기도 하"고 "눌리고" "납작납작해"진다. 「이 노을은 어딘가 익숙하다」와 마찬가지로 천지 사물도 '그'를 겪는다. 인간만이 외로운 게 아니다. 이 시는 있음과 없음, 차 있음과 비어 있음, 유와 무, 존재와 비존재의 개념들에서 후자 쪽에 매료되어온 시가 전자 쪽을 향해 보내는 시선이다.

 세계는 비어 있기도 하고 꽉 차 있기도 하다. 시에서 세계는 늘 재발견된다. 경이롭다.

문학의 '그러함'이라는 생장점 — 문학은 무엇이었는가

박지웅 「잘 가」, 심영의 『오늘의 기분』,
황보름 『어서 오세요, 휴남동 서점입니다』

1.

  인간이 자기중심적일 수밖에 없는 것은 생존의 책임이 전적으로 자기 자신에게 있기 때문일 것이다. 그러므로 동심원의 중앙에 있는 자신에게서 멀어질수록 타자에 대한 관심도와 기대감이 낮아지는 것은 당연하다. 근접해 있는 가족, 친지, 친구, 이웃을 비롯한 인적 관계망과 동시대라는 사회적 관계망, 당대가 공유하는 문화적 관계망이 한 생을 감싸고 있지만, 인간 개개인의 생활권은 같은 이유로 세계에 비해 협소하기 이를 데 없다. 게다가 기억력도 이에 비례한다. 학습과 사고와 추론을 위한 인간의 기억 과정은 그중 의미 있는 것으로 판단되어 대뇌에서 장기 기억으로 전환된 경우를 제외하고는 대부분 망각 속으로 사라진다. 그 와중에도 인간은 집중과 탐구를 통해 자기의 한계를 초월하기 위해 노력해왔고, 그 결과물은 지식과 지혜의 형태로 생산자의 내부에 축적되거나 지적 소비자와 공유되면서 궁극적으로는 인류의 지성을 확산시켜 왔다. 학문, 과학, 예술 등의 영역으로 체계화되고 개념화되고 미시적으로 분류되는 가운데, 과거에 대한 주석과 현재에 대한 해명과 미래에 대한 전망이 상상력을 빌려 글로 표현된 형태를 우리는 문학이라고 부른다.

문학은 발전하기보다는 오히려 존재해왔다. 지금으로부터 5,500년 전 고대 수메르인들이 처음 문학을 '했을' 때부터 문학이 한 그루의 나무였던 사실은 호메로스의 『일리아스』와 『오뒷세이아』를 딛고 이후의 문학이 뿌리와 몸통과 줄기와 잎이 더 무성해졌다고 말할 수 없는 이유와 같다. 양적으로 증가한 것은 사실이지만, 그것이 질적인 발전을 의미하는 것은 아니라는 의미다. 독자적인 완결성을 가지고 문학은 그때, 그 자체로 존재해온 생명체다. 인류는 그 그늘에서 쉼과 에너지를 충전해왔으며, 인간과 세계에 대한 이해를 확장시켜온 문학사를 거느리고 현재에 이르렀다.

'문학이란 무엇이었는가'라는 대주제는 과거완료 시제로 쓰였지만, 과거와 현재를 포괄한다. '문학이란 무엇인가'라는 현재진행형 시제가 전제되었기 때문이다. 이는 무게 중심은 과거에 놓이되 방점은 현재에 찍자는 의도로도 읽히고, 문학의 본질을 다시금 환기해야 할 현재 상황의 특이점에 주목해달라는 요구일 수도 있으며, 문학에 있어 과거와 현재라는 분리할 수 없는 지점을 분리해보라는 까다로운 주문처럼 들리기도 한다. 현재를 과거의 반동이라 했을 때 과거는 현재의 여명이나 척후라고 할 수 있을지, 문학사에 등장한 무수한 저자와 그들의 작품(창작자 관점), 그들에 대한 무수한 정의(비평가 관점)와 더불어 독자의 자리(독자의 관점)도 같은 비중으로 마련해야 할 때가 왔다는 것인지, 현재가 호명한 과거이면서 과거가 예지한 문학의 미래에 관한 오래된 담론을 넘어 새로운 비전을 제시하라는 것인지…… 등의 생각들이 복잡하게 얽혀든다.

'문학이란 무엇이었는가'라는 이 광활한 질문의 추상성을 일부라도 해소하기 위해서는 과거와 현재를 넘나드는 구체, 곧 현상의 제시가 유효해 보인다. 지식의 저장고에서 꺼낸 선대의 지적 자산들에 의존한다거나, 이미 발화한 누군가의 견해에 대한 재현이나 부연, 혹은 정보의 나열에 머무는 우를 피하기 위한 방편적 측면도 있다.

2.

먼저, 문학은 가장 안전한 대화 상대(였)다. 인간은 대내외적 관계 없이는 살아갈 수 없으며, 관계를 매개하는 것은 언어라는 점에서 우리는 어떤 식으로든 말해야 하는 숙명에 처해 있다. 그러나 인간은 감정의 동물이기도 하고, 어느 정도의 확증 편향과 각종 이해관계로 인해 오해와 불신과 갈등 상황 속에 자주 놓인다. 어휘력이나 표현의 미숙함, 인식의 한계 등으로 내면의 진실은 전달되기 쉽지 않으며, 그로 인해 관계가 소원해지거나 절연의 상태로 나아가는 경우도 흔하다. 그러나 말이 아니라 글이라는 언어적 방식을 매개로 하는 문학은 다르다. 시를 예로 들어보자.

>여자의 혀는 정직하고 차가웠다
>입에서 나오는 가장 낮은 온도 잘 가
>마트에서 구입한 제품처럼 건넨 잘 가
>나는 잘 가를 받아 냉장고에 넣어두었다
>앞뒤 잘린 토막의 말
>잘 가는 피가 빠지는 데 몇 달이 걸렸다
>(중략)
>냉장고는 온통 사후의 세계
>나는 냉장고에 심장을 넣고 기다린다
>내 혀는 아직 핏물이 덜 빠졌다
>— 박지웅, 「잘 가」 부분(『모던포엠』 2020년 7월호)

이 시는 좀체 회복되지 않을 실연의 상처를 그려냈다는 점에서 현실의 비유적 재현이지만, 이별을 통고한 "여자"와 그에 대한 "나"의 시적 대응을 통해 정서의 파문을 오래 지속시킨다. "여자"가 떠나자 세계의 죽음도, 나의 죽음도 도래하게 되는 과정은 현실을 초월해 있다. "냉장고"를 중심으로 "여자의 혀"는 "차가웠다", "가장 낮은 온도", "마트에서 구입한 제품", "앞뒤 잘린 토막의 말", "사후의 세계", "심장을 넣고 기다린다", "핏물이 덜 빠졌다"라고 변주되었다. 구슬들을 한 편의 시로 꿰는 동안 시인은 얼마나 강도 높은 통증을 겪었을 것이며, 시를 들여다보며 얼마나 자주, 그리고 오래 지체되었을 것인가. 꼭 들어맞는 시어를 위해 얼마나 많은 단어를 불러냈으며, 무엇보다 얼마나 지난한 몰두의 시간을 가졌을 것인가.

우리의 일상적 삶은 이런 몰두와 무관하게 전개된다. 설혹 이별의 당사자라 하더라도 생존을 위해 시간의 정해진 패턴대로 기계적이고 상투적인 나날을 살아가야 한다. 오히려 감정 연기를 하면서라도 내면을 숨겨야 하므로, 도무지 슬픔과 아픔의 심연에 도달할 여지도 여유도 없는 것이다. 우리가 문학을 통해 정화되는 지점이 바로 여기다. 시인이 '몇 달을 걸려 뺀 핏기'를, '아직도 덜 빠진 핏물'을 감각적으로 경험하면서 우리는 시 한 편을 통해 단숨에 이별의 심연에 도달한다. 아니, '단숨에'가 아닐 수도 있다. 시인이 오랜 시간 자신의 심연과 대화하면서 시를 쓴 것처럼 우리는 시와 대화해야 할 수도 있다. 이제 시인의 심연은 시의 심연이 되었기 때문이다. 시는 내가 원할 때 시공간을 가리지 않고 만나주며, 비록 오해(오독)가 있을지라도 화내지 않고, 내가 몰라서 여러 번 질문해도 이미 시 속에 답이 있음을 넌지시 알려주면서 내가 발화할 충분한 시간을 준다. 기다려준다. 문학만큼 안전한 대화 상대를 나는 본 적이 없다.

또 하나, 문학은 비정치적인 것을 정치적으로 바꾸는 장치(였)다. 투표할 때 외의 일상적 삶에서 우리는 자신이 정치적인 메커니즘 속에서 살아가고 있다는 사실을 자주 잊곤 한다. 정치가가 관여된 영역이나, 집회 참석 등의 정치적 행위가 동반되었을 경우를 정치라고 인식하기 때문일 것이다. 물론 여기에서 정치의 개념은 좀 더 포괄적 의미로 다루어져야 한다. 신문을 읽는 것도, TV 뉴스를 보는 것도, 유통되는 담론에 대해 동료와 의견을 나누는 것도 정치적 행위다. 더 나아가 경제와 문화 활동을 하는 것도, 의료 행위도, 자원봉사도 정치 행위에 속한다. 우리의 삶에서 정치가 작동하지 않는 부분은 없다. 정치의 부재나 과잉으로 인해 문제가 발생하는 것도, 정치가 제대로 작동하여 일테면 복지가 좋아지는 것도 모두 정치의 자장에 속한다. 문학은 사람들이 정치가 아니라고 믿는 그것이 바로 정치라고 말해주는 장치다.

> 그해 봄 나는 한낮의 거리에서 계엄군에 체포되고 구금되었으며, 교도소와 국군통합병원과 다시 광주교도소에서 상무대 헌병대 영창으로 108일 동안 끌려다녔다. 총부리가 나를 겨누기도 했고, 포승줄로 엮이기도 했고, 군 헬기를 타고 응급실로 옮겨가 수혈을 받기도 했다.
> ─ 심영의, 『오늘의 기분』 부분(푸른사상사, 2020)

5・18의 현장성이 생생하게 드러나는 이 소설은 고발과 증언의 기록이라는 점에서 대뜸 봐도 정치가 느껴진다. 그러나 문학이 정치만을 보여주기 위해 쓰이는 것은 아니다. 만약 그렇다면 그것은 르포나 역사가 될 것이다. 각기 다른 소설적 주체를 통해 한 시대의 폭력과 광기를 미스터리 기법으로 보여주면서 이 소설은 지식인의 자의식을 굵직한 선으로 그려나간다. 정치적 테마라 하더라도 소설은 전쟁 속에서의 인간, 재해 속에서의 인간과 마찬가지로 전쟁이나 재해가 아니라 인간에 대한 성찰을 위한 것이다.

> 휴남동 가정집들 사이에 휴남동 서점이 문을 열었다.
> 문만 열어놓았을 뿐 영주는 거의 아무것도 하지 않았다. 서점은 아픈 동물처럼 숨을 헐떡이며 기운을 차리지 못했다. 서점이 뿜어내는 은은한 분위기

가 동네 사람들을 끌어들였지만, 이내 발걸음이 줄었다. 몸속에 피가 한 방울도 남아 있지 않은 사람처럼 하얗게 앉아 있는 영주 때문이었다.
— 황보름, 『어서 오세요, 휴남동 서점입니다』 부분(클레이하우스, 2022)

대뜸 봐도 인간을 향한 이 소설은 '휴남동 서점'을 중심으로 주인공과 인물들의 삶과 일상을 세밀한 필치로 그려냈다. 문학이 비정치적인 것을 정치적인 것으로 바꿔주는 장치라고 했으니 찾아보건대, 다만 자신의 삶을 살아갈 뿐인 등장인물들 틈에서 과연 어디에 정치 행위가 들어 있을까. '영주'발(發), 정확하게는 '휴남동 서점'발 수평적 연대가 이 소설의 주제라고 생각되는데, 등장인물들이 가지고 있는 각각의 상처에는 사회적 맥락이 연계되어 있다(열심히 일하면 계약직으로 올려주겠다는 계약 당시의 회사 말만 듣고 8년을 착취당하다가 결국 계약직으로 자퇴해버린 '정서'처럼). 이들의 수평적인 연대는 결국 서로 위무하는 상처들의 연대이기도 하다. 세상을 좀 나은 곳으로 만들려는 저자의 창작 의도는 정치가 아닐 수 없고, 독자의 참여와 공감은 세계에 참여한다는 의미에서 또한 정치가 아닐 수 없다. 작가는 개인적인 것을 사회적인 것으로 만들며, 이런 목록을 찾아내서 들려주는 사람이다.

마지막으로, 문학은 플랫폼이(었)다. 공정과 상식을 드높이 외치지만 공정과 상식이 없는 사회에서 우리는 수저계급론으로까지 비하된 삶을 살아내는 중이다. 유치원 시절부터 서게 된 줄이 대학과 유학으로, 그리하여 대기업이나 고급공무원으로 이어지는 금수저가 있는가 하면, 백수로 이어지거나 삼포세대(三抛世代)에서 칠포세대(七抛世代)로까지 진화한 흙수저가 있다. 개인의 성장 능력에 대한 기대 대신에 출신 성분이 중요해지면서 계급사회는 점점 더 견고하게 구축되는 중이다. 그러나 기회의 균등이란 측면에서 문학은 '그나마' 열린 문을 가지고 있다. 1925년 동아일보에서 제정한 최초의 신춘문예 이래, 지금까지 이어져 오고 있는 신춘문예나 다수 문예지의 등단 제도가 그것이다. 조건 없이 누구나 응모할 수 있다는 사실은 문학의 장이 플랫폼에 기반했음을 말해준다. 시인/작가들이 출신 성분, 학력, 경제적 상황 등과 관계없이 작품성으로 인정받는 풍토가 문학 장에는 있던 것이다. 다만, '그나마'라는 제한적 수사를 덧붙인 것은 문학 역시 자본과 제도ㅡ고학력화, 문예창작과라는 제도권 교육 출신자들의 포진, 특정 대학이 특정 장르를 장악하는 권력화 양상, 응모작과 더불어 생년월일을 밝히라는 주최측의 폭력적인 요구 등ㅡ로부터 부자유한 측면이 없지 않기 때문이다. 인터넷 매체에서의 문학–플랫폼이 활성화되고 있는 가운데 접근성이 떨어지는 노후 세대의 경우, 이는 작가나 독자 모두에게 차별적 요소가 되고 있음은 불문가지다.

3.

시대, 사람, 패러다임이 바뀌니 문학 환경이 바뀌는 것도 어쩔 수 없는 일이기는 하다. 문학과 독서는 떼려야 뗄 수 없는 관계인데, 필자를 동심원 중앙에 놓고 이 부분만을 주관적으로 스캔해보자. 1960년대 말부터 1970년대 중반을 넘기는 공교육의 시기, 경제적 가난이 독서를 가능하게 했던 아이러니한 상황이 떠오른다. 그때는 대학생에게 입주 과외나 그룹 과외를 받는 그룹도 더러 있었는데, 대개는 가난이 보편이었으므로 과외 대신 누군가에게 책을 빌려서 한국단편문학전집과 세계문학전집을 읽어나가는 그룹도 꽤 있었다. '라떼는 말이야' 버전으로 말하자면, 성적이 좋건 안 좋건 간에 반 친구들 여럿과 『테스』를 읽은 충격에 대해 자신이 아는 만큼씩의 이야기를 나누곤 하던 어설프게 조숙한 중학생들이 많았다. 이는 고스란히 1980년대의 사회생활로 이월되어 휴식의 시간이면 『적과 흑』의 쥘리엥 소렐이나 『등

신불』의 만적이 소환되었고, 현재 50~70대에 속한 이들과 만났다거나 강의실에서도 필요할 때면 작품 속 사건이나 등장인물을 비유로 들기 위해 소환하고 있으니 한 번 읽은 책들을 오래 우려먹고 있는 셈이다.

돌이켜보면 최소 청소년 필독도서에 해당하는 책들을 읽는 게 당시에는 통과의례로 여겨졌던 것 같다. 독서가 직접적으로는 시험과 무관했는데도 말이다. 대학입시에 논술 과목이 생긴 1990년대 초부터 2000년대까지 전국적으로 독서 광풍이 불었는데 정작 중고등학교 교육에서는 독서를 사교육으로 떠넘겼고, 이마저도 논술이 독해와 논리 능력을 가름하는 쪽으로 방향을 틀면서 독서가 교양이던 시대는 그대로 저물고 말았다. 대학에서 필자에게 '글쓰기'니 '독서와 토론' 등의 교양과목을 수강한 학생들은 대체로 1990년대 출생부터였는데, 물론 다른 과목이나 영상매체의 확산 등의 외부적 환경 변화는 별개로 친다고 전제하면, 해를 거듭할수록 학생들의 문학적 소양은 떨어졌던 것으로 감각된다. 아마도 『근대문학의 종언』(가라타니 고진)이 발표된 2005년 이전부터 그 징후는 시작되었을 것이다. 책이 있으면 어떻게든 읽으려고 했던 과거와는 달리, 책이 있고 돈이 있어도 대중이 책을 읽지 않는 시대. 이제는 문학의 흥망성쇠를 독자라는 소비자가 주도하는 시대가 되었다.

'문학이란 무엇이었는가'라는 대주제는 문학의 본래성을 짚어보면서 문학의 위상이 왜 이 지경이 되었나 하는 탄식을 돌아보게 해준다. 그러나 이는 우리 삶이 어쩌다 이 지경이 되었나 하는 탄식과 동의어다. 낭만이 없어진 시대, 배려가 없어진 시대, 효율만 중요해진 시대, 물신적 사고를 부끄러워하지 않는 시대, '부자 되세요'가 덕담이 되는 시대, 부자와 결혼하는 게 장래 희망이 된 시대, 부끄러움이 없어진 시대, 여성과 약자에 대한 혐오의 시대, 교양 없는 정치 엘리트들이 정치를 망치는 시대······. 두서없이 적어 보았지만, 마치 자본주의의 폐해들을 열거한 듯한 느낌이 든다(이와 관련해서는 많은 논의가 있으므로 여기까지만!).

 문학은 앞서 논의한 세 개의 에피소드, 즉 가장 안전한 대화 상대가 되어 작가와 독자가 함께 행복해져야 하고, 비정치의 정치화를 실행하여 우리 삶의 고상한 미적 의식을 복원시켜야 하고, 우리의 삶을 평등한 플랫폼으로 만드는 일을 꾸준히 수행해야 한다. 이것이 문학의 '그러함'이고, 문학의 '그러함'이라는 생장점일 것이다.

제2부

'시대의 산물'이라는 점에서 현재적이지만, 연계 너머를 내다보거나 현재 이전을 돌아본다는 점에서 미래로도, 과거로도 뻗는다. 그러나 인간은 과거나 미래도 현재 — 현재 — 현재를 쓸 뿐이다. 왜 그런가, 정지용의 「향수」나, 신동엽의 「그날이 오면」이 각각 과거와 미래를 시 속에 아로새겼다 할지라도 현재적 상황이 섞여하고 있는 요소를 희구했다는 점에서 현재의 확장이라고 할 수 있다. 기록된 현재가 곧 역사이므로 현재는 늘 어

당신의 난각 코드 끝자리

반연희 「제국의 밤」, 서안나 「난각 코드」, 조세희 「내 그물로 오는 가시고기」,
한영수 「을밀대 지붕 위의 체공녀처럼」, 김사인 「성웅(聖雄)」

    변화의 양과 속도를 압축해서 보았을 때 지구의 46억 년과 산업혁명 이후의 200년이 맞먹는다는 사실은 지금에 이르러 그다지 놀라운 일이 아니다. 가깝게는 신자유주의에 의해 인류는 불과 30~40년 만에 이전까지와는 질적으로 전혀 다른 세계에 진입하였다. 전자가 지구 환경에 연계된다면, 후자는 세계 질서에 연계된다. 세계의 가치는 단일해짐으로써 자본은 어느덧 범세계적이고 범종교적인 단일 권력이 되었으며, 자본에 잠식당한 지구에서 자연은 인간과 분리되고 대상화되었다. 스스로 우월해진 인간은 열등한 자연을 '잡아' 자본의 제단 앞에 번제물로 바쳤으며, 자본적으로 우월해진 인간이 자본적으로 열등한 인간을 번제물로 바치는 일도 허다해졌다. 세계 자본과 세계화라는 현상에 종속된 국내 자본의 체제에서 인간의 조건 역시 시시각각 변하고 있다. 그중에서 노동은 예나 지금이나 자본의 가장 먹기 쉬운 밥이 되었다.

    인간은 노동을 통해 자신의 개성을 표현하고, 소질과 적성을 일깨우며 삶의 목표를 달성하고자 한다. 또한 사회 속 자신의 위치와 역할을 확인하고 소속감과 사명감을 가지며, 자아를 실현하고 사회화를 완성하며 동시에 자유를 누리고자 한다. 그러나 자본의 폭력성과 야만성이 대두된 이래 노동은 몸이라는 구체에서 직업이라는 추상이 되었고, 새로운 노동 현실과 인간다운 삶의 상실이 동시적으로 수립되었다. 인간의 삶을 영위하기 위한 기본 조건인 노동이 인간다운 삶을 상실하는 계기가 되었다는 아이러니는 인간 사회의 물질적 고양이 영혼의 피폐를 가져온 근대적 아이러니와 맞물려 있다. 사회의 지속이라는 노동의 사회적 목적이나 생존과 인간의 가치 창조라는 노동자의 개별적 목표가 자본에 포섭된 이후 '만인에 대한 만인의 투쟁'이 빠르게 전개되었다. 노동계급 간의 집단적 유대나 공동체적 열망들이 파편화되었으며, 자본과 기술의 전체주의적 욕망 속에서 연봉이 1억 원이든 2천만 원이든, 해외여행을 자주 하든 꿈도 꾸어보지 못하든 간에 노동의 목적이 '삶에 필요한 물질적 기반의 충족'에 머물게 됨으로써 삶은 사소해지고 노동은 도구화되었다. "푸른 아침"이 없는 삶으로 내모는, "누가 이 칼을 가질 자격이 있"느냐고 다음 시가 묻는다.

> 이빨 자국이 남은
> 핏빛 저녁을 물어왔을 때
> 나는 상자 밖에 앉아 있었고
> 개 짖는 소리가
> 붕대처럼 풀려 나왔다
>
> 누가 이 칼을 가질 자격이 있습니까
>
> 벌거벗은 밤은
> 잠깐 환해질 때마다
> 갈라진 혓바닥을 상자 밖으로 휘둘렀다
>
> 흥건하게 고인 침묵이
> 더 깊은 칼자국을 남기고

> 어느 날 내가
> 상자를 언덕 아래로 굴러 떨어뜨렸을 때
> 썩은 것을 나눠 먹던 아픈 짐승들이 깨어
> 푸른 아침을 경작할 수 있을까
>
> 밤은 오고 가는 것
> 아직도 나의 자갈밭에서 의심은 자라고
> 실을 꿰지 않은 바늘이
> 투명한 옷감을 흔들고 있다
>
> ─ 반연희, 「제국의 밤」 전문(『시와편견』 2023년 겨울호)

일찍이 레닌이 처음 사용하면서 '제국주의'를 19세기 말부터 시작된 자본주의의 최종 단계로 본 것은 정확히 신자유주의 도래에 관한 예언이기도 했다. '독점기업과 금융자본의 지배가 이루어지고 자본의 수출이 특히 중요성을 갖는다'는 사전적 풀이처럼 제국주의는 후진 민족에 대한 패권주의 정책을 일컫는다. 우리로서는 IMF 체제 때 자본주의 열강에 의한 정치·경제적 지배가 일테면 노동계에서 근로조건이나 해고 등에 얼마나 치밀하고 폭력적으로 영향력을 행사하는지를 학습한 바 있다. 그것은 노동에 대한 우리의 패러다임이 바뀔 정도의 전방위적 규모였으며, 저항할 수 없는 절대 강령이었다. 금융위기를 극복하고 난 이후에도 국내외 기업들이 이 체제를 기술적으로 유지하고 재활용하면서 노동은 이제 '한식에 죽으나 청명에 죽으나' 매한가지의 처지가 되고 말았다. "누가 이 칼을 가질 자격이 있습니까"라는 절규를 한입에 삼켜버린 「제국의 밤」이 드러내는 엄혹한 풍경이다.

밤중에 달빛이나 불빛이 없다면 우리는 세계를 제대로 인식할 수 없다. 개봉되지 않은 상자 속에 무엇이 들었는지도 알 수 없다. "밤"과 "상자"가 "제국"의 다른 이름인 것은 자신의 실체는 드러내지 않으면서 지배력은 극대화하기 위한 "제국"의 전략 때문이다. "밤[제국]"이 살육하다 "이빨 자국이 남은/핏빛 저녁을 물어"와 "상자[제국] 속으로 가져갔을 때 겁에 질린 "개 짖는 소리가/붕대처럼 풀려 나"오는 장면을 그려보라. 그러나 세계는 어떤 연유로 "잠깐 환해질 때"도 있는 법. "벌거벗은 밤"의 실체가 드러나고, 그가 "상자 밖으로 휘"두르는 "갈라진 혓바닥"도 들킨다. "흥건하게 고인 침묵이/더 깊은 칼자국을 남"긴다는 사실을 사람들이 알게 되는 때가 오는 것이다.

"제국"에 편입되지 않고 이 모든 장면을 지켜보고 있던 "나"는 "상자 밖에 앉아 있었"던 그 누구, 혹은 그 무엇이다. "상자[제국]"를 언덕 아래로 굴러 떨어뜨"릴 수도, "굴러 떨어뜨"리는 것을 상상할 수도 있는 존재이기도 하다. 그러나 "나"는 적어도 세 가지의 "의심"에 휩싸인다. 과연 "제국"이 무너진다면("상자를 언덕 아래로 굴러 떨어뜨렸을 때") 고통받고 있던 속국의 인민들이 본래의 삶으로 돌아갈 수 있을까("썩은 것을 나눠 먹던 아픈 짐승들이 깨어/푸른 아침을 경작할 수 있을까"), 과연 "제국"의 흥망성쇠는 가능한가("밤은 오고 가는 것"), 그리고 이 시의 주제이기도 한, "나"는 과연 그럴 만한 능력이 있는가에 대한 회의가 그것이다. "제국"의 추악함이 드러나고, 인민이 "썩은 것을 나눠 먹"는 나날이 지속되고, 그것을 명징한 눈으로 보고 있는 "나"가 있음에도 결코 '제국의 밤'은 끝나지 않을 것임을 시의 마지막 두 행이 비극적으로 암시하고 있다. "실을 꿰지 않은 바늘"이니 옷을 꿰맬 수 없을 테고, 실을 준비하더라도 "투명한 옷감"에는 사용할 수 없기 때문이다.

4

    달걀껍데기에 찍힌
    숫자 열 개
    그중 열 번째 숫자는
    닭을 사육하는 케이지 크기이다

A4 용지만 한
닭장에 사는 닭이 낳은 달걀

빵공장 다니는
내 고등학교 친한 친구
컨베이어벨트에서 숨 가쁘게 흘러나오는
빵을 포장하고
야근 마치고 보내준 생일선물
택배 상자에 빵이 종류별로 들어있다

한 입 베어 먹으면
달콤하다 계란 냄새가 난다
해병대 출신 근육질 젊은 녀석들도
하루 일하고서 도망간다는 회사에서
친구는 날개를 접어 결혼을 하고 아이를 낳고
둥글고 따스한 빵을 낳는다

양치를 하다 보았다
내 혀에 찍힌 4

아름답고 상냥한 사회 판별법

물에 담갔을 때 둥둥 뜨는 노동자의 발
껍질을 깼을 때 흰자와 노른자 퍼지거나 노른자 형태가 사라진 정부
흔들었을 때 소리가 들리는 CEO
유황 냄새나는 은행
　　　　　　　　　─ 서안나, 「난각 코드」 전문(『열린시학』 2023년 겨울호)

　이 시는 "달걀껍데기에 찍힌" '난각 코드'를 전면화했지만, 실은 "친구"로 표상되는 육체노동자의 '난각 코드'에 집중한다. "택배 상자에" "종류별

로 들어있"는 "빵"의 향기와 "달콤"하고 "계란 냄새"가 나는 맛은 "A4 용지만 한/닭장에 사는 닭이 낳은 달걀"의 사육환경을 은폐하는 한편, "해병대 출신 근육질 젊은 녀석들도/하루 일하고서 도망간다는 회사"의 "A4 용지만 한" 근로환경도 은폐한다. 우리가 아는 바와 같이 자본의 논리는 유장하고 유구하다. 아래 인용문의 내레이터인 은강 그룹 회장의 셋째 아들 '경훈'은 회사가 "공장을 지어 일을 주고 돈을 주었"다면서 "제일 많은 혜택을 입은 게 바로" "그들", 곧 노동자들이라는 생각에 한 치의 의혹도 없는 인물이다.

> 그들은 우리가 남다른 노력과 자본·경영·경쟁·독점을 통해 누리는 생존을 공박하고, 저희들은 무서운 독물에 중독되어 서서히 죽어간다고 단정했다. 그 중독 독물이 설혹 가난이라 하고 그들 모두가 아버지의 공장에서 일했다고 해도 아버지에게 그 책임을 물어서는 안 되었다. 그들은 저희 자유의사에 따라 은강 공장에 들어가 일할 기회를 잡았던 것과 마찬가지로 언제나 마음대로 공장 일을 놓고 떠날 수도 있었다. 공장 일을 하면서 생활도 나아졌다. 그런데도 찡그린 얼굴을 펴 본 적이 없다.
> ― 조세희, 「내 그물로 오는 가시고기」 부분
> (『난장이가 쏘아올린 작은 공』, 문학과지성사, 1978)

젊은 나이에도 불구하고 뼛속까지 자본가인 그의 논리는 "우리가 남다른 노력과 자본·경영·경쟁·독점"이라는 기업활동을 통해 노동자들을 먹여 살리고 있으니, 그들은 "의미 있는 세계, 모든 사람이 함께 웃는 불가능한 이상 사회"를 꿈꾸지 말고 그날그날의 삶을 영위해 나가는 것에 만족해야 한다는 것이다. "우리가 필요로 하는 것은 노동자의 근육 활동뿐"이므로, 'A4 용지를 벗어나지 마라. 그 안에서 결혼도 하고 아이를 낳는 자유도 누려라. 무엇을 더 바라는가'라고 일관되게 주장한다. '달걀 진단키트'로 알아보는 "아름답고 상냥한 사회 판별법"에 의하면, "물에 담갔을 때 둥둥 뜨는 노동자의 발"은 "흔들었을 때 소리가 들리는 CEO"뿐 아니라, 재벌의 악행을 묵인하거나 오히려 부추기는 "정부"와 그 돈줄인 "은행"의 합작품이다. 노동자(약자)에 대한 사회적 태도는 그 사회의 수준과 정비례한다. 소설 속 시공간으로부터 50년이 지난 현재까지도 노동자의 삶과 노동의 질이 개선되지 않는 이유이며, 산재 사고가 그렇게 잦은 이유이며, 빵을 "한 입 베어 먹"고 "혀에 찍힌 4"에 소스라친 시인이 「난각 코드」란 시를 쓸 수밖에 없는 이유다.

> 돌담에 떨어진 동백꽃은 살아있네
> 무서운 기색도 없이 등을 곧추 세우고
> 을밀대 지붕 위의 체공녀처럼*
> 다른 이야기를 시작하네
> 생활은 겨울이고
> 왜 동백나무는 서서
> 생활의 복판에 떨어진 꽃 하나
> 저녁의 둘레를 도네
> 소리도 향기도 섞지 않고 붉은 색은
> 눈에 가슴에 스며서 번지지만
> 꺼내기가 어렵네
> 무엇이 꽃이 되는지
> 지면서 여기서
> 순간은 어떻게 영원에 닿는지
> 눈보라 속의 통로를 여는지
> 큰 수술을 앞두고 현관을 나서기 전
> 미등을 끄고 수도꼭지를 잠그고
> 한 번 더 돌아보는 심정으로
> 자꾸 나는 더듬거리네
> 꽃을 버린 꽃을
> 어긋나면서 피는 꽃을
> 여기 꽃이 있다,
> 꽃보다 큰 꽃을

고립되면서
독립하는 꽃을
눈은 숨차게 쌓이고
눈 속은 붉은 꽃 소용돌이
나는 갇혔네

* 체공녀 강주룡 : 평양 고무공장의 여공. 1931년 최초로 고공농성을 벌인 노동운동가.

— 한영수, 「을밀대 지붕 위의 체공녀처럼」 전문
(『서정시학』 2023년 여름호)

동백꽃에 대한 시들이 주로 죽음의 이미지를 담고 있는 것은 시들기 전에 송이째 뚝 떨어지는 낙화 방식 때문이리라. 흰 눈 속 붉은 꽃이라는 색상 대비도 강렬해서 젊은 여인이나 피의 은유로 쓰인 시도 여러 편이 있다. 그런데 이 시는 발화 지점과 전개 방식이 좀 독특하다. "돌담에 떨어진 동백꽃"이 발화 지점이라면, 그것이 "동백꽃" 자체에 대한 미적 인식과 "을밀대 지붕 위의 체공녀"라는 사회적 인식으로 갈래지어 흐르면서도 "동백꽃"을 공유하는 방식이니 말이다.

① 돌담에 떨어진 동백꽃은 살아있네 — 무서운 기색도 없이 등을 곧추 세우고 — 을밀대 지붕 위의 체공녀처럼 — 왜 동백나무는 서서 — 소리도 향기도 섞지 않고 붉은 색은 — 눈에 가슴에 스며서 번지지만 — 꺼내기가 어렵네 — 무엇이 꽃이 되는지 — 지면서 여기서 — 순간은 어떻게 영원에 닿는지 — 눈보라 속의 통로를 여는지 — 눈은 숨차게 쌓이고 — 눈 속은 붉은 꽃 소용돌이 — 나는 갇혔네

② 돌담에 떨어진 동백꽃은 살아있네 — 무서운 기색도 없이 등을 곧추 세우고 — 을밀대 지붕 위의 체공녀처럼 — 다른 이야기를 시작하네 — 생활은 겨울이고 — 생활의 복판에 떨어진 꽃 하나 — 저녁의 둘레를 도네 — 큰 수술을 앞두고 현관을 나서기 전 — 미등을 끄고 수도꼭지를 잠그고 — 한 번 더 돌아보는 심정으로 — 자꾸 나는 더듬거리네 — 꽃을 버린 꽃을 — 어긋나면서 피는

꽃을 — 여기 꽃이 있다 — 꽃보다 큰 꽃을 — 고립되면서 — 독립하는 꽃을

　시에 대한 무례를 무릅쓰고 「을밀대 지붕 위의 체공녀처럼」을 둘로 나누어 보았다. ①은 "돌담에 떨어진 동백꽃"을 "나"가 내면화하는 과정을 담고 있다. "소리도 향기도 섞지 않고 붉은 색" 그대로 "눈에 가슴에 스며서 번지"는 "동백꽃"은 이제 더는 사물이 아니다. 그것은 꽃이 지는 "순간"을 "영원"에 잇대고, "눈보라 속의 통로"를 열며, "붉은 꽃 소용돌이" 속으로 "나"를 데리고 간다. 미적으로 온전히 포로가 되듯 "동백꽃"에 "나는 갇"힌다.
　①의 "돌담에 떨어진 동백꽃"은 사실적 장면이면서 "체공녀"를 비유로 사용하였다. 하지만 ②에서는 "체공녀"가 사실적 장면이면서 "돌담에 떨어진 동백꽃"이 비유로 사용되었다. 또한 "무서운 기색도 없이 등을 곧추 세우고"라는 다음 대목은 반대로 ①에서 "동백꽃"에 대한 비유로 쓰이고, ②에서는 "체공녀"가 처한 사실적 정황을 나타낸다. ②에서 "다른 이야기를 시작"할 수밖에 없는 구조가 만들어진 것이다.
　각주에서 보듯, "체공녀 강주룡"은 실존 인물이다. '한국 여성 최초의 노동운동가'라는 수식이 붙는 그녀의 짧은 생은 '공중에 있는 여자', 곧 '고공 농성하는 여자'라는 의미의 "체공녀"로 대변된다. 당시 신문에 〈을밀대 상의 체공녀〉라는 제목 아래 〈여류투사 강주룡 회견기〉와 함께 을밀대 지붕에 앉아 농성하는 그녀의 대범한 사진이 게재되었는데, 이는 "돌담에 떨어진 동백꽃"의 강렬한 모티프와 유사하다. "평양 고무공장의 여공"이었던 그녀는 여성노동자들과 함께 참여한 파업에서 앞장섰다. "생활은 겨울이고", 그녀는 "생활의 복판에 떨어진 꽃 하나"였다. 시적 화자인 "나"는 "동백꽃"으로 인해 소환된 "강주룡"을 다시 "동백꽃"으로 변주한다. "여기 꽃이 있다", 꽃을 버린 꽃, 어긋나면서 피는 꽃, 꽃보다 큰 꽃, 고립되면서 독립하는 꽃. 그때로부터 90여 년이 지난 현재에도 노동자들에게 "생활은 겨울"이고, "생

활의 복판에 떨어진 꽃"들은 "고공농성"과 가두시위를 멈추지 못한다.

> 명량 노량도 눈물겹지만
> 아아,
>
> 판옥선 흘수선 아래 묶여
> 죽자 사자 노를 젓다 죽어간
> 장정들
>
> 그 숱한 장정들의
> 처
> 자식
> 어미
> 아비들.
>
> ─ 김사인, 「성웅(聖雄)」 전문(『현대문학』 2024년 1월호)

이 시를 읽고 영화 〈명량〉과 〈노량〉을 다시 보았다. 예전에는 '이순신 장군'의 일거수일투족이 중심에 있었다면, 이번에는 "노를 젓"는 '격군'들의 일거수일투족이 중심에 있었다. 예전에는 '배를 더 밀어붙여라'라고 명령하는 장군이 중요했는데, 이번에는 장군의 명령이 두 번 더 복창되면서 격군실에 전달되면 '배를 더 밀어붙'이는 격군들이 중요해졌다. 화면은 "판옥선"의 '판옥'에 우뚝 선 장군의 고뇌에 찬 표정은 자주 클로즈업했지만, 전투의 양상이 어떻게 펼쳐지고 있는지 알지 못한 채 전진, 후진, 회전, 멈춤 등의 명령을 수행하는 격군들은 그저 노를 젓는 뒷모습이나 옆모습을 단체로 잠시 비칠 뿐이었다. 그나마 〈명량〉에서는 이순신과 함께 6년간 전투에 참가했다 전사한 장수의 아들(박보검 扮)이 격군으로 참전한 터여선지 이순신의 인간적인 면모를 보여주려는 영화의 심리적 공간으로서 격군실을 꽤 여러 번 보여줬지만 〈노량〉에서는 전투 장면만 100분이 넘는 가운데 격군실은 단 한 차례, 그것도 3~4초 정도 보여주는 데 그쳤다. 격군들이 모두 "판옥선 흘수선 아래 묶여/죽자 사자 노를" 저었던 것은 아니고, 이는 〈명량〉에서 일본군이 출정하면서 이전 전투에서 생포한 조선군 포로들을 쇠사슬에 묶어 격군실에 배치한 단 한 장면뿐이었다. 그러나 정확한 정보전달이 시의 본분은 아니라는 사실을 이 시는 잘 보여준다. "명량 노량"이 "눈물" 겨운 것은 위정자들의 몰이해, 전투 장비의 부족, 장병들의 두려움 등을 홀로 걸머진 채 고군분투하는 이순신 장군에 관한 때문이겠지만, 이 시는 군인이라기보다는 노동자에 가까웠던 "죽자 사자 노를 젓다 죽어간/장정들"을 톺아본다. 그리고 역사적으로 격군들보다 더 미미한 존재들이었던 "그 숱한 장정들의/처/자식/어미/아비들"에 대해 "아아," 가슴 저미는 탄식을 한다.

 강자 중심의 역사에서 약자들은 지속적으로 소거되어왔다. 오히려 약자들은 자신에게서 세금을 뜯어 강자의 경쟁력을 강화시켜주는 각종 사회적 논리의 자발적·비자발적 희생양이 된 측면도 없지 않다. 우리는 영화를 보며 장군에 집중하듯 현실적으로 재벌에 집중하였고, 결과적으로는 이긴 전쟁이었지만 장군의 구국 신념으로 인해 죽어간 양민이 주체가 되는 일에 상상력을 발휘하지 않았듯 현실의 약자에 대해 호의를 갖지 않는다. 부분적인 민주주의가 실현되었을 뿐 사회는, 국가는, 세계는 신자유주의 체제 속에서 여전히 개인의 희생을 강요하고 있다. 임진왜란 당시의 양민들과, "체공녀 강주룡"들과, 산업화 시대의 노동자들이 자신에게 찍힌 '난각 코드'를 가지고 지금 이곳으로 끊임없이 오고 있는 이유다. 난각 코드 끝자리는 닭의 사육환경에 대한 표기다. 1은 방목장에 풀어놓는 방사, 2는 축사 안에서 자유롭게 다닐 수 있는 평사, 3은 사육 밀도가 다소 개선된 케이지, 4는 우리가 흔히 닭장이라고 부르는, 닭 한 마리당 A4 용지 한 장에 불과한 기존 케이지에서 사육되는 형태를 의미한다. 당신의 난각 코드 끝자리는 무엇인가.

야만의 시대기

백무산 「바람에 실려」, 권박 「코코넛 매트」,
신동옥 「프롤레타리아의 봄밤」, 장우원 「내 슬픔은」

1. 문명에서 야만으로

　주지하다시피 문명의 반의어는 미개이지 야만이 아니다. 오히려 문명과 야만은 거의 동의어 수준인데 이때 야만이 곧 문명일 리는 없지만, 문명이 태생적으로 야만이 되기 쉬운 구조라는 증거는 이미 우리의 일상에 편만하다. 인공낙원으로 포장할 수 있을지언정 광기와 폭력이 만연한 이면을 감추기는 어렵기 때문이다.
　빙하가 녹아내리고, 하루 100~150종씩 연간 4~5만 종의 생물이 멸종되고 있다. 국가들은 갖가지 형태의 전쟁과 전쟁 위기 상황에 결부되어 있으며, 대체로 집단이든 개인이든 힘이 셀수록 무책임하다. 약자에 대한 혐오가 기승을 부리는 와중에 미래 비전 없이 우리는 어느 만큼씩 중독과 금단 현상 사이에 결박되어 있기도 하다. 병원과 관공서의 쾌적한 로비, 백화점 쇼윈도, 공원 잔디밭, 커피숍과 음식점, 헬스장이 도처에 즐비한 죽음과 주검에 당의정을 입히고 일시적으로 세상을 살 만한 곳으로 치환할 뿐이다.
　정의는 어디에 있는가, 정의는 무엇인가, 따위의 질문이 여전히 인기 있으나 공허한 이유는 그것이 어디에도, 무엇으로도 존재하지 않기 때문이다.

종교가 인간을 구원한다고? 과학이? 법이? 교육이? 자아 성취가? 그러나 철학도, 사회과학도, 인문학도 천박한 현실정치의 뒷전으로 밀려나 있다. 무력(武力)이 무력(無力)을 양산하는 현장으로서의 삶. 삶으로서의 당대. 당대의 진실은 여러 주체에 의해 필사되거나 묘사되고 또한 상상된다. 그러나 현실에서의 진실과 시적 진실은 다르다. 시인은 생리적으로, 일반인이 학문적 지식으로서는 아직 꿈꾸지 못했던 많은 사물의 속성을 알고 있다고 진단하면서 마광수는 그의 『상징미학』에서 그 차이점을 제시한 바 있다. 첫째, 그것은 '허위적'이라거나 '인위적'이라는 말과 대조적으로 쓰이는 현실적 의미에서의 진실이 아니라 오로지 '시적'인 것이다. 둘째, 시적 진실은 과학 논문의 경우와 같이 문장 그 자체의 내용으로서 사용되는 것이 아니라, 현실과 인생 자체 — 여러 사건, 경험, 감정, 행위로 이루어지는 — 의 속성이 논리를 떠나서 어떻게 존재할 수 있는가를 설명하는 데 도움을 준다. 셋째, 그것은 문학적 진실에는 계시적 직관의 요소가 뿌리박혀 있다는 것을 시사한다. 이러한 세 가지 점에서, 문학적 진실은 일반적인 의미의 진실과는 다르다는 것이다. 곧 시가 주목하는 당대의 진실은 사실(fact)이 아니라 사물과 현상과 관계의 본질을 포착해서 제시하는 현실감각(sense of reality)이라 하겠다.

생명 모독이 일상화된 이 비루한 시대상을 썸벅 베어 무는 현실감각을 다음의 시들이 보여주고 있다. 세계화, 식민지, 노동, 전쟁이라는 키워드를 가지고 살펴보려고 한다.

2. 세계화

밖에서 문을 걸어 잠근 벽에 갇혀본 사람은 알지

우리의 폐는 여름 나무에 가득 매달린 나뭇잎

바람에 흔들려야 숨을 쉴 수 있다는 걸

마음도 광활한 대지에 핀 한 닢 풀잎
바람은 말처럼 달려 저 너머로 실어다 준다는 걸

바람은 높은 그늘 아래 낮고 여린 목숨들에게
햇살 젖을 나누어 먹인다는 것을

소리도 공기가 아니라 바람을 타고 들어오지
말들도 폐에서 걸러내어야 한다는 걸

몸은 바람이 잠시 실어다준 퇴적암
언제나 바람이 돌아다니는 길이 있어

중심이 내다버린 벌레구멍에 숨 붙이고 살다
밖에서 문을 걸어 잠근 저 세계화의 너른 도시에 가면
나는 또다시 폐소공포증이 재발하네

우리가 숨 쉬는 것은 공기가 아니라 바람이라서
　　　　　　　— 백무산, 「바람에 실려」 전문(『포지션』 2021년 가을호)

　시는 현실로부터 시적 논리를 획득한다. 독자가 시에 설득당할 여지를 마련함으로써 시는 비유와 왜곡과 뒤틀림이라는 장치를 통해 시적 진실을 구현할 수 있다. "밖에서 문을 걸어 잠근 벽에 갇혀본 사람은 알지". 이 한 줄이 내포하는 경험적 정보는 이후의 시가 가는 '험한' 길을 요소마다 밝혀주는 불빛이 된다. "나는" 밖에서 문을 걸어 잠근 벽에 갇혀본 적이 있다는 것, 갇힌 자는 강제로 자유를 상실한다는 것, 자신의 의지로는 그 문을 열 수 없다는 것, 벽 안에 갇힌 자는 병리적 상황에 놓일 수 있다는 것 등이 그것이다. 이로써 "밖에서 문을 걸어 잠근 저 세계화의 너른 도시에 가면/나는 또다시 폐소공포증이 재발하네"의 역설적 상황("세계화라는 너른 도시"와 "폐소공포증"이라니!)이 바로 성립할 수 있는 것이다.

    세계화의 그 잡다한 일면을 누누이 말해서 무얼 하겠는가. 수많은 저서가 세계화의 원인과 과정과 결과를 기록하고 미래를 전망한들 그것이 우리의 삶에 파문 하나 제대로 던질 거라고 누가 장담할 수 있겠는가. 무엇보다 현실적 진실을 규명한다는 건 얼마나 어려운 일인가. 가슴을 쿵 치고 들어오는 이 시 속의 "바람"이 그 많은 말들을 응축해 보여준다. "우리의 폐는 여름 나무에 가득 매달린 나뭇잎"이고, "마음도 광활한 대지에 핀 한 닢 풀잎"이며, "소리"도 "말"도 "몸"도 모두 자유롭게 불어대는 바람과 관계한다는 상상적 세계를 마음껏 펼침으로써 상대적으로 세계화에 갇힌 우리가 죽어가고 있음을 보여주는 현실감각이 이 시의 진실이다.

3. 식민지

    그 인도 작가는 글은 영어로 쓴다고 말하였다.
    인도의 식민지와 한국의 식민지에 대해,
    식민지에 대해,
    말하였다. 그 인도 작가는,

    깔려 있는 코코넛 매트를 밟자
    여왕의 말이 떠올랐습니다 친애하는 식민지여
    코코넛 매트를 밟고 들어가자
    짓밟듯

    차를 우려내자

괴로워 괴로워
차를 우려내자

건강을 걱정해
차를 마십니다
환경을 생각해
알레피에 휴양 갔을 때 코코넛 매트 공장에서 코코넛 매트를 구입했습니다

다르질링은 중국에서 재배한 차와 품질 차이가 없을 정도로 좋은 입지 조건을 가진 곳이기 때문에 선택되었습니다
신은 당연히 선택합니다
비가 그치고 안개가 걷히고 칸첸중가가 선명히 보입니다
대령들이 머물렀던 별장들도
보입니다
선명히 당연히

별장 입구에 깔려 있는 코코넛 매트를 밟고 들어서며
여왕처럼 정의내립니다
정의를 내리는 것은 짓밟는 것
오늘 내가 내린 식민지의 정의는, 깔려 있는 코코넛 매트를 밟는 것, 차를 우려내듯, 짓밟는 것,

정의는 어떤 식으로든 바뀝니다
선입견은 있기 때문에 생깁니다

모르겠습니다, 선입견을 버리겠다는, 정의를 바꾸겠다는, 뜻입니다
— 권박, 「코코넛 매트」(『문학과 창작』 2021년 가을호)

영국에서 촉발된 산업혁명 이후 서구열강에 분할되었던 대부분의 식민지

가 독립한 것은 1945년부터 1960년대까지의 일이다. 현시점에서 식민지에 대한 시를 쓴다는 것은 십중팔구 청산되지 않은 식민지의 잔재, 혹은 새로운 식민지의 형태에 관한 것일 가능성이 높다. 定義와 正義 사이를 유연하게 오가며 이 시는 지적 관찰자가 비지적 관찰자의 입을 빌려 세계를 비판하는 외적 아이러니의 형태를 띠고 있다.

  대체로 인간은 자기 나름의 잣대로 대상을 정의한다. 광복된 지 76주년이 지난 우리의 반일 감정에 견주어 피식민지의 작가가 식민 종주국에 대해 가지는 태도가 어떠어떠할 것이라는 선입견도 그중 하나다. 그런데 우리보다 2년 늦게 독립한 나라, "그 인도 작가는 글은 영어로 쓴다고 말하였다." 이어지는 시의 쉼표들과 동어반복적 더듬거림이 선입견에 혼선이 온 "나"의 심리적 동요를 드러내는 장치로 기능하고 있다. 시는 연상 상상의 회로를 타며 매우 속도감 있게 전개된다. "깔려 있는 코코넛 매트를 밟자" 인도를 "친애하는 식민지여"라고 칭하던 "여왕의 말이 떠"오른 것은 "나"가 식민지를 코코넛 매트로 형상화하고 있음을 보여준다. 밟는 능동과 밟히는 피동이 매트에서 동시적으로 이루어지기 때문이다. 전자에는 "여왕"과 "대령들(식민지 지배계층이 관료가 아닌 군인이었음을 말해주는)"과 "휴양" 객인 "나"가 있고, 시에 직접 드러나지는 않았지만 후자에는 사물화된 인도인과 인도("친애하는 식민지여")가 있다. 이 자각은 "인도 작가"에서 촉발된 것이다. "인도 작가"는 밟히면서 동시에 밟는 중간자적 존재이다. 그는 "친애하는 식민지"를 기획한 식민 종주국의 누적된 결과물 중 하나로서 먼저 "영어"에 대한 열등감으로 짓밟힌 후에야 인도어를 짓밟을 수 있는 우월감을 가질 수 있게 되었다.

  "정의(定義)를 내리"면 정의(正義)가 되는 불의(不義)! "나"라는 지적 관찰자가 말하고 싶었던 것은 이것이 아닐까. "오늘 내가 내린 식민지의 정의는, 깔려 있는 코코넛 매트를 밟는 것. 차를 우려내듯. 짓밟는 것."으로 귀결된다. "나"가 기존에 가졌던 식민지에 대한 정의를 수정한 것으로, 식민주의

가 생각보다 더 뼛속 깊은 불의였음을 알게 된 자의 탄식이기도 하다. 그러나 첫 연에서처럼 마지막 연에서 "모르겠습니다, 선입견을 버리겠다는, 정의를 바꾸겠다는, 뜻입니다"라고 쉼표들과 체념적인 비지적 관찰자의 목소리가 다시 등장하는데, 이는 기존의 식민주의나 경제·문화적 식민주의에 대한 논의를 독자의 몫으로 넘겨버리고 시침을 뗌으로써 시의 지평을 넓히는 데 기여하고 있다. 시의 현실감각은 이처럼 중층적이다.

4. 노동

>호주머니 안쪽에는 지난겨울 마지막으로 쏟아진 눈송이 한줌
>어디든 목을 축이고 추위를 피할 방은 있겠지 여기며
>손아귀 사이로 흘러내린 눈석임물에 바지춤이 젖기 전까지
>
>걷다가 멈출 때면 가죽장화를 벗어 안고 뒤축을 녹였네
>폐허 아니면 무덤 그것도 아니면 무너진 담벼락 그 너머로
>피어나는 연기 한 가닥에도 숨막힐 듯 설레며 달려온 길
>
>마치 해와 달을 이어주려 가늘어질 대로 가늘어진 눈썹달처럼
>향기로운 꽃은 빨리 지더군 겨우내 피고 지는 꽃은 수도 없이 보았지만
>누가 밤새도록 향기와 악취를 가려 노래할 수 있을까
>
>혁명이 끝나고 내란이 왔거나 내란이 끝나고 혁명이 시작되거나 어쨌건
>그날은 마치 멸종한 동물을 싣고 온 유랑극단이 떠난 가설극장 같았어
>부서진 바리케이드를 치우고 이슬 젖은 깃발을 내리자 겨울 가고
>
>봄은 오고 얼음으로 다져진 광장에 다시 풀이 돋아나네
>이제 다시 이마에 재를 바르고 열을 맞추어 걷는 밤

무개화차에 차곡차곡 포개지는 밤 술잔에 가라앉은 돌멩이처럼

갈라진 등짝으로는 달빛을 가닥가닥 헤아리며 잠들게
기차가 달려가는 길 이편으로는 풀꽃이 자랄 땅 저편으로는
발아래 다져질 땅 그 사이로는 금세 흙탕물 웅덩이가 가로놓이겠지

채 가시지 않은 가락에 콧등이 간지러운데 그날의 노래가 기억나지 않는군
덜컹거리며 계속되는 꿈속으로 순한 비가 들이치는 밤 이봐
아껴둔 초가 있으면 불을 밝혀줘 그림자가 아우성치며 일어나 바람을 막아 줄 테니

버드나무 가지가지 손목을 휘저으며 눈동자를 씻어주게 하릴없이
손꼽아 헤아린 꿈결마저 앗아가게 기차는 달리고 그곳이 어디건
남은 초를 밝히고 없는 방문을 찾아 두드릴 손등이 여기 남아 있으니
―신동옥,「프롤레타리아의 봄밤」전문(『문학동네』 2021년 봄호)

  이 시에 접근하기 위해서는 약간의 우회가 필요하다. 자크 랑시에르가 '노동자의 꿈 아카이브'란 부제를 단 『프롤레타리아의 밤』(2021)이 그것이다. 부제의 '아카이브'가 시사하는 바 이 책은 랑시에르가 1830년에서 1838년에 이르는 시기에 프랑스 노동자들이 쓴 저널과 일기, 편지, 시 등을 독해한 글로, "자기 자신의 사회적 소속으로부터 해방되어 자신의 꿈을 좇고자 하는 감각적 경험을 겪으며 살아가고 사색하는 개인의 해방" 의지가 "억압된 프롤레타리아 계급의 해방" 논리를 압도하는 과정을 보여주었다. 랑시에르는 "재현의 역사적 담론에 의해 침묵당한 말들을 발굴하기 위해 아카이브를 뒤지는 노고를 마다 않"[1]았던 것이다.

---

[1] 서동진,「아카이브의 시학 – 역사 없는 시대의 아카이브」,『문학과사회』 2021년 여름호,

이 시의 "나"라는 주체 역시 그러한 숱한 아카이브 속에서 하나의 발화를 했던 자를 자처한다. 그러나 랑시에르의 저작에서 목소리와 제목은 빌려 왔으나 시대적 배경은 『프롤레타리아의 밤』과는 다르다. "혁명이 끝나고 내란이 왔거나 내란이 끝나고 혁명이 시작되거나 어쨌건/그날은 마치 멸종한 동물을 싣고 온 유랑극단이 떠난 가설극장 같았어/부서진 바리케이드를 치우고 이슬 젖은 깃발을 내리자 겨울 가고"에서와 같이 "그날"은 프랑스의 68혁명을 의미할 수도 있고, 보편적 의미에서 어떤 곳의 혁명이나 내란을 의미할 수도 있다. 공통점은 어디에서도 프롤레타리아가 주인공이라는 사실이다.

그러나 "나"는 이미 죽은 자이다. "호주머니 안쪽에는 지난겨울 마지막으로 쏟아진 눈송이 한줌"이 들어 있고, "움켜쥔 손아귀 사이로 흘러내린 눈 석임물에 바지춤이 젖"는 것은 "나"가 죽은 채 "무개화차에 차곡차곡 포개지는 밤"을 거쳐왔기 때문이다. 그 사이사이 "걷다가 멈출 때면 가죽장화를 벗어 안고 뒤축을 녹였네"와 같은 추억과 "봄은 오고 얼음으로 다져진 광장에 다시 풀이 돋아나네/이제 다시 이마에 재를 바르고 열을 맞추어 걷는 밤"과 같은 환상이 펼쳐진다. 이 추억과 환상은 죽은 자에게서 반복되는데, 그는 한 번 죽음으로써 영원히 죽은 자가 아니라 '프롤레타리아'로 끊임없이 되살아나는 자이기도 하기 때문이다. 노동자의 숙명과도 같은 이 죽임과 죽음과 그들의 처절한 삶은 2022년을 새로 맞는 현재까지도 반복 재생되고 있다. 얼마나 많은 노동자가 죽어야 오래된 이 비디오는 끝이 날까.

341쪽.

5. 전쟁

내 슬픔은
백마부대에서 왔는지도 모른다

백마부대를 제대한
막내 외삼촌인지도 모른다

따이한이 밟고 섰던
그 땅 냄새인지도 모른다

외가 골방에서 보던
파월장병 가족에게 온 홍보물
그 속 어딘가 숨어 있을 막내 외삼촌

죽음을 알기도 전
내게 죽음을 안긴
내가 닮은 눈빛

내 슬픔은
귀국 한 달 뒤
영산강 두루미를 따라간
막내 외삼촌인지도 모른다

— 장우원, 「내 슬픔은」 전문(『우리詩』 2021년 11월)

앞의 「프롤레타리아의 봄밤」이 과거의 시점을 흐려 보편성을 획득했다면, 이 시는 베트남전쟁을 특정해 전쟁의 상처를 보편화했다. 1964년 통킹만 사건을 기화로 미국과 북베트남 사이에 점화된 베트남전쟁. 미국의 요청으로 한국군이 처음 파병된 것은 한 해 뒤의 일이다. 〈위키백과〉에 의하면,

1973년 철수하기까지 약 9년 동안 한국군은 32만 명 정도가 투입되었고, 전쟁 기간 중 사망자 수는 약 5천 명에 이르며, 1만여 명이 부상당했다. 그러나 이 통계에는 귀국 후 고엽제 등으로 질병을 얻었거나, 무고한 베트남 양민 학살 등에 관여하여 정신적 트라우마를 겪은 이들은 물론 그 가족이 겪은 고통은 포함되지 않았다. 그 가운데 "파월장병 가족"의 일원인 시 속의 '나'도 있다.
　'나'는 일상화된 "슬픔" 속에서 살아간다. 날마다 반복되는 생활이 '일상'이고 보면 슬픔은 밥을 먹거나, 일하거나, 산책하거나, 잠잘 때도 마치 통증처럼 '나'와 함께 하는 것이다. 그 기원에 대해서는 "~인지도 모른다"라는 추측이 여러 번 되풀이되고 있지만, 그것들은 "백마부대를 제대한/막내 외삼촌"과 긴밀히 닿아 있다. "따이한"으로서의 "백마부대"에서 무슨 일이 있었는지 시의 표면에는 드러나지 않은 채 그가 "귀국 한 달 뒤/영산강 두루미를 따라간" 사건과 "죽음을 알기도 전/내게 죽음을 안긴" 대목에 이르면 그의 자발적인 죽음이 거의 확실시된다. "내" 어머니의 막냇동생. "내가 닮은 눈빛"은 혈육으로서 외모나 이미지가 닮았다기보다는 "귀국 한 달" 동안의 그의 "눈빛"과 그가 가고 없는 지금의 '나'의 "눈빛"이 닮았다는 의미다. 마지막 연에서 "내 슬픔"과 "막내 외삼촌"이 동격으로 사용된 것만 보아도 그렇다. 이 시는 참전 당사자의 비극과 그의 막내 외조카인 '나'의 "슬픔"을 통해 전쟁의 참상이 70여 년이 지난 지금까지도 현재진행형임을 보여준다. 그러나 거기에서 그치지 않는다. 이 시는 사실 현재에 대해 이야기한다. 한국전쟁은 아직 종식되지 않았고, 중동은 여전히 화약고이며, 근래의 미얀마 사태에서 보듯 쿠테타와 내란 등으로 무고한 목숨이 여전히 죽어나가는 상황에서, 살상의 현장에서 발견된 아이들과 "내"가 또한 "닮은 눈빛"을 가졌음을 이 시는 증언한다. 슬퍼해 본 자만이 "슬픔"을 안다.

6. 야만에서 생명으로?

아내가 집을 나갔다고 복수심에 불탄 남편이 아내와 함께 키우던 반려견에 휘발유를 붓고 불을 붙인다. 개는 잠시 환하게 움직이는 발광체였다가 곧 잠잠해지고 불빛은 조금 더 있다 꺼진다. 개 줄을 차에 매달아 고속도로를 달린다. 차 속도를 따라잡지 못하고 개는 곧 축 늘어져 질질 끌려간다. 살이 헤지기 시작한다. 개 입을 굵은 고무줄로 친친 묶어 외딴곳에 방치한다. 여러 날 지나 구조했지만, 코 주위와 입술 상당 부분이 괴사하여 개는 침을 질질 흘리며 먹이를 먹는 것조차 고통스러워한다. 술에 취한 사람이 햇볕을 쬐고 있는 고양이 뒷다리를 잡고 화단에 메어친다. 척추 부러지는 소리가 났다고 한다. 고양이 울음소리가 싫다고 스포츠용 활을 쏜다. 화살은 오른쪽 옆구리에서 왼쪽 다리 부분을 관통하고 다리뼈까지 부러뜨린다. 다행히 장기를 비켜 고양이는 화살이 꽂힌 지 사흘 만에 주민에게 발견된다. 우리는 문명인인가.

현실감각은 통시적 감각과 공시적 감각이 만나는 지점에서 발현되며, 야만에서 생명으로 돌아 나오는 길은 요원하다. 그 숱한 통점을 경유하며 시적 진실을 탐구하는 시인은 오래된 전언대로 과연 저주받은 족속인가.

사회현상이 문학에 기입되는 방식

천명관 『고령화 가족』, 손원평 「타인의 집」, 김유철 「그러려니 비극」,
김종희 「생로병사」, 장석주 「꿈속에서 우는 사람」, 한명희 「스위스행 종이비행기」,
이영숙 「수건의 고독사」, 김현주 「이끼」, 권형영 「사라진 사람들은 부엌에 모여 산다」

1.

　과거와 미래가 현재에 작동함으로써 사회현상은 발생한다. 역사적 맥락과 사회적 패러다임 안에서 가변적인 삶의 현장이 구축되는 것이다. 우연과 필연이 뒤섞인 가운데 어쨌든 시간은 내일로 흘러가고 과거의 침전물인 양 현재는 무수한 밑줄이 쳐진 문제적 시점에 속해 있다. 인구 구조 변화라는 국내외적 상황도 예외는 아니다.
　내 앞에는 두 권의 책이 있는데, 목차를 훑어보는 것만으로도 그것이 의미하는 세계사적 위기가 감지된다. 제니퍼 A. 스쿠바의 『80억 인류, 가보지 않은 미래』는 서론의 「왜 지금 인구학인가」를 시작으로, 「출생 사망 이주, 세계를 이해하는 3가지 키워드」, 「고령화는 반드시 재앙인가」, 「죽음은 불평등하다」, 「이민, 받을 것인가 막을 것인가」, 「인구 추세로 읽는 앞으로의 세계」, 「예정된 미래, 그러나 열린 결말」, 「인구통계학자의 미래 예측법」을 경유하며 「세계는 연결되어 있다」를 결론으로 삼는다. 전권이 인구 문제를 다루고 있는데, 기하급수적인 인구 증가가 20세기의 특징이라면, 21세기는 부자 나라와 가난한 나라 간의 극명한 차이로 요약된다. 저자는 21세기의 인구 추세에 대한 이해가 전 지구적 차원에서 폭력과 평화, 압제와 민주주의, 빈곤과 번영의 역학에 왜 필요한지를 조망한다. 각 장을 통틀어 거의 50개에 이르는 부주제가 인구 문제의 제반 요소를 세부화하고 있다. 또 하나는 황준원의 『미래출현』이다. 「인구 변화」, 「뉴노멀 인간관계」, 「기후위기 환경위기」, 「첨단 기술」, 「직업」의 다섯 장으로 구성되어 있다. 그중 1장인 「인구변화」의 부주제들에는 '대한민국의 정해진 미래, 초고령 사회', '초고령 사회의 놀라운 현상들', '실버 산업의 성장', '미래 노인의 정체', '65세는 부양 대상일까?', '머릿수 부족한 젊은 세대, 괜찮을까?', '평생 인구 감소를 경험할 한국 사람들' '아이가 태어나지 않는 나라', '인구 감소는 축복일까, 재앙일까?', '인구 감소로 바라본 미래 대입과 취업', '소산다사의 시대와 죽음 비즈니스'가 있다. 그러나 「인구 변화」라는 키워드가 나머지 장의 주제들과도 긴밀히 연결되고 있어 이 책 역시 전권이 인구 문제와 긴밀히 연결된다.

말해놓고 보니 책 광고처럼 되었는데, 이 글의 목적은 인구와 관련된 사회학적 분석이 아니다. 목차가 보여주는 명료한 문제점들을 배경에 둠으로써 사회현상이 문학에 기입되는 방식이라는 글의 주제를 좀 더 수월하게 보여줄 수 있지 않을까 하는 의도의 일종이라고 보면 되겠다. 사회학적 용어의 사용과 그에 대한 설명을 줄이면서 문학에 더 많은 지면을 할애하는 것이 글의 목적에 부합하기 때문이다.

이 글을 구상하는 단계에서 먼저 두 편의 소설이 생각났다. 2010년에 출간된 천명관의 『고령화 가족』(문학동네)과 2021년에 발표된 손원평의 「타인의 집」(창작과비평, 봄호)이 그것이다. 10년 사이에 무슨 일이 일어났길래?

2.

감독 데뷔작이 흥행에 참패한 이후 십여 년의 세월 동안 아내는 진즉 떠났고 알코올중독자로 전락해 죽음의 벼랑 끝에 선 '나'가 『고령화 가족』의 주인공이다.

> 그것은 정말이지, 죽기보다 싫은 일이었다. 나이 마흔여덟에 칠순이 넘은 엄마 집에 얹혀산다는 건 생각만 해도 쪽팔리고 민망한 일이었지만 더 끔찍한 건 엄마 집엔 이미 쉰두 살 된 형이 얹혀살고 있다는 사실이었다.

그러나 선택의 여지가 없었던 '나'는 폭력과 강간, 사기와 절도로 교도소에 다녀온 형 한모가 그랬듯 엄마의 낡은 연립주택으로 주거를 옮긴다. 얼마 지나지 않아 바람을 피우다 두 번째 남편으로부터 이혼당한 여동생 미연이 열댓 살 난 딸 민경을 데리고 합류하면서 엄마 집은 갑자기 삼 세대가 북적대는 '역동적인' 공간으로 바뀐다. 갈등이 증폭되면서 그동안 몰랐던 비밀도 하나둘 밝혀지는데, 형이 두 살 때 친모가 죽자 재취로 들어간 엄마가 '나'를 낳았고, 형과 나를 두고 엄마가 바람을 피워 씨 다른 여동생을 낳았다는, 말하자면 삼 남매의 아버지가 각기 달랐다는 사실이 대표적이다. 끝나지 않을 것 같던 이 가족의 '막장 드라마'는 조카 민경의 가출 사건을 계기로 다른 국면에 접어든다.

> ─ 이놈의 집구석, 불이라도 확 싸질러서 다 같이 뒈져버렸으면 좋겠다!

대성통곡을 하며 퍼붓는 미연의 저주를 삭이며 '나'는 조카를 찾을 자금 마련을 위해 그동안 미뤄두었던 에로영화 감독직을 수락하고, 불화의 원인 제공자인 한모는 조직의 레이더망을 빌리기 위해 일이 틀어지면 사장 대신

교도소를 가는 조건으로 비밀도박장의 바지사장을 덜컥 맡는다. 한모 덕에 가출 일주일 만에 술집에 넘겨지기 직전의 민경을 구출하게 된 무렵부터 이 가족을 관통하는 '막장'이란 용어에는 균열이 오기 시작한다. 아니, 어쩌면 '막장'이란 인식은 이기적인 성격의 '나'가 가족에게 무관심해서 빚어진 오해였는지도 모른다. 엄마는 전처 아들인 한모를 제 자식처럼 품어 키웠고, 아버지는 엄마가 바람피워 낳은 미연이를 품어 안았다. 아파트 경비를 하다가 교통사고로 죽으면서 아버지가 남긴 보상금으로 구입한 방 세 개짜리 연립주택에서 엄마는 세상에서 패배해 돌아온 자식들을 품어 안고 정성껏 밥을 해 먹였다. 미연이가 20대에 유흥업소에서 번 돈으로 가족을 봉양했듯, 그런 관점에서 보자면 '나'와 한모도 가족을 위해 뒤늦게 적어도 희생이라는 것을 시도한 것이 된다.

그래서일까. 이렇게 풀리는 수도 있나 싶게 한모는 바지사장 앞으로 된 사장의 실질적인 모든 권한을 챙겨 교도소 대신 미장원의 수자씨와 함께 해외로 날랐고, 미연은 두 번째 이혼의 원인 제공자인 세 번째 남자와 결혼식을 올리면서 민경과 함께 새로운 가정을 이루었으며, 엄마는 미연의 친아버지인 전파사 구씨를 불러들여 오래 끌어온 사랑의 내용과 형식을 완성한다. '나' 역시 형이 떠나면서 엄마에게 주라고 건넨 돈을 우물쩍 가로채긴 했지만, 얼마간의 경제적 여유를 누리며 후배이자 한때 연인이었던 캐서린과 함께 지내면서 심신의 안정을 되찾는다. 이 소설은 결혼 등으로 모두 엄마 품을 떠나는 1라운드를 거쳐 삶에 실패하자 엄마에게 얹혀살면서 불편한 가족공동체를 이루는 2라운드, 종국에는 각자의 사랑과 함께 이십여 년 전에 그랬듯 이번에는 좀 더 성숙해진 모습으로 각자의 길을 가는 3라운드로 구성된다.

자, 그런데 해피엔딩이면서 한 가족의 성장소설로도 읽히는 이 소설의 제목이 왜 하필 『고령화 가족』일까. 2001년에 고령화사회(고령인구 비율 7% 이상)에 진입한 우리 사회의 객관적 지표에 대한 문학적 반영일까, 혹은 소설의 중후반까지 삼 남매가 엄마에게 끈질기게 눌어붙어 살 것처럼 시침을 뗀 천명관식 유머일까. 다섯 명이 북적거릴 때 49세였던 평균 연령이 다 제 살 길을 찾아 떠난 후 남겨진 엄마와 미연의 친아버지로 구성된 70대의 현실적 반영일까. 그로부터 10년, 정확히는 11년 후에 「타인의 집」이 발표되었다. 강산이 한 번 변하듯 이야기의 판도가 확 달라진다.

  사진 속의 집은 높은 언덕 위에 세워진 30년 된 아파트였지만 내부는 몹시 깨끗했고 도심 한중간에 위치했다. 그리고 무엇보다 가격이 합리적인 걸 넘어 터무니없이 싼 쪽에 가까웠다. 설명에는 수익을 위함이 아니라 젊은이들의 품격 있는 공동체 생활을 꿈꾸기 때문이라는 말과 원래 살던 사람 중 한 명이 나가게 돼서 충원한다는 말이 덧붙여져 있었다. 높은 경쟁률에는 그만한 이유가 있었다.

「타인의 집」은 아파트의 전세 세입자 쾌조(재욱의 ID)가 웹툰 작가인 희진, 시민단체에서 일하는 재화, 영어유치원에서 상담교사로 일하며 임용고시 준비를 하는 '나'(시연) 등 세 명에게서 "합법적이지 않은 틈새시장" 방식으로 월세를 챙기면서 벌어지는 몇 가지 에피소드로 구성된다. 자본주의 논리, 곧 돈을 낸 만큼만 누릴 수 있는 규칙이 철저히 지켜지는 가운데 "단독 계약조건"으로 화장실이 딸린 안방을 쓰는 '나'와 달리 나머지 세 명은 거실에 있는 화장실을 남녀 공동으로 사용한다. "소리를 죽이고 존재를 최대한 감추"어도 이들의 "구획은 얇은 마분지로 나뉘어 있는 것과 그리 다르지" 않다. 쾌조와 한 화장실을 쓰기 불편해 재화는 아침마다 관리사무소 화장실을 다녀오고, '젊은이들의 품격 있는 공동체 생활'을 운운하던 쾌조는 방 세 개를 모두 월세로 내놓고 정작 자신은 "여름엔 베란다에 천막을 치고 겨울엔 테이블 밑을 잠자리로 삼"는다. "집에서 매일 주식 차트를 들여다보는 전업투자자로 전향'한 쾌조는 이런 아파트의 소유자가 되는 게 종래 희망이지만, 보일러 교체 건을 빌미로 집주인이 방문하면서 새로운 국면을 맞는다. 불법 세입의 현장을 은폐하기 위해 짐을 옮기는 등 한바탕 난리를 쳤음에도 불구하고 집주인이 이 집을 매도하기 위해 부동산중개업자들을 차례로 불러들였기 때문이다.

> 결혼 안 한 젊은 사람들이 세 들어 있는 집이 좋아요. 개 있는 집, 아기 있는 집은 골 아파. 개가 벽지 다 긁어놓고 애가 벽에 낙서해놓고 아주 가관이에요. 그럼 다음번 전세 구할 때도 수리해줄 필요가 없으니까 금액적으로 유리한 거예요.

"부동산 아주머니"가 예비 매수자에게 건넨 "답변"에는 이 시대의 사회적 함의가 다 들어 있다. 젊은 사람들은 결혼하지 않으며(못하며), 직업을 가졌다고는 하나 월세를 감당하지 못할 정도로 집값은 비싸고, 반려동물과 아기가 자본주의적 가치 아래서 일종의 장애와 등가로 여겨지는 현실. 안타깝게도 이 주거공동체의 예상되는 해체에는 『고령화 가족』에서와 같은 작은 낭만조차 비집고 들어갈 여지가 없다. '나'와 쾌조, 재화, 희진은 이 집을 나가 어디로 갈 것인가. "터무니없이 싼" 월세에 맞춰 다시 "합법적이지 않은 틈새시장"을 찾을까, 불편한 교통 상황을 감수하며 도시 외곽으로 밀려날까. 두 소설 사이에 한국은 2018년 고령사회(고령 인구 비율 14% 이상)에 진입하였고, 사랑이 중요하던 『고령화 가족』과는 달리 젊은 사람들이 등장하는 「타인의 집」의 어디에서도 생존의 고투만이 있을 뿐 연애나 결혼의 징후는 찾을 수 없다.

또 하나의 가정(假定)이 있다. 어쩌면 과거는 미래에서 온다. 미래에 대한 불안으로 현재가 구성되고, 현재는 시시각각 과거가 되기 때문이다. 그리하여 현재라는 시간 단위는 실상 존재하지 않았던 것인지도 모른다. 현재라고 일컬어지는 현실 세계가 반영하는 것은 미래에 대한 불안과 예측 불가능성의 편린일 수도 있다. 인구 구조 변화라는 현상을 누적된 과거의 현재진행형으로 본다면 이때 시간과 사건의 흐름은 자동사가 되겠지만 그 반대라면 현실은 곧 피동형이 될 수밖에 없다. 그리하여 현실은 미래의 산물이 되는 것이다. 시의 상황은 어떨까.

3.

> 지진은 늘 먼 곳의 비극이니
> 여기는 그러려니 했다
> 벌들이 사라졌다고들 했을 때
> 그냥 그러려니 했다
> 한여름 우박이 쏟아지던 날도
> 별일이지만 그러려니 했다
> 때아닌 꽃들이 피었다고 해도
> 그저 그러려니 했다
>
> 까르르 웃던 아이들이 사라졌다
> 푸드득 날던 새들이 사라졌다
> 꽝꽝 얼던 빙하가 사라졌다
> 인간은 사라지고 인공지능만 좀비처럼 둥둥
>
> 지금여기
> 곧,
> 개봉박두
>
> ― 김유철, 「그러려니 비극」 전문(『내일을 여는 작가』 2023년 봄호)

이 시는 기후 위기의 징후에 대한 현재적 무감각이 미래 예측을 통해 역으로 현재를 고조시키는 과정을 선명하게 보여준다. 지진, 벌의 집단실종이나 폐사, 한여름 우박, 때아닌 개화뿐이랴. 좀 더 큰 규모의 폭우와 폭설을 비롯하여 자연발생적인 산불, 사막화 등의 발생 빈도도 높아지고 있다. 그러나 인구 감소는 그 모든 요인을 압도한다. 자연의 입장에서는 세계 인구가 줄어들면 지구 환경이 회복될 가능성이 커지는 긍정적 측면이 없는 것도 아니지만, 인간에게는 국가 멸종 내지는 인간 멸종이라는 시나리오가 현실화할 수 있기 때문이다. 일례로, 앞에 소개한 『80억 인류, 가보지 않은 미래』에 의하면 세계 최고령 사회에 속하는 일본이 지금의 추세대로 간다면 2010년에 1억 2,800만 명이었던 인구가 2060년에 8,700만 명으로 급락하면서 인구의 40% 이상이 65세 이상의 고령이 된다. 『미래 출현』에 의하면 한국은 같은 해의 고령인구가 43.9%로 심지어 일본을 앞지른다. "아이들이 사라"지고, "새들이 사라"지며, "빙하가 사라"지는 것은 2060년이 되기 전의 일일 것이다. "그러려니" 하는 가운데 지구멸망의 씨앗이 자라고 있다. "인간은 사라지고 인공지능만 좀비처럼 둥둥" 떠다닐 그런 세계가 "개봉박두" 상태이다.

    생로병사 외길 위에
    죽는 복이 큰 복이라나

    장수시대 누리면서
    골골 백수 드문드문

    아랫목 막차 탄다면 더한 복은 없으리라

    이 시대 고려장이

요양원이라 우기는데

뒤 봐줄 자식 없어
코스가 딱 거기라고!

혼외의 요양보호사가 뒷개를 도맡는다
— 김종희, 「생로병사」 전문(『열린시학』 2024년 봄호)

  돌봄 문화가 확대된다는 것은 돌봄의 수혜자가 늘어난다는 사실의 방증이다. 여전히 자신이 살던 집에서 가족이 지켜보는 가운데 죽음을 맞는 "아랫목 막차"가 "더한 복은 없으리라"라고 여겨지는 전통적 가치를 우리는 가지고 있다. 그러나 환자를 돌볼 가족은 대부분 직장이나 학교에 가 있는 현대사회에서 피치 못해 선택되는 장소가 "요양원"이다. 물론 "이 시대 고려장이/요양원이라 우기는" 논리에도 일리는 있다. 그간 배우자가 맡았던 돌봄의 역할을 "혼외의 요양보호사"에게 넘기면서 환자의 자존감이 낮아지는 것도 기피의 한 요인이겠지만, "요양원"이 환자 관리를 잘못해서라기보다 몸의 노쇠와 가족과의 격리라는 심리적 요인이 겹쳐 한 번 들어간 노인이 건강해져서 돌아올 확률이 거의 없기 때문이다.
  앞의 「그러려니 비극」이나 「생로병사」가 비교적 사회현상의 문제의식을 선명하게 담아내고 있다면, 다음의 시들은 간접적이거나 그 경계를 아주 희미하게 뭉개는 식으로 표현된다.

어딘지 모를 곳에서
겨울엔 눈 많은 파주로 넘어와서
꿈속의 꿈에서 홀로 울다가
눈사람 몇 개를 만들다 떠나겠지.

지난여름 장마에 맹꽁이가 울 때
시장통에서 사 온 편육을 먹고
고요한 음악에 귀를 쫑긋 세우면
고양이들은 구석에 몸을 숨기고
비탄과 유머도 모르는 채 졸고 있겠지.

피로가 몰려오는 저녁
사랑은 우리의 쓸쓸한 관습,
우리는 등을 컨 거실에서 고양이 두 마리와
눈 키스를 하다가 잠이 들겠지.

어디에서 와서 어디로 가나, 우리는
파주에 산 적이 없는 이들에게
추억을 리본처럼 매달아주는 저녁들,
식탁에는 귀신들도 와서 밥을 먹겠지.

한밤중 늑골 아래서 누군가 말을 거는데
그건 귀신의 말,
알 수 없는 외계인의 말,

겨울마다 눈이 참 많이도 내렸지.
파주에서 인사도 잘하고 잘 웃는 당신,
사랑이 늘 크고 단단할 필요는 없었지.
우리는 작은 사랑을 하며
눈사람을 몇 개나 세우고 고양이를 보살폈지.

제발,
제발,
이게 꿈이 아니라고 말해줘.

파주엔 눈이 많이 내렸지.
눈 쌓인 그곳에서 우리가 죽고 나면
눈썹을 가늘게 그린 딸들이 와
꿈속에서 꿈을 꾸듯이 살겠지.

우리의 기일엔 눈썹 검은 세월이란 하객들이
모였다 흩어지겠지.
— 장석주, 「꿈속에서 우는 사람」 전문(『꿈속에서 우는 사람』 문학동네, 2024)

　소설은 갈등적 요소와 인과적 관계가 중요한 장르이다. 갈등이 없으면 수필이 되고, 인과가 부족하면 서사적 설득력이 떨어진다. 세계를 재현하고, 인간의 내면을 속속들이 드러냄으로써 소설은 세계에 구속되고 한편 세계에 참여한다. 앞에 인용된 두 편의 소설이 인구 구조 변화에 따른 세계의 양상을 어느 만큼 적나라하게 보여주는 것은 그 때문이다. 그러나 시에서는 사정이 달라진다. 인간의 내면 심리를 사물의 본질에 투영하여 어떤 낯선 세계를 창조하는 것이 더 중요하다. 예컨대 한 공간이 동일한 시간대 안에서 두 공간으로 분열되는 테마를 다룬다고 하자. 이때 소설은 분량적으로나 기법적으로 SF를 차용하는 등 장황해질 수밖에 없겠지만, 시는 이 문제를 이미지적으로 간단하게 처리할 수도 있다. 독해를 위해 독자의 사유가 대신 장황해지는 것을 감수할 수 있다면 말이다.
　시의 전면에서 시적 화자는 "우리"라는 공동 화자이다. "꿈속"이라는 개별 공간에서 그것이 가능한 이유는 "사랑은 우리의 쓸쓸한 관습"이어서다. "우리"는 오랜 "사랑"의 시간을 공유해왔고, 그리하여 "사랑"이 하나의 "관습"이 되었다는 의미에서 "쓸쓸한" 감정은 "사랑"이 아니라 "관습"에 연계된다. "관습"으로 인해 "꿈속"의 공동 화자를 세우거나, "파주"의 실재 공간과 "꿈속"이라는 공간을 서술어로 구분한 것은 바로 시적 논리를 위해서 필요한 전략이다. "눈이 참 많이도 내렸지.", "사랑이 늘 크고 단단할 필요는 없었지"와 같은 체험적 서술어와, "눈 키스를 하다가 잠이 들겠지.", "식탁에는 귀신들도 와서 밥을 먹겠지.", "꿈속에서 꿈을 꾸듯이 살겠지.", "모였다 흩어지겠지."와 같은 미래 예측적 서술어가 그것이다. 이미 도래한 시간대를 반추하는 "꿈속에서" 아직 도래하지 않는 시간대를 꿈꾸는 시적 구조는 "꿈속에서 꿈을 꾸듯이 살겠지"에 부합한다. 그러나 "제발,/제발,/이게 꿈이 아니라고 말해줘."라는 부정 혹은 거부의 문장은 "우리의 쓸쓸한 관습"에 대한 부정 혹은 거부로 이어진다. "추억을 리본처럼 매달아주는 저녁들."에서 보듯 현실이라는 역동적 공간은 소거되고 "추억"이라는 반추적 공간만 남는 노후가 반영되었기 때문이다. "누군가 말을" 걸어주는데 그것은 "귀신의 말"이거나 "알 수 없는 외계인의 말"이지 사람의 말이 아니다. "우리가 죽고 나"서야 "눈썹을 가늘게 그린 딸들이" 오고, "우리의 기일"이 되었을 때도 조문객이 아니라 "하객들이" 올 뿐이다. 이를 노부부 일반으로 확장해보면 "꿈속"이 시의 현장으로 채택된 이유를 쉽게 알 수 있다. 사회현상을 비교적 뚜렷이 양각화한 시와는 달리 이 시에는 정서적 울림을 지나 지적 모험을 한 끝에야 도달할 수 있을까 말까 한다.

   아무리 기다려도 스위스행 비행기는 오지를 않고
   그는 끝내 스위스에 가지 못할 테지

   알프스며 몽블랑이 눈에 선해도
   그의 관심은 오직 베른뿐

   베른의 의사들은 실력 있고 친절하지만
   그를 오래 기다리지는 못할 테지

> 스위스행 비행기가 오랫동안 오지 않아도
> 이번만은 누구도 탓할 수 없고
>
> 그도 문득 알게 되겠지
> 베른의 날씨가 나빠서거나 공항에 사정이 있어서는 아니라는 걸
>
> 그러다 차차 지켜볼 테지
> 오랫동안 묵은 고통이 자신의 몸을 떠나가는 걸
>
> 베른의 의사를 보지 않고도 그는 마침내 안락을 찾게 되겠지
> 대성당의 종소리 같은 위로가 겹겹이 그를 에워싸겠지
> ― 한명희, 「스위스행 종이비행기」 전문
> (『스위스행 종이비행기』 여우난골, 2024)

　안락사를 꿈꾸지만 실현 가능성이 없다는 사실을 "그"도 알고 숨은 화자인 '나'도 안다. 왜 "베른의 의사"에게 가야 하는가. 우리에게는 안락사를 실행할 기술이 아니라 제도가 없기 때문이다. "오랫동안 묵은 고통이 자신의 몸을 떠나"갈 때까지 질병에 관한 한 모든 책임은 온전히 당사자와 가족의 몫이다. 의료 기술의 전방위적인 발달에도 불구하고 환경 오염과 스트레스로 인한 불치병이 급증하는 가운데 질 높은 삶과 죽음에 대한 사회적 논의는 오히려 후퇴하고 있다. 인간이 아니라 자본이 중요해진 탓이다. 지배 집단의 부를 창출하기 위해 정치가 복무하는 동안 소수자들의 자유와 권익은 방기되거나 유예된다. 아마존의 인공 방화를 막지 못하고, 탄소 배출 억제나 전쟁을 멈추지 못하는 것도 범주만 다를 뿐 같은 맥락이다. 생명줄을 놓고 나서야 "마침내 안락을 찾"는 비인간적 소외가 가속화되고 있다. '그러려니' 하면서 한발 앞서거나 뒤처져 모두 여기를 떠나고 싶어하지만, 어디에고 "베른"은 없다. 이 시가 전혀 의도하지 않았을 수도 있지만, 소수자들

이 "그"에 자신을 대입할 수 있는 장치를 보유함으로써 시는 우리의 약함을 보편화한다.

> 수건이 수생식물에서 진화하여 공중식물이 되었다는 건 세상이 다 아는 사실이다
> 틸란드시아*나 디시디아**가 수건의 일종이듯
> 심지어 박쥐란***이 잔털로 수건의 돌기를 연기하듯
> 연사, 무연사, 죽사, 코마사, 극세사는 식물의 조직에 대한 분류 명세다
> 습기 많은 날 수건이 눅눅해지는 건 이제 곧 잎을 뻗고 뿌리를 공중에 늘어뜨릴 때가 되었다는 신호다
>
> 물기라면 사족을 못 쓰고 수건이 덤비는 건 저 물 밑바닥에 뿌리를 박고 물결에 일렁이던 추억 때문
> 누가 수건의 전생을 형상화 했는지
> 쓰다듬는 대로 돌기는 이리 저리 일렁인다
>
> 하고많은 집 중에 물기도 온기도 곡기도 끊긴 집
> 미라가 뭔가 물기 고스란히 빠진 신체
> 사건은 일단락되었다 차마 시취를 빨아들이지는 못하고 눈물도 없이
> 마지막으로 빨아 널린 자세로 잎도 뿌리도 내리지 못한 채
> 방을 가로지른 줄에서 자기가 공중식물이란 사실만 다시 한번 입증한 채
> * . ** . *** 흙도 필요 없이 공중의 습기만으로 생장 가능한 공중식물의 일종
> ― 이영숙, 「수건의 고독사」 전문(『열린시학』 2018년 여름호)

누가 "수건의 전생"을 궁금해하겠는가. "고독사"한 시신의 "전생"을 궁금해하지 않는 것과 마찬가지다. 그럼에도 시에서 "수건의 전생"은 구구절절하다. "수건이 수생식물에서 진화하여 공중식물이 되"는 과정을 과학적으로 입증이라도 하려는 태세다. 이는 "미라"화한 시신의 "전생"도 세세히 짚

어져야 한다는 의미이기도 하다. 죽음에 대한 예의이며 진정한 애도의 자세인 것이다. 그러나 작동하지 않은 복지제도의 사각지대에서 "미라"의 살아생전은 아마도 신문의 한 귀퉁이에 단신으로 처리되거나 무연고 장례 등으로 너무 쉽게 "일단락되"고 말 것이다. 이런 생을 조명하여 "차마 시취를 빨아들이지는 못하고 눈물도 없이/마지막으로 빨아 널린 자세로 잎도 뿌리도 내리지 못한 채/방을 가로지른 줄에서" "고독사"한 "수건"으로 형상화해 보는 것이 시인의 역할이기도 할 것이다.

두근거리는 창문이었어요
흥건히 젖어 드는 머리칼
어디선가 퀴퀴한 물의 냄새를 맡고
물 갈기를 세운 짐승이 침상으로 올라왔어요
빗소리를 인질로 삼고 있는
은둔의 서식지,
울음소리조차 차단된
우리들의 방은 너무 깊고 멀었어요
범람한 계단들이 무명의 발로 쿵쿵 뛰어내리나 봐요
잠긴 벽을 물어뜯어서라도 살아내려는
하등동물, 끊임없이 찍찍거리는 그 소리가 궁금해
이웃은 가끔씩 손을 넣어 울음의 뿌리를 더듬어보지만
음지에 기생하는 것들은 끊을 수 없는 중독 같아요
누구의 고통도 혼자 독점할 수는 없다,
샘솟는 뉴스는 배경으로 밑 빠진 독에 흔한 장미를 부르지만
땅 밑에 밑줄 긋던 땅강아지는 언제 멸종된 거죠
접혀있던 계단엔 종기가 누렇게 퍼져 진득거리는 진창길
'출입 금지'라는 붉은 포스터도 아랑곳없이
흥건히 젖은 세 모녀가 한 상 가득 녹슨 이끼를 떠먹는 시간

> 젖은 벨벳 같은 슬픔은 생각보다 겁이 정말 없어요
> — 김현주, 「이끼」 전문(『포엠피플』 2022년 겨울호)

지난 2022년 8월 폭우에 관악구 신림동의 한 반지하방이 침수되면서 세 모녀가 사망한 사건이 있었다. 당시 정치권은 너도나도 현장을 방문하여 지상에서 참사의 현장을 내려다보는 식으로 고인들에게 모욕을 주었을 뿐만 아니라 반지하 관련 대책을 떠들썩하게 내놓았다가 흐지부지 때우면서 넘어간 적이 있다. 이와 달리 이 시는 세 모녀의 언어와 정서와 상황을 체화한다. "잠긴 벽을 물어뜯어서라도 살아내려는/하등식물"의 "끊임없이 찍찍거리는" "그 울음의 뿌리"를 "이웃"이 가끔 "더듬어보"기도 하지만, 체화는 대상에 빙의하는 정도 이상의 몰입을 통해야 가능한 일이다. 시를 읽는 일 역시 "흥건히 젖은 세 모녀가 한 상 가득 녹슨 이끼를 떠먹는 시간"에 동참해야 가능해진다. 인구 구조 변화의 어떤 갈래가 "세 모녀"를 죽음으로 몰아넣는지에 관한 탐구는 사회학의 몫이고, 정치보다 정치하게 삶의 진실을 밝혀내는 탐구는 시의 몫이다.

> 고요가 유리그릇에 담겨 정교하게 부서진다
> 사라진 사람들이 그리워하는 곳은 부엌,
> 명절 가까운 10월엔 사람보다 구름이 살아 있다
>
> 빈집 부엌에서 이십 년 전에 들었던 탄식과 웃음소리를
> 뭉게구름의 중얼거림처럼 듣는다
> 향연이 끝나고 외할머니와 이모와 외삼촌이 차례대로 사라졌다
> 사라진 사람들은 부엌에 모여 사나?
> 오래된 냄비와 사발을 씻을 때마다
> 고요가 두런거리는 소리를 듣곤 한다

낡은 싱크대에 붙어 있는 라디오를 통해
엘피판으로 들을 수 있는 음악을 운 좋게 만나기도 하나
모계의 혈관을 타고 사람 소리가 먼 곳에서 흘러온다
몸은 사라져도 소리가 남는다

홀로 있는 사람은 쇳덩어리 돌덩어리와도 교감한다
홀로 있던 외할머니는 거실 유리창으로 내다보며
수많은 자동차와 바퀴와 말을 나누곤 했다
저 많은 차들이 누굴 만나러 가나, 누굴 만나고 오나
쇳덩어리 고독을 돌덩어리 고독을 모른 척했다
고독을 모른 척하는 죄의식을 모른 척했다

식구들을 위해 음식 만들기 좋아하는 사람들이 사라진 부엌에서
해물탕을 배달시켜 먹으며 기억의 소매가 젖도록 운다
수돗물과 함께 불가사의한 생을 위해 울게 될 줄 몰랐다
— 권형영, 「사라진 사람들은 부엌에 모여 산다」 전문
(『예술가』 2024년 봄호)

    자녀와 형제자매가 있어도 독거노인이 되는 일은 이 시대에 흔하다. 태생이 남달랐거나 세상을 잘못 산 결과로서가 아니라 이는 어느덧 사회 시스템상 자연스럽게 도달하게 되는 일반적인 현상이 되었다. "외할머니와 이모와 외삼촌이 차례대로 사라"진 집, "식구들을 위해 음식 만들기 좋아하는 사람들이 사라진 부엌에서/해물탕을 배달시켜 먹으며 기억의 소매가 젖도록" 시적 화자가 우는 것은 "홀로 있던 외할머니"의 "고독을 모른 척했"고, 그 "고독을 모른 척하는 죄의식을 모른 척했"던 날들에 대한 후회와 반성 때문이리라. "홀로 있는 사람"이 "쇳덩어리 돌덩어리와도 교감"할 만큼 "고독"하다는 사실은 과거로부터 온 것이지만, 어느 만큼은 이미 우리 삶의 일

부이기도 하고, 어느 만큼은 미래로부터 오는 것이기도 하다. "거실 유리창으로 내다보며/수많은 자동차와 바퀴와 말을 나누"고, "저 많은 차들이 누굴 만나러 가나, 누굴 만나고 오나", 궁금해서가 아니라 무료해서 말을 걸게 되지 않던가.

4.

문학은 역사가 아니라 삶의 진실을 기록한다. 반복하지만, 소설이 현실을 재현하는 방식으로 작동한다면, 시는 현실을 창조하는 방식으로 작동한다. 문학이 없다면 인간에게 진실도 없다. 현재를 현재화하는 게 아니라 미리 가본 미래를 현재화하기, 이것이 사회현상이 문학에 기입되는 방식이다.

적과 동지라는 딜레마

전선용 「뱀사골에서」, 이장욱 「적」, 김성규 「동지」,
이재무 「고백」, 박관서 「서울에서 보내는 편지」

칼로 자른 듯 세계의 경계가 분명하다면 어떨까. 누가 봐도 선한 것은 선하고 악한 것은 악하고, 누가 봐도 깨끗한 것은 깨끗하고 더러운 것은 더러우며, 누가 봐도 고귀한 것은 고귀하고 비천한 것은 비천한 세계. 보편적 가치가 불문율로 자리하는 시대나 사회가 과거에는 비교적 자주 있지 않았었나 하는 회고는 어쩌면 착각일지도 모르고, 그래도 지금보다는 그때가 나았지 하는 가늠 역시 과거를 미화해서 반추하는 인간의 흔한 습성인지도 모른다. 그럼에도 난세에서조차 선함과 깨끗함, 고귀함이 더욱 빛을 발해왔음을 예술이 증명해온 것도 사실이다. 이는 인간다움을 정신적 가치의 실현으로 보는 인간의 특성 중 하나라고 할 수 있다. 전쟁과 냉전 이데올로기의 격렬한 현장이었던 우리의 역사에서 여전히 레드 콤플렉스가 위세를 떨치는 한편으로 상흔과 상처가 적과 동지를 떠나 인간 자신을 향하는 것처럼.

　　계곡은 같은 소리로 울지 않는다
　　봄이어도 겨울이었을 상처들에 대해
　　한 잎 베어 물다 던진 풋사과같이

산 색깔은 문드러지고 있었다
고로쇠 젖을 빨면서 봄빛 스며들기까지
그들은 어디에서 무얼 했는지
나는 이쪽, 너는 저쪽
왼손 오른손을 구별한 건 하나님의 실수다
빛이 흩어 놓은 미끼를 문 계곡, 순교의 노을이
개처럼 짖을 때, 화톳불씨 같은 별은
타닥대지 않고 사그라졌다
계곡물에 손을 넣고 온기를 풀면 닫힌 입을 뗄까
파르티잔 봄은 얼음장 같아서
동사한 입이 바위처럼 단단하다
독사에 물린 계곡은 뇌사 상태
영문 몰라 정체된 울음에 대해
얼마만 한 값을 지불해야 해빙이 될지
봄 청군, 가을 홍군 사이로
소풍 즐기는 산새 움직임이 수상하다
계곡 이쪽과 저쪽 사이
철조망 같은 냉풍이 흐르는 뱀사골
아리랑 넘는 이,
누구인가.

— 전선용, 「뱀사골에서」 전문(『우리詩』 2022년 8월)

역사의 현장이 상징적 장소가 될 때는 시간의 경과보다 상황의 조력을 더 받는다. 이태의 『남부군』이나, 조정래의 『태백산맥』 등이 지형지물까지 적나라하게 그려냈던 "뱀사골"은 한국전쟁이 휴전으로 일단락되면서 잔류 "파르티잔"(조선인민유격대)과 그들을 추격하던 군경 합동 토벌대의 격전지가 되었다. 장소에 전쟁과 이념과 비극적 현실이 아로새겨진 것이다. 그리하여 "뱀사골"의 자연 사물은 70년의 세월을 흘려보내고도 그곳을 찾는 이들에게 여전히 공통의 감통을 안겨준다. 굽이굽이 울음을 품지 않은 곳이 없고 ("계곡은 같은 소리로 울지 않는다"), 봄이 와도 여전히 겨울인 "상처들"을 간직한 채 "산 색깔은 문드러지고 있었다"고 느끼게 되는 것이다. 전원 '소탕'되었지만, "고로쇠 젖을 빨면서" 숨어지냈던 "파르티잔 봄"은 오고 또 오고, 추위와 굶주림을 견디지 못한 그들의 "동사한 입"은 여기저기 흩어져 있는 '바위'에 오버랩된다. 물론 토벌대의 죽음도 없지 않았겠지만, 시인이 "파르티잔"에 주목하는 것은 "계곡 이쪽과 저쪽 사이"를 부는 바람조차 "철조망 같은 냉풍"인 세상에서 단지 "나는 이쪽, 너는 저쪽"에 속했을 뿐인 우연으로 인해 동족에 의해 사냥당하듯 죽어간 인간의 비애를 드러내기 위함이 아니었을까. "왼손 오른손을 구별한 건 하나님의 실수"라고 에두르면서 좌파 인간과 우파 인간이 본디는 같은 인간이었다는 사실에 방점을 찍기 위한 것 말이다.

적과 동지가 목숨을 걸고 싸웠던 정치적인 장소를 적과 동지를 넘어서는 비정치적인 장소로 보는 것이 「뱀사골에서」라면, 다음부터는 비정치를 정치의 장으로 끊임없이 소환하는 인간에 관한 시다.

>진정한 적은 내 안에 있다……라고는 말하지 말아요.
>왜냐하면 그건 신비로운 말일 뿐만 아니라
>바보 같은 말이기 때문에
>
>한때는 바보처럼 좋아하던 친구가 있었는데 지금은
>사람이 아니다. 그 새끼는
>인간도 아니야.
>
>적과 동지를 나누는 것만이 정치적인 것이다……
>라고 말한 파시스트가 있었지.
>그이는 진정한 철학자였어.

오늘도 나는 어쩔 수 없이 그림자를 생산하고
어제를 생산하고 또 사악한
적을

나는 당신에게서 벗어날 수 없습니다.
그림자처럼 나를 미행하는 분이시여, 등 뒤의 악령이시여, 나의 아름다운
피조물이시여.

당신이 나에게 삶의 의미를 준다.
나에게 의욕을 준다.
나를 재구성한다.
당신이 그러하다는 것에 대해 당신은 아무런 책임이 없으며
묵비권을 행사할 수 있습니다.

창밖의 하늘을 보아요. 불안정한 대기와 함께 다가오는
구름에 가까운
저 전체주의적 크리처들을
눈앞에 보이는 것을 향해 미친 듯이 칼을 휘두를 때

너희가 지금 보는 것을 보는 눈은 행복하다⋯⋯
라고 야훼는 말씀하셨지.
우리가 심연을 바라보면 심연도
우리를 바라보듯이

친구여, 우리는 피를 흘리며
헤어집시다. 먼 곳에서
서로의 안부를 묻기로 해요. 언젠가는 간결한
부고를 전해주어요.
너와 나를 구분할 수 없는 심연에서
우리 다시 만날 때까지

— 이장욱, 「적」 전문(『창작과비평』 2022년 여름호)

이 시는 세 개의 명제를 중심으로 구성되었다. 겉으로 드러난 바로는 첫째, "진정한 적은 내 안에 있다……"를 감상주의로 보면서("그건 신비로운 말일 뿐만 아니라/바보 같은 말") 시인은 적이 외부에서 생성된다("바보처럼 좋아하던 친구가 있었는데 지금은/사람이 아니다. 그 새끼는/인간도 아니야.")고 했다. 둘째, "적과 동지를 나누는 것만이 정치적인 것이다……"라고 설파한 "파시스트"를 "진정한 철학자"로 추앙하면서 내게 존재 의미를 부여하는 "사악한/적을" 생산하는 일에서 나와 우리가 "벗어날 수 없"음을 강조한다. 이때 "등 뒤의 악령"이며, "나의 아름다운/피조물"인 "적"은 죄 없는 피의자("당신은 아무런 책임이 없으며/묵비권을 행사할 수 있습니다.")가 되지만, "적"을 마구 양산한 "나"를 비롯한 "우리"는 "전체주의적 크리처"가 되어 "눈앞에 보이는 것을 향해 미친 듯이 칼을 휘두"른다. 셋째, "너희가 지금 보는 것을 보는 눈은 행복하다……"라는 "야훼"의 "말씀"을 반어적으로 사용하고 있다. "우리가 심연을 바라보면 심연도/우리를 바라보듯이" "미친 듯이 칼을 휘두"르고 있는 "우리"는 "심연"에 비추어 서로 부끄러운 존재가 된다. "헤어집시다. (중략)/너와 나를 구분할 수 없는 심연에서/우리 다시 만날 때까지"라는 다짐은 그래서 실현 불가능하다. "적"인 "당신이 나에게 삶의 의미를" 주는 현실에서 "너와 나를 구분할 수 없는 심연"이란 존재하지 않는 유토피아에 불과한 것이다. 그리하여 이 시는 다시 첫 번째의 명제로 회귀한다. 우리는 외부의 무수한 적을 부정함으로써 자신을 긍정하는 삶을 살고 있으며, 이는 우리가 자신의 심연을 들여다볼 때만 보인다. 이로써 시의 이면에 감추어진 진실이 드러나는데 첫째 명제는 그러므로 감상이 아니라는 사실이며, 적과 동지를 나누지 않으면 정치적인 것이 아니게 되는 둘째 명제는 그러므로 철학이 된다. 이런 겹층의 의미를 시인은 세 가지 명제의 문장 말미에 각각 '……'(말없음표)로 제시하였다.

우리는 서로를 동지라 불렀지요
이제는 웃음이 나오는 말
배가 고프면 밥그릇에 비친
자신의 눈동자를 보며 침묵하고
소금으로 약속의 날을 점쳐보고
풀과 벌레 울음소리로 하루를 살았죠
이제 우리는 배부른 돼지
서로를 적이라 부르죠
웃으며 악수하고
죽어간 동지를 떠올리며 고기를 먹고
사냥해온 물건들을 꺼내놓으며
어제의 굶주림에 대해 자랑을 하죠
서랍 속의 낡은 편지를 뜯어보며
가끔 눈물을 흘리고
죽어간 동지들의 유산을 내 것이라 믿고
자신을 속이기 위해 더 크게 소리치죠
내일 또 빼앗아야 할 물건들과
빼앗기지 말아야 할 탐욕으로
어제와 오늘의 시간들을 죽이며 술잔을 들죠
— 김성규, 「동지」 전문(『포엠피플』 2022 여름 창간호)

 우연이지만, 이장욱의 「적」에 대한 답가 같은 시가 김성규의 「동지」다. 동지는 어떻게 적이 되는가, 진정한 적은 누구인가, 더 나아가 동지라는 대상은 왜 "이제는 웃음이 나오는 말"이 되었는가. "배부른 돼지"가 그 답을 품고 있는 것 같다. 살아 있는 옛 "동지"를 "적"으로 매도해야 "죽어간 동지들"이 남긴 "유산"을 "내 것"으로 독차지할 수 있으며, "내일 또 빼앗아야 할 물건들과/빼앗기지 말아야 할 탐욕"이 정당화되기 때문이다. '배고픈 소크라테스'를 표상하던 신념의 연대("배가 고프면", "소금으로", "풀과 벌레 울음소리로 하루를 살았죠")가 사라지고 "배부른 돼지"를 추앙하는 자본의 연대가 횡행하면서 "적"과 "동지"의 개념도 달라졌다. 보편적 가치가 사라진 곳에 각자도생의 분투가 자리 잡았다. 이제 과거의 "동지"와 현재의 동료는 "적"이 되었고, 오로지 나만이 나의 진정한 "동지"가 되는 세상이 도래한 것이다. 지속 불가능성과 예측 불가능성이 우리의 허약한 현재를 담보하고 있다. '나'와 유비 관계에 있는 세계 차원에서도 인류애보다 국익을 앞세워 과거의 동맹이 오늘의 적이 되는 사례가 목도되곤 하지 않던가. 가치를 창출하는 비정치는 저물고, 정치는 "적"을 만들어 부를 창출한다.

>   광장에서는 민주시민이었다가
>   집에서는 독재로 살았던 날들을 후회한다.
>   거리에서는 자유 시민이었다가
>   교실에서는 권위를 내세운 교사였던 날들을 부정한다.
>   술집에서는 좌파였다가
>   시장에서는 우파였던 일상을 질책한다.
>   머리로는 페미니스트였다가
>   몸으로는 가부장으로 살아온 세월이 부끄럽다.
>   글에서는 경계 없는 세계를 피력하면서
>   생활에서는 사소한 차이에도
>   편견과 증오를 품어온 시간을 부인한다.
>   내면의 민주화, 일상의 민주화 없이는
>   언제든 우리는 괴물이 될 수 있다.
>   파쇼와 싸우는 동안
>   파쇼의 유산을 물려받은 나를 부정한다.
>   ― 이재무, 「고백」(『실천문학』 2022년 여름호)

그러므로 "언제든 우리는 괴물이 될 수 있"는 존재로 진화하였다. 표면

("광장", "거리")과 이면("집", "교실"), 피상("술집")과 실상("시장")에서의 삶의 태도가 다르고, 관념("머리")과 실체("몸")는 괴리되었으며, 그로 인해 "글에서는 경계 없는 세계를 피력하면서도/생활에서는 사소한 차이에도 편견과 증오를 품어온" 이중성을 내면화하게 된 것이다. "파쇼와 싸우는 동안/파쇼의 유산을 물려받은 나"는 "서랍 속의 낡은 편지를 뜯어보며/가끔 눈물을 흘리"는 것으로 셀프-정화된다. 한 몸으로 두 마음을 살고, 장소와 상황과 대상에 따라 정체성을 달리하는 야누스. "인간은 대립하는 한에서만 존재한다'(헤겔)고 했을 때, "후회"와 "부정", "질책"과 "부인"이 우리의 내면을 향하는 것은 불의의 근원이 개인에게 전가되었음을 시사한다. 세계와 역사와 인간에 대한 믿음은 사소해지고 개인의 세계화는 진행 중이다. 곧 민주화의 퇴행이다. 과연 우리에게 민주주의는 여전히 필요충분조건일까. 나아가 "내면의 민주화, 일상의 민주화"를 향한 연대는 가능할까.

> 풀꽃들이 아우성이다
> 실은, 비정규직인 그녀들이 아우성이다
> 여장으로 보이는 알바생 그남들이 아우성이다
>
> 실은, 아우성이 아우성이다
> 언젠가 역 광장에 늘어져 누운 아우성에게
> 맥주 서너 병과 구운 오징어를 사 들고 다가가
> 아우성의 속내를 들여다보았다
>
> 물론 예의는 아니었다
> 아우성은 비밀, 아우성은 내 것, 아우성은 홀로
> 아우성은 울음과 다르다
> 그에게 목욕과 공장의 일자리를 제안했지만
> 피식 웃는 아우성으로 무질렀다

동냥으로 일을 대신하는 아우성을 몰래 고변하여
시립요양원에 들어갔지만 금방 탈출하였다

아우성은 강한 개인들이라고 믿지만
풀들은 뿌리로 흙을 움켜쥐고서 만약에
뽑히면 뿌리째 흙과 함께 들린다

하늘을 뒤집어 털지 않으면 털리지 않는다
자유는 그런 자유이고, 아우성은 그런 아우성이다
남의 눈으로 보이고 흔드는 엉덩이나 키보드로 드러나는 게
아니다 결국은 딸에게 보내는
아비의 말이 그런 것이다

떨리는 심장이 심장을 만들고
흐르는 눈물이 눈물을 만든다 아우성으로
아우성을 말하는 건 언제나
젊은이를 앞세워 젊은이를 지우는
늙은 노인들의 아우성일 뿐이다

아무리 크고 오래된 풀밭에서도
서로를 건드리지 않고 얻어먹지 않고
아침부터 다시 아침까지 잎으로 뿌리로
밟혀서 기역자로 꺾인 허리로도
자신의 자유를 자유로 지키는 것이다
　　　　　— 박관서, 「서울에서 보내는 편지」(『푸른사상』 2022년 여름호)

  이제 정치는 자본주의 시스템에서만 작동한다. 민생을 국시로 내거는 현실정치에서 먹고사는 일의 즉자적 상황이 민주화라는 대자적 가치를 대놓고 소거한다. 민중은 먹고사는 일에서도, 민주주의라는 가상의 제도에서도

이중으로 소외된다. 거리로 내몰린 "비정규직인 그녀들", "여장으로 보이는 알바생 그남들"의 "아우성"은 정규직 전환이나 시급 인상 따위의 요구 조건을 관철시키는 것일 뿐, 노동자에 대한 예의나 존중을 요구하는 인간 고유의 기본권과는 관계가 없다. 어쩌다 그 요구가 받아들여졌을 때 자본주의 시스템으로 편입된 그들은 "아우성"의 현장을 버린 채 부르주아를 꿈꾸는 등 사회적 신분 상승에 매진할 가능성도 있다. 그들을 대신하는 또 다른 값싼 노동력이 그 자리를 메꾸면서 하부구조의 수요와 공급은 원활하게 작동하게 된다. 자본주의가 원하는 게 이런 것이다. 그 관점에서 보자면, 제도로부터 어떤 혜택도, 어떤 시혜도 거부하는 노숙자들이 진정한 자유인일 수 있다. 시스템 밖에서 시스템을 조롱("목욕과 공장의 일자리를 제안했지만/피식 웃는 아우성으로 무질렀다")할 수 있는 자유가 그들에게 있는 것이다. 그러나 개별적인 자유는 우리의 삶 자체를 바꾸지 못한다. "아우성은 강한 개인들"이긴 하지만, "뿌리로 흙을 움켜쥐고서 만약에/뽑히면 뿌리째 흙과 함께 들"리는 뿌리로부터의 혁명은 연대를 통해서만 가능하기 때문이다.

"적"과 "동지"라는 용어와 의미는 누더기가 되었다가 폐기된 듯하다. 연대와 투쟁의 현장을 그린 위 시에서도 그 용어가 사용되지 않는 것은 오늘의 "동지"가 내일의 "적"이 될 수 있다는 딜레마에 시인이 암묵적으로 동의했기 때문인지도 모른다. 그럼에도 가치 불모의 이 시대, 2022년 여름이라는 한 계절에 "적"과 "동지"를 성찰한 최소 다섯 편의 시가 각각의 문예지에서 발표되었다는 것은 우연이 아닌 필연으로 다가온다. 인간다움이라는 정신적 가치의 실현을 탐구하고 회복하기 위해 시인들이 자신도 모르게 내지르는 "아우성", 혹은 집단지성이 반성적 어조로 발휘된 어떤 화두인 것만 같다.

팬데믹 시대 마스크를 쓴 시들[1]

이태수 「봄 전갈—2020 대구 통신」, 김은령 「불가촉시민」, 한정원 「에포케」, 안현미 「카만카차9」, 김나영 「이런 적은 처음입니다」, 김명인 「누가 수조 속에 가물치를 풀어놓았나?」, 박정원 「붉은여우를 찾아서」, 이승하 「대낮의 군대」, 나희덕 「어떤 부활절」, 이영광 「검은 봄」, 휘민 「신분당선」, 서안나 「마스크」, 함기석 「마스크」, 이희형 「나는 이제 예전만큼 자주 걷지 않지만 방 안에서도 산책할 수 있다는 것을 알게 되었습니다」, 이병률 「면역」

    시는 시대의 산물이라는 점에서 현재적이지만, 현재 너머를 내다보거나 현재 이전을 돌아본다는 점에서 미래로도, 과거로도 뻗는다. 그러나 인간은 과거나 미래를 살 수 없고 시인도 현재-현재-현재를 쓸 뿐이다. 왜 그런가. 정지용의 「향수」나 심훈의 「그날이 오면」이 각각 과거와 미래를 시 속에 아로새겼다 하더라도 고향과 조국 상실이라는 당대적 상황이 결여하고 있는 요소를 희구했다는 점에서 현재의 확장이라고 할 수 있다. 기록된 현재가 곧 역사이므로 현재는 늘 역사의 현장이다. 하지만 모든 현재가 역사가 되는 것은 아니며, 유의미한 현재만이 역사적 사실로 기록되어왔다. 그런 점에서 역사의 산증인이란 당대를 사는 일반 모두가 아니라 유의미한 현장성을 확보한 개인, 혹은 집단일 수밖에 없다. 유의미한 사건을 선택하고, 거기에 개념과 의미를 부여할 수 있는 부류에 의해 강자 중심의 역사 기술이 이루어진 것도 그 때문이다. 예외가 있다면 그 여파가 국민 대다수에 전반적

---

1   이 글에 인용한 시는 코로나19가 확산 일로에 있던 2020년 봄부터 여름까지 월간지와 계간지에 발표된 작품들이다.

이고 보편적으로 작동하는 경우일 것이다. 거슬러 올라가면 우리 민족 전체에 깊은 상흔을 남긴 한국전쟁이 그것이다. 70년이 지난 지금까지도 당시 전쟁의 참화를 겪었던 이들은 누구를 막론하고 역사의 산증인으로 남았다.

다수가 몸으로 체험하고 뇌리에 기억하는 역사는 참인가를 논하기 위해 한국전쟁을 환기한 것은 아니다. 그와 관련해서만도 역사 왜곡에 관한 논란은 지금도 진행 중이기 때문이다. 다만 한국전쟁이 냉전 이데올로기 최전선으로서의 중요성 등을 고려하더라도 세계사적으로 볼 때 국지전이었으며, 현재도 중동에서 총성이 멈추지 않고 있지만, 이 또한 이해 당사국 간의 문제일 뿐 전 세계적 이슈는 아니다. 서양의 종교 암흑시대는 동양과 무관했으며, 몽골이 아시아와 동유럽을 제패했을 때 이와 무관한 나라들이 더 많았다. 물론 시간이 흐르면서 역사의 삼투압 현상으로 인해 서로 영향을 주고받기는 했으나 지리적 여건 등으로 그것은 꽤 오랜 세월 뒤의 일이었다. 그런데 이변이 일어났다. 세계 역사상 최초로, 동시적으로, 코비드-19 시대가 도래한 것이다. 세계화라는 시스템이 기름을 부어준 탓에 최초 발병한 지 채 5개월도 되지 않아 세계는 어느 국가도 어느 사회도 다시는 그 이전 시대로 돌아갈 수 없다는 사실을 앞다투어 공표하였다. 이는 세계인이 수긍하는 세계적 진실이 되었다. 그 결과 일상의 풍경과 삶의 패턴이 바뀌었다. 공동체의 붕괴는 물론 직업과 여가, 교육과 교육시스템의 변화 등 눈에 보이는 것과 함께, 감염에 대한 염려와 생계 문제, 미래 예측 불가능성으로 인한 불안과 공포 등은 보이지 않으면서 상시화되고 내면으로 깊이 침전 중이다. 이 상황이 역사에 기록될 우리의 현재다.

과거와 미래를 블랙홀처럼 빨아들이고 있는 현재를 시인들은 어떻게 보고 있을까. 빠르게는 올해 문예지의 봄호부터 시작된 '마스크를 쓴 시들'이 여름호에서 만개했다. 관련 주제가 신작시 코너에서 많게는 예닐곱 편씩 발표되거나 아예 특집을 마련한 곳도 있었고, 어디에서는 가을호에 특집을 진행할 것이라는 소식도 들린다. 미증유의 세계와 맞닥뜨린 시는 또 어떤 표정을 짓고 있을까. 이 글은 자료화된 60여 편의 시 중에서 열댓 편을 골라 코비드-19와 인간의 길항을 그려보려는 의도에서 출발한다. 이 사태는 당분간 지속될 것이고 장차 다양한 형식과 내용으로 이와 관련된 시들이 발표되겠지만, 초기의 시들이 진단하고 전망한 세계를 먼저 살펴보는 것도 나름의 의미가 있을 것 같기 때문이다. 시인은 전반적이고 보편적인 역사의 현장에서 어떻게 산증인이 되는가.

> 오는 봄을 잘 전해 받았습니다
>
> (중략)
>
> 사진 속의 눈새기꽃에 가슴 비비고
> 너도바람꽃에 마음을 끼얹고 있습니다
> 이곳은 지금 창살 없는 감옥,
> 육지에 떠 있는 섬 같습니다
> 노루귀꽃 현호색 꿩의바람꽃
> 데리고 오시겠다는 마음만 받겠습니다
> ― 이태수, 「봄 전갈―2020 대구 통신」 부분(『사람의문학』 2020년 여름호)

2019년 12월 중국 우한시에서 발생한 바이러스성 호흡기 질환이 코비드-19로 명명되었다. 국내 첫 환자는 1월 20일에 확진되었고, 그로부터 한 달이 채 안 된 2월 18일에 신천지대구교회 신도인 31번째 환자가 나왔다. 대구 지역을 중심으로 한 1차 폭발의 시발이었다. 3월 11일에 WHO의 팬데믹(세계적 대유행) 선언이 있었고, 3월 15일에는 대구·경북지역이 특별재난지역으로 선포되었다. 대구에서만도 하루에 수백 명의 확진자가 수치를 더하는 와중에, 같은 날 전국의 누적 확진자가 8,162명이고, 누적 사망자 수 75명일 무렵의 대구가 이 시의 배경이다. "창살 없는 감옥"과 "육지에 떠 있는 섬"이라는 비유가 암시하듯, 당시 대구는 물리적으로나 심리적으로 고립되었으며, 대구 시민들 스스로 "경계의, 기피의 땅 불가촉시(不可觸市)"(김은령, 「불가촉시민」(『사람의문학』 2020년 여름호))라고 명명할 만큼 위축되어 있었다. 감염 우려로 두문불출해야 하는 상황에서 "오는 봄"은 소식으로나 "전해 받"고, 피는 꽃은 "사진"으로나 볼 수밖에 없었다. 해외에서도 대구를 경유했다고 하면 입국이 거절되던 엄혹한 시기였다. 친인척 간의 방문조차 정중히 거절해야만 하는 대구 시민의 심정을 원망 하나 없이 "노루귀꽃 현호색 꿩의바람꽃/데리고 오시겠다는 마음만 받겠습니다"라고 비켜섬으로써, 시에도 임무 같은 게 있다면 이 시는 그것을 초과 달성했다.

> 잠시 멈추시오, 판단도 하지 마시오
> 8번 남자가 골목이 많은 미술관에 다녀간 후
> 잠복기간은 미로까지 엿보고
> 7번 여자가 자동차를 탄 채 꽃놀이를 하고 돌아갔다
>
> 수면 안대로 봄을 가리는 목련
> 꽃은 피보나치 수열로 피지 않았다
> 우리는 잎파리도 만질 수 없었다
> ― 한정원, 「에포케」 부분(『시와세계』 2020년 여름호)

'판단중지'라는 '에포케'의 의미가 그렇듯, 이 시에서 "잠시 멈추시오, 판단도 하지 마시오"라는 단호한 외침은 모든 가치판단이 외곬으로 통하게 된 사회 분위기에 대한 저항의 의미일 것이다. "8번 남자"나 "7번 여자"라는 호칭은 확진자에게 부여된 일련번호를 암시한다. 과거에 우리는 "골목이 많은 미술관에 다녀간" '남자'에게서는 미적 취향을, "자동차를 탄 채 꽃놀이

를 하고 돌아"간 '여자'에게서는 무감성을 읽어냈을 것이다. 그러나 현재의 가치척도는 오로지 바이러스의 전파 가능성 여부에 초점이 맞춰져 '남자'는 비판을 받고, '여자'는 칭송받는다. 대구에 쏟아지던 비난과 막말을 돌이켜보면 이 '에포케'의 외침이 무엇을 뜻하는지 알 수 있다. 대구 이후 서울, 부산, 부천, 대전, 광주 등 각 지역이 돌아가면서 코비드-19의 현장이 되었지 않은가. 재난과 함께 봄이 왔으나, "목련"은 "수면 안대로 봄을 가리"고, "꽃은 피보나치 수열로 피지 않았다". 이는 인간 사회의 순리나 질서가 파괴된 현실을 은유하는 한편, "우리는 잎파리('이파리'의 강조로 읽기로 한다)도 만질 수 없었다"로 이어지면서 이제까지는 자연에 군림했던 인간이 '잎파리 하나' 만질 수 없'게 된 상황을 '아프게' 꼬집는다. 인간이 이 사태의 범인이기 때문이다. 그러니 '8번 남자'와 '7번 여자'에 대해서 함부로 '판단'하고 비난할 자격이 우리에게는 없었던 것이다.

  사회적 거리두기 그것은 한번도 없던 일 겨울부터 봄으로 이어지고 있는 이 불안의 시간이 모두 시가 된다면 좋겠어 '삶'은 '사람'을 줄여놓은 말이 아닐까, 라고 쓴 적이 있었지 올봄은 '사람'은 '삶'을 늘여놓은 말이라고 써놓고 미래를 빌리러 가야지 헛되고 헛될지라도 헛되어서 아름다운 미래 고해성사를 하러 가는 신도들처럼 긴급 대출심사를 받으러 은행에 가는 우리들 불안은 영혼을 감염시키지만 오늘의 질본 브리핑을 보며 신종 불안도 신종 영혼도 곧 개발될 거라고 중얼거리는 오후 잘 가요 세풀베다씨 이게 다 신종 코로나 때문이지만 끝끝내 삶은 죽음을 걸고 싸우는 일 자! 월요일이에요 '세상 끝 등대'에 불을 켜고 우리 살러 갑시다
   — 안현미, 「카만카차19」 전문(『창작과비평』 2020년 여름호)

안현미는 자신의 다른 시 「카만카차」(『곰곰』, 문예중앙, 2011)에서 '카만카차'가 칠레 말로 '안개'임을 밝힌 바 있다. 그렇다면 「카만카차19」는 '안개19'

이면서 '코비드-19'로 이어진다. '안개 정국'이란 정치 용어가 있듯, 한 치 앞도 내다볼 수 없는 "겨울부터 봄으로 이어지고 있는 이 불안의 시간"이 바로 「카만카차19」의 시간인 셈이다. "미래를 빌리"기 위해 "긴급 대출심사를 받으러 은행에 가는" 행위들에서 알 수 있듯 현재라는 시간대는 예전에는 "한번도 없던 일"이 비일비재하게 일어나는, 비현실적 공간이다. 일상화된 "질본 브리핑"을 청취하며, "영혼을 감염시키"는 "불안" 대신 "신종 불안도 신종 영혼도 곧 개발될 거라"는 기대를 공유하면서 살고 있다. 우리에게도 잘 알려진 칠레의 작가 루이스 세풀베다가 "신종 코로나"로 세상을 떴다(4/16일)는 소식이 들려오지만, 시적 화자는 "삶은 죽음을 걸고 싸우는 일"임을, 그리하여 죽음을 이겨내고 지구 반대편 저 아르헨티나에 있는 비글해협, "'세상 끝 등대'에 불을 켜고 우리 살러 갑시다"라고 희망을 호출한다. 그러나 '신종 불안'이나 '신종 영혼'은 지금까지 우리가 지녀왔던 '불안'과 '영혼'과는 질적으로 다른 것이어서 인간은 예전과는 같아질 수 없음에 이 시는 암묵적으로 동의하고 있다.

국경이 폐쇄되었으며, 모든 조치는 점점 강력해져 갔다. 해외 입국자들에게는 2주간 자가격리가 의무화되었다. 5월 7일 현재 세계의 누적 확진자는 3,818,495명이고, 266,116명이 사망했다. 투명한 정책과 신속한 대응으로 상대적으로 안정되어가는 한국에 2차 폭발의 시발이 된 (이태원의 한 클럽에 들렀던) 용인 66번 환자의 확진과 함께 이날 우리의 누적 확진자는 10,810명이었고 사망자 수는 256명이 되었다. 미국과 유럽 각국이 하루 10만 명 이상의 확진자 수를 연일 갱신하고 있었고, 우리 역시 경기도 부천의 쿠팡 물류센터, 서울의 건강용품 방문판매업체 리치웨이, 종교단체, 광주 등지에서 3차, 4차의 폭발이 이어지고 있었다.

    사람들이 픽픽 쓰러

> 집니다 바이러스에게
> 사람의 몸은 크고 뜯어먹기 좋은 빵처럼 보일 테죠
> 바이러스는 모든 인종을 필요로 하고
> 우리는 2미터의 간격과 마스크를 필요로 합니다
> 세계가 동시에 불안한 감정을 연대하게 되다니요
> 지구는 어느 쪽에서 보아도 둥글고 긴 벤치처럼 보일 테니까
> 우리는 그 벤치에 다닥다닥 앉은 큼직한 표적처럼 보일 테니까
> ― 김나영, 「이런 적은 처음입니다」 부분(『시와세계』 2020년 여름호)

  COVID-19는 신종 코로나바이러스의 공식 명칭이다. CORONA(바이러스 모양이 왕관을 닮았다)에서 앞의 'CO'를, VIRUS에서 'VI'를, DISEASE(질병)에서 'D'를 가져오고, 중국에서 바이러스가 처음으로 발병한 2019년에서 '19'를 가져와 조합한 용어다. 코비드-19가 이처럼 강력한 이유는 인류가 처음으로 맞닥뜨린 '신종'이기 때문이다. 준비된 백신도 없고, 언제 치료제가 개발될지도 모른다. 그러므로 그동안 코비드-19에게 "인종" 불문하고 "사람의 몸은" "지구"라는 "둥글고 긴 벤치"에 "다닥다닥 앉은 큼직한 표적"이며, "크고 뜯어먹기 좋은 빵"이 된 것이다. 전파력이 강한 그는 숙주의 죽음도 개의치 않는다. "세계가 동시에 불안한 감정을 연대하게" 된 이유다. 현재 세계 인구는 거의 78억 명이나 되며, "픽픽 쓰러"진 "사람들"의 숫자가 늘어날수록 그가 변종으로 강해질 여지는 더욱 크다.

> 싱싱하게 살아 있으라고
> 수조 속으로 들이민 가물치 한 마리
> (중략)
> 긴장과 스릴은 견딜 만한가?
> ― 김명인, 「누가 수조 속에 가물치를 풀어놓았나?」 부분
> (『시와표현』 2020년 여름호)

널리 알려진 '청어 장수' 이야기가 있다. 여러 버전이 있지만, 공통점은 먼 길을 운반해야 하는 청어들을 "싱싱하게 살아 있"게 하기 위한 비법이 "수조 속으로 들이민 가물치 한 마리"라는 것이다. 여러 마리가 잡아 먹히고 다치기도 하겠지만, "긴장과 스릴" 때문인지 살아남은 청어들은 다 팔팔했다는 것이 결말이다. 그런데 과연 바이러스라는 "가물치"를 지구라는 "수조" 속에 풀어놓은 '청어 장수'는 누구인가. 이렇게 물으면 "싱싱하게 살아 있"어야 할 대상이 지구가 될 것이고, 바이러스라는 '가물치'를 인류라는 '수조' 속에 풀어놓은 '청어 장수'는 누구인가, 라고 물으면 '싱싱하게 살아 있'어야 할 대상은 사람이 될 것이다. 그러나 다음 시에서 사람들에게 "마스크를 씌우니" "지구"에 "푸른빛이 돌며 환해"졌다는 사실은 미국의 한 인공위성업체(사르 테크놀로지)가 배포한 위성사진으로도 확인된다. 1월 1~20일과 2월 10~25일 사이에 중국 상공에서 이산화탄소 배출량을 포함한 대기질의 차이는 확연하다. 국가 간, 도시 간 이동이 통제되면서 이와 같은 현상은 거의 전 세계적으로 확대되었다. 인적이 드물어진 도시를 야생동물들이 한가롭게 활보하는 사진도 심심찮게 볼 수 있었다. 따라서 '청어 장수'의 전략은 지구를 변화시키는 데 일단 성공한 것으로 보이지만, 이것이 일시적인 변화일 수도 있다는 점에서 지속가능성이 중요해진다. 다시, '청어 장수'는 누구인가.

> 역병이 돌 때마다 경고장을 건넸으나 당신들은 죄 없는 짐승들만 생매장했습니다
> 자신들이 곧 몹쓸 바이러스라고 생각하는 사람은 단 한 사람도 없었습니다
> 저기 저 미소를 머금은 지구를 보세요
> 당신들에게 마스크를 씌우니 이제야 푸른빛이 돌며 환해지잖소
> (중략)
> 돌아가시면 당신들만의 경전을 수정하십시오

> 자멸을 자초한 인본제일주의를 대대적으로 손봐야 할 것입니다
> ─ 박정원, 「붉은여우를 찾아서」 부분(『발견』 2020년 여름호)

생략된 시의 도입 부분에서 시적 화자는 "이번에 방문한 소혹성은 코로나19호"라고 밝힘으로써, "소혹성"을 "'지구'에 "경고장을 건"넬 정도의 우월한 존재로 상정한다. '소혹성' 이름이 '코로나19호'이므로, 지구에 경고장을 건넨 주체는 '코로나19'일 수도 있다. 인용 부분은 "이곳에서 조우한 붉은여우의 고언" 중 일부다. 이를 요약하자면, 그동안 지구에 있어 인간 자신이 "몹쓸 바이러스"라는 사실을 알리기 위해 "역병"으로 경고했으나 인간은 반성하지 않고 "짐승들만 생매장"하는 일을 반복해왔다. 지구가 "이제야 푸른 빛이" 도는 것을 눈으로 확인했으니 이제부터 "당신들만의 경전"인 "인본제일주의를 대대적으로 손"보라는 것이다.

지구 나이인 46억 년의 변화 총량과 산업혁명 이후 채 300년도 되지 않는 기간의 변화 총량이 비슷하다는 연구 결과를 읽은 적이 있다. 46억 년이 지구 생명체의 진화 기간이었다면, 300년은 파괴의 기간이다. 수학적 상상력을 발휘해보자. 변화의 총량이 같으므로, 변화의 속도를 비교해보기가 수월할 듯한데 46억 년간의 변화 속도가 시속 300km였다면, 지난 300년간 변화 속도는 시속 46억 km가 된다. 이처럼 환경 파괴의 300년을 가능하게 한 요인은 아리스토텔레스로부터 토마스 아퀴나스, 데카르트를 경유해서 근현대로 이어지는 인본제일주의다. 혹은 인간중심주의로도 볼 수 있는 서구적 사유가 도구적 자연관을 기반으로 문명의 고속도로를 깔도록 만들었으며, 물질만능주의가 지구 위에 편만하도록 역사를 주도해왔다는 것이다. 이 시는 제임스 러브록이 『가이아』에서 대지의 여신인 가이아가 유기체인 지구에 암적 존재가 된 인간을 멸종시킬 징후들을 시사한 것처럼, '청어 장수'가 '코로나19' 자신일 가능성을 높인다.

돌도끼가 창검으로 바뀌는 동안, 창검이 총검으로 바뀌는 동안, 총검이 미사일로 바뀌는 동안

바이러스는 진화했다 인간은 원폭과 수폭을 만들었다

(중략)

백신이 개발되면 바이러스는 또 진화할 테고
— 이승하, 「대낮의 군대」 부분(『시와표현』 2020년 여름)

  태생적으로 유약한 인간이 생존을 위해 만들었던 "돌도끼"가 자연과 인간을 장악하기 위한 "창검으로", "총검으로", "미사일로", "원폭과 수폭"으로 "바뀌는 동안" "바이러스는 진화했다". 인간이 인간종과 지구를 멸망시킬 정도의 무기 개발에 매진해온 것과 마찬가지로 '바이러스'는 "백신을" 넘어설 정도로 "또 진화할" 것이므로 이제 인간에게 가장 두려운 존재는 인간도, 핵도, 자연재해도 아닌 '바이러스'가 되었다. 이미 소설이나 영화 서사에서 바이러스 관련 소재가 여럿 있었고, 대부분은 인간이 문제의 바이러스를 이겨내는 것으로 끝이 나곤 했지만, 이번의 코비드-19는 전혀 다른 양상을 보여주고 있다. 이미 뉴스에서 보도되듯, 초기 바이러스의 유형은 S형과 V형뿐이었는데 이제 이들은 거의 보이지 않고 그보다 더 강한 G형이나 GH 그룹으로 바뀐 변종이 70여 개가 되었다는 것이다. 개발 중인 백신이 차례로 무력화될 수밖에 없는 상황이다. WHO가 코비드-19는 절대 사라지지 않을 것이라는 가능성을 경고한 가운데 관련학계의 학자들 역시 그가 영원히 종식되지 않을 것이라고 천명한다. "박테리아와 바이러스는/마침내 가장 두려운 신이 되었다"((나희덕, 「어떤 부활절」(『문학과 사회』 2020년 여름호))는 선언이 나오는 이유다.

나는 처음처럼 나타난다
나는 병이고 약이며 고통이다
자연이요 문명이요 생명이다
나는 죽이고 살리고 허물며
세운다 규범 없는 세계를,
세계 없는 규범을 세우고,
허물고 살리며 죽인다

나는 폐허이고 천국이다
나는 지옥이며 평화다
성부와 성자와 성령의 이름으로
또한 코로나의 이름으로,
나는 따사로운 저주이다
이름 없는 모든 것으로
이름 아닌 모든 것으로

― 이영광, 「검은 봄」 부분(『발견』 2020년 여름호)

아니나 다를까, "코로나"는 "성부와 성자와 성령의 이름" 옆에 자기 자리를 마련하기에 이르렀다. 오히려 '검은 봄'의 왕국에서 "성부와 성자와 성령의 이름"은 "코로나의 이름"을 삼위일체의 신과 동일한 반열로 높이기 위해 기획된 호명일 수도 있다. "코로나의 이름으로" 밝히는 "나"의 권능은 이분법적이고, 삼분법적인 세계 전부를 포괄한다. 그것은 궁극적으로 인간과 자연에게 "병"과 "약"과 "고통"을 주고, "자연"과 "문명"과 "생명"이라는 이율배반을 제공하고 있다. '병'과 '약'만 주고 '고통'을 주지 않는다면, '자연'과 '문명'이면서 '생명'이 아니라면 그 역시 권능을 가질 수 없을 것이다. "죽이고 살리고 허물"지 않는다면, "허물고 살리며 죽"이지 않는다면 그는 "따사로운 저주"의 역설을 말할 자격이 없다.

이 시는 "코로나"를 코비드-19로 특정하지 않음으로써 '나'의 범주를 일반화하고 있다. "나는 처음처럼 나타"나는 존재다. 언제든지 새로운 변종으로 나타날 수 있는 '코로나'는 '검은 봄'을 검은 여름, 검은 가을, 검은 겨울로 확산시키고, "폐허"와 "천국", "지옥"과 "평화"를 이 손과 저 손에 나눠 쥔 채 인간을 실험할 수도 있다. 규범 상실로 나타나는 "규범 없는 세계"와, 세계 상실로 나타나는 "세계 없는 규범"이 우리의 체내에 중금속처럼 쌓이기 시작한다. 혼돈과 무질서 속에 연대 의식과 인류애는 사라질 수 있다. 공포와 불안이 일상화 · 내면화되고 궁지에 몰려서야 비로소 자기 내부를 들여다보는 게 인간이다.

　　　　내가 비건이 되면 세상에 단 두 마리뿐인
　　　　북부흰코뿔소가 멸종하지 않을까

　　　　그러나 나는 늦게 도착하는 사람
　　　　걱정하는 마음이 생기고 나면
　　　　이미 그것은 사라지고 없었다

　　　　(중략)

　　　　믿음은 우리를 구원할 수 있을까
　　　　환승역이 보이지 않는다
　　　　미래는 이미 지나갔는지 모른다
　　　　　　　　　　─ 휘민, 「신분당선」 부분(『시인동네』 2020년 3월)

　현재 시점에서 비건이 된다는 것은 1970년 이후 절반 이상이 사라진 지구상의 척추동물과 매년 1만 종 이상이 사라지는 멸종동물에 대한 책임을 공유한다는 것이며, 그들의 죽음을 애도하고, 인간 자신을 각성하겠다는 의미다. 문제는 우리가 "늦게 도착하는 사람"이라는 것이다. "북부흰코뿔소"가 100마리, 아니 50마리가 남았을 때라도 비건이 되었다면 어땠을까. "걱정하는 마음이 생기고 나면/이미 그것은 사라지고 없"어지는 것이 아니라 그때부터라도 '걱정하는 마음'이 지속되었다면 결과는 어땠을까. 비단 '북부흰코뿔소'만의 이야기가 아니리라. "믿음은 우리를 구원할 수" 없을 수도 있다는 회의, 지구가 갈아탈 "환승역이 보이지 않는" 와중에, 저 『오래된 미래』(헬레나 노르베리 호지)처럼 우리의 시간대는 '지나간 미래'를 경유하고 있는지도 모른다.

그간 마스크를 쓴다는 것은 나를 보호하고 남을 배려하는 사회적 행위로서 우리 국민 대다수에게는 이미 상식이 되었다. 생략된 앞부분에서 "객실 안은 마스크 쓴 사람들로 가득하다"라고 했는데, 이 시는 '신분당선'과 코비드-19 상황을 겹쳐 그리면서, 또한 코비드-19를 지구 생물의 멸종과 연계하고 그 원인을 '나'에서 출발시킨다는 점에서 반성적 자아의 단면을 보여주고 있다. 반면에 다음 시는 인간의 내부를 들여다보는 또 하나의 방식으로, 마스크에 가려진 표정의 심리적 단면을 보여준다.

> 내가 확장돼
> 마스크를 쓰면
> 세상의 상처가 다 보여
>
> (중략)
>
> 마스크 속에
> 내가 되고 싶은 내가 있어
> 미소가 부딪쳐
> 당신이 버린 얼굴이 부딪쳐

> 마스크는
> 나에게 집중하는
> 표정의 기술
>
> 나는 표정이 많아
> 나는 출구가 많아
>
> ― 서안나, 「마스크」 부분(『문파』 2020년 봄호)

마스크는 안팎이 있다. 이 시에서 마스크 바깥쪽은 바이러스가 아니라 "미소"와 "당신이 버린 얼굴"을 차단시키는 역할을 한다. '미소'와 '당신이 버린 얼굴'은 '당신'의 마스크 안쪽에서 보낸 '당신'의 표정이다. 그처럼 나의 마스크에 의해 나의 '표정'도 걸러져서 '당신'에게 보내지면, 나의 "마스크 속에"는 "내가 되고 싶은" '나'만 있게 된다. 그간 우리는 사회적 존재라는 이유로 얼마나 많은 의례적 '미소'와, 무책임하게 '당신이 버린 얼굴'들을 얼마나 많이 주고받아왔는가. 얼마나 많은 공치사와 억지와 무례를 교양이라는 이름 아래 받아들여야만 했는가. 시는 마스크를 쓴 이후 이러한 부당한 관계에서 벗어나게 된 정황을 포착한다. 때문에 "마스크는/나에게 집중하는/표정의 기술"이 될 수 있었다. 사회적인 제스처로서의 '표정'에 구애받지 않고 '내가 되고 싶은 내가' 됨으로써 오히려 "나는 표정이 많아"졌고, "출구가 많아"진다. 관계로부터의 자유로 인해 "내가 확장"되고, 오히려 "세상의 상처가 다 보"이게 되었다는 것은 역설적으로 나와 세상과의 진실한 관계 회복이 이루어졌다는 의미이기도 하다. 바이러스 차단이라는 기능적 역할을 넘어 마스크는 진화하고 있고, 그 자취를 시인들은 집요하게 추적한다.

> 그녀는

어깨에 묻은 눈을 털고는 방으로 들어섰다
거울 앞에서 마스크를 벗었다
주름투성이 얼굴에 입이 꿰매진 노파였다
눈의 구멍은 깊은 태고의 동굴 같았다
당신 도대체 누구요?
내가 놀란 얼굴로 묻자 그녀가 말했다
난 행복이오! 오랜 시간 동안
당신이 나를 기다렸다는 사실을 잘 알고 있소
하지만 당신 생전에 난
당신 집에 올 수 없었소, 미안하오!
사실 나도 평생 당신이 찾아오길 기다리다
이런 몰골로 늙어버렸소
늦었지만 당신 부고 소식을 보자마자 이렇게
폭설을 뚫고 달려온 거요
아니오! 난 결코 죽지 않았다니까요!
내가 몹시 흥분하자 노파는
유리창에 기대어 낮은 허밍으로 읊조렸다
이해하오, 당신의 그 집요한 착각을
당신이 아직 살아있다는 건
당신만의 오래된 착각이고 꿈, 오보요!
내가 계속 인상을 찡그리며 따지자
노파는 들고 온 흰 국화꽃을
책상에 올려놓고는 조용히 방문을 나섰다
노파가 떠난 후,
나는 창가에 서서 오랫동안
눈 속으로 사라지는 그녀의 뒷모습을 지켜보았다
돌아서는데 벽에 걸린 거울과 마주쳤다
거울 속엔 아무도 없고
흰 마스크 하나 검은 나비처럼 떠다녔다

— 함기석, 「마스크」 부분(『시와세계』 2020년 여름호)

자, 또다시 「마스크」다. 그것은 충격이고 억압이며 비밀이고 금기다. 연민이며 슬픔이고 아픔이며 눈물이다. 방어이고 공격이며 혼란이고 회의다. 수다이고 침묵이며 질주이고 정체다. 무수한 감정과 현상들의 저수지이고 용광로이며, 기타 등등이다. 다소 길게 인용된 이 시에서 '마스크'는 "행복"이 벗어놓고 떠난 무의식이며 상징이고 경계이며 은폐다. 그러나 '행복'은 불행의 다른 얼굴이다. '행복'은 "주름투성이 얼굴에 입이 꿰매진 노파"이며 "눈의 구멍은 깊은 태고의 동굴 같"은 불행의 얼굴을 하고 있다. 그들은 한 사람의 살아생전 서로 만날 수 없는 운명이며, 기약 없는 기다림이고 하나이면서 남남이다. 이제는 과거의 '행복'으로 결코 돌아갈 수 없다는 공공연한 비밀을 신문에 난 "당신 부고 소식"이 확정한다. 행복의 상실은 죽음이다. '당신'은 사적으로는 살아있으나 공적으로는 죽은 목숨이므로, "당신이 아직 살아있다"고 믿는 건 "당신만의 오래된 착각이고 꿈, 오보"일 뿐이라고 '노파'는 "낮은 허밍으로 읊조린다". "내가 계속 인상을 찡그리며 따지자" '행복'이라는 이름의 '노파'는 "들고 온 흰 국화꽃"으로 '나'를 조문하고 떠났다. 그리고 이제부터 시적 반전이 일어난다. "오랫동안" "그녀의 뒷모습을 지켜보"고 "돌아서는데 벽에 걸린 거울과 마주"친 것이다. "거울 속엔 아무도 없"다. '나'는 사라지고, "흰 마스크 하나 검은 나비처럼 떠다녔다". '노파'의 말이 맞았다. '나'는 사적으로도 죽은 것이다.

나는 이제 예전만큼 자주 걷지 않지만
방 안에서도 산책할 수 있다는 것을 알게 되었는데요

그러다보면 마주치는 사람이 없어 사람이 너무 멀다는 생각도 하게 됩니다
다들 어디에 있는 걸까요 만나지 않아도 헤어지는 사람들이 분명

> 지금도 막 생겨나는 중인데
> ― 이희형, 「나는 이제 예전만큼 자주 걷지 않지만 방 안에서도 산책할 수 있다는 것을 알게 되었습니다」 부분(『창작과비평』 2020년 여름호)

하나의 패러다임에서 다른 패러다임으로 넘어가는 것은 덜 좋은 것에서 더 좋은 것으로의 변화가 아니라, 다른 것으로의 변화라고 한 것은 토마스 쿤이다. '다른 것으로의 변화' 속에는 공동체의 붕괴도 포함된다. 이는 상대적으로 직장이 인간관계의 최전선이 됨으로써 우리는 스스로를 격리하고 고립시키는 초소 단위의 가족과 개인 상태를 유지할 것을 권고받게 되었다는 이야기다. 강제력이 있든 없든 간에 사람들은 자신에게 최적화한 상태에서 이를 적극적으로 수용하고 있다. 일테면 밖에서 걷는 것이 금지되지 않았지만, 오히려 "방안에서도 산책할 수 있다는 것을 알게 되"는 데까지 나아가고 있다는 것이다. 놀라운 것은 '방안에서' '산책'하면서 "마주치는 사람이 없어 사람이 너무 멀다는 생각도 하"고, "다들 어디에 있는 걸까요"라고 천진스럽게 묻기까지 한다는 사실이다. 이때 '방안'이 현실이라면, 집 밖은 가상 공간이 된다. 재택근무니 온라인 수업이니 자가격리니 하는 여러 변수에 의해 집에 머물게 되는 시간이 늘어나면서 이제는 집의 안팎이 도치되었다고나 할까, "만나지 않아도 헤어지는 사람들"에 대한 서사가 "지금도 막 생겨나는" 시대가 된 것이다.

> 마스크 안에서는 동물의 냄새가 났다
> 어떤 신호 같은 것으로 체한 사람들이
> 집 바깥으로 나가기를 참아야했던 시절
>
> 몇백 년에 한 번
> 사랑에 대해 생각하라고

신이 인간의 입을 막아 왔다

계절이 사라진 그해에는 일제히 칠흑 속에 꽃이 피었다
공기에 공기를 섞어봤자 시절은 시들어갔다
사람들은 자신이 쓴 마스크를 태우면서 혀를 씻었다

마음의 손님들을 생각하다 손님들을 돌려보내고
머리에 파고들어 온 이 무언가를 잘 기억하자고
창궐하는 생각들을 뚫어져라 바라보았다

— 이병률, 「면역」 부분(『문파』 2020년 여름호)

얼마나 시간이 흘렀을까. "사람들이/집 바깥으로 나가기를 참아야했던 시절"이나 "계절이 사라진 그해에는 일제히 칠흑 속에 꽃이 피었다"와 같은 대목에서 시적 화자가 과거 회상을 하고 있다는 것과 코비드-19가 종식된 가상의 어느 지점이 이 시의 시적 현재라는 사실을 알 수 있다. 코비드-19는 이미 10만 명 이상의 사망자를 내면서 세계의 전염병 사망자 기록들을 갈아치운 바 있다. 이제 유럽 인구의 절반 이상을 소멸시킨 흑사병(1346~1353)이나, 광범위한 지역으로 전파되어 5천만 명을 사망케 한 스페인독감(1918~1920), 50만 명 정도가 사망했지만 전 세계적 감염자가 14억 명이었다는 신종플루(2009~2010)처럼 그것은 "몇백 년에 한 번/사랑에 대해 생각하라고/신이 인간의 입을 막아 왔"던 역사적 사례 속 하나로 남은 것 같다. 그러나 시적 정황상 해피 엔딩은 아닌 것으로 보인다. 마지막 연은 앞의 시 「나는 이제 예전만큼 자주 걷지 않지만 방 안에서도 산책할 수 있다는 것을 알게 되었습니다」의 의식이 거대한 패러다임으로 굳어졌음을 보여주고 있기 때문이다. 예전과 같은 소통과 교류와 우정과 사랑을 상실한 채 "마음의 손님들을 생각하다 손님들을 돌려보내"고 마는 이 의식조차 무의식의 발로

가 아닌가. "머리에 파고들어 온 이 무언가를 잘 기억하자고/창궐하는 생각들을 뚫어져라 바라보"는 인간, 행위는 사라지고 사유만 남은 미래적 시민의 초상이 여기에 제시되어 있다.

질병관리본부에 의하면, 7/23일 현재 국내 누적 확진자 수는 13,938명이고, 완치 후 격리 해제된 환자는 12,758명이며, 누적 사망자는 297명이다. 전 세계적으로는 같은 날 현재 누적 확진자가 1,537만 2천여 명이고, 격리 해제된 사람은 934만 4천여 명, 누적 사망자는 63만여 명으로 밝혀졌다. 상대적으로 외국에 비해 우리의 상황은 안정적이지만, 에포케! 얼마나 더 마스크를 쓰고 살아야 하는지, 사회적 거리 두기를 실천하면서 얼마나 더 스트레스에 시달려야 하는지 판단할 수 없다. '마스크'로 상징되는 우리의 상처는 수직적으로 깊고, 수평적으로 뻗어나가면서 점점 더 확장될 것이다. 우리의 역사는 코비드-19 이전과 이후로 나뉜다는 명제를 내적으로 수용하고 있는 와중에, 삶과 죽음의 시적 진실은 이제 막 길어 올려지기 시작하였다. 우리의 현재를 기록하고 있는 시를 통하여 코비드-19의 흐름을 추적해보는 가운데 알게 된 것은 기록하는 시인만이 역사의 산증인으로 남을 수 있다는 사실이다.

질병관리본부의 어투를 빌려, 이상으로 2020년 상반기의 비정례브리핑을 마치겠다. 코비드-19 시대에 '마스크를 쓴 시'를 쓰신 시인들과 이 글을 읽어주신 분들께 감사한다.

팬데믹 시대 마스크를 쓴 시들, 그 이후[1]

조향미 「마스크」, 박수빈 「들꽃 요양원」, 류근 「코로나 학번」, 손세실리아 「누나라는 말」, 김현 「간다」, 송문희 「슬픔 한 권 — 코로나19를 발췌하다」, 채선 「감염」, 박용하 「생활의 실패」, 여국현 「천변 풍경 3」, 박성민 「비대면의 가을」, 강영환 「그늘에 앉은 남자」, 김네잎 「스마일 마스크 증후군」, 손미 「불면」, 이영숙 「12월 32일」, 이은래 「이 시절에」, 김승일 「추모 도서 출간 파티」, 조창환 「마스크 안의 기도」, 전선용 「전염, 그 현상에 대하여」, 장우원 「사회적 거리두기 2.5」, 이영광 「자연처럼」, 김이하 「당부」, 김효은 「코로나 시대에 신은 줌(zoom)놀이를 한다」, 안현미 「변신마스크」, 김은후 「어처구니 보고서」, 송경동 「비대면의 세계」

미증유의 세계다. 코비드-19로 인해 일상의 풍경과 삶의 패턴이 바뀌었으며, 공동체의 붕괴를 비롯해 직업과 여가, 전통적 관습과 교육시스템도 변화되었다. 감염에 대한 염려, 생계 문제 등으로 삶의 질은 저하되고, 불안과 공포는 상시화·내면화되어 우리의 미래는 예측 불가능해졌다. 그뿐인가. 다중이 이용하던 현실의 열린 공간이 비현실적 가상 공간처럼 느껴지고, 개인 공간이 폐쇄적 현실 공간이 되는 주객전도 현상도 하나둘이 아니게 되었다. 마스크 착용이 일상화되자 도시의 익명성이 더욱 강화된 것은 물론, 사람들은 미소를 잊고 고립된 개인으로 살아가는데 점차 익숙해지고 있다. 코비드-19 이전으로 돌아가는 게 불가능해졌다는 전문가들의 진단처럼 과거는 이제 유토피아로 윤색되어 현재로부터 나날이 멀어져간다. 역사에도 지층이 있다면 코로나 팬데믹 시기의 지층은 아마도 전 세계가 숙명처

---

[1] 이 작품은 한국문화예술위원회 〈코로나19, 예술로 기록〉 사업 지원을 받아 제작되었다. 「팬데믹 시대 마스크를 쓴 시들」의 2부에 해당하는 글로서, 2020년 7월부터 2022년 2월까지 약 20개월 동안 발표된 시들을 다루었다.

럼 한 줄의 검은 띠로 연결되리라.

알다시피 코비드-19는 2019년 12월 중국 우한에서 처음으로 보고된 이후 짧은 기간에 전 세계로 대확산을 일으킨 역병이다. 국내에서는 다음 해 1월 20일 인천국제공항으로 입국한 중국인 여성에게서 최초 발병했다. 그로부터 1년 만인 2021년 1월 20일에 누적 확진자 73,518명, 누적 사망자 1,300명이었던 것이 2년 만인 2022년 1월 20일의 확진자 수는 712,503명으로 10배, 사망자 수는 6,408명으로 5배가량 대폭 늘었다.[2] 인도발 델타 변이(2021.4)보다 더 전파력이 강한 남아공발 오미크론 변이(2021.11)가 유입됨으로써 2022년 2월 6일에 누적 확진자가 100만 명대를 기록한 후 보름 만인 2월 21일에는 200만 명을 훌쩍 넘어 2,058,184명이 되었다. 첫 확진자 발생 후 100만 명에 도달하는 데 2년이 조금 넘는 748일이 걸렸다면, 다시 100만 명을 갱신하는 데는 2주밖에 걸리지 않았음을 시사하는 수치다.[3]

그러나 100여 종의 문예지와 웹진을 추적하고 검토하는 과정에서 발견한 것은 코비드-19의 지속성이나 폭발력, 그 여파에 비해 이를 전면화한 시가 많지 않다는 사실이다. 자료 발굴에 대한 개인적인 한계도 있었지만, 또 한 원인으로는 정치와 노동 의식의 폭발이 있었던 1970년과 1980년대 이래 극소수의 시인만이 정치시와 노동시를 경유했던 것과 같은 맥락일 수 있다. 문학의 미학적 실천과 현실적 참여가 분리되어왔던 문학적 전통에서 시인들이 팬데믹이라는 재난의 리얼리티가 미적 형상화로 가는 길을 가로막거나 지체시킨다고 지레 피할 수도 있지 않았을까. 그럼에도 그중 작품성이 현저히 떨어지는 시들을 일부 제외하면서 60여 편의 시를 발굴한 후

---

[2] 참고로 2년째인 2022년 1월 20일 현재 전 세계의 누적 확진자는 435,206,392명이고, 사망자는 5,965,310명이다. (https://www.worldometers.info/coronavirus/)

[3] 「100만명까지 2년·200만명까지 2주…」, 『파이낸셜뉴스』 2022.2.21.

다시 15개의 매체에서 글의 주제와 관련된 25편을 골라 이곳에 인용할 수 있었다. 이 글은 '평론적 에세이'라는 형식과, 일상의 풍경-내면의 풍경-패러다임의 변화-미학적 실천-사태의 현상과 본질 및 전망이라는 내용을 중심으로 흘러갈 예정이다. 먼저 시에서 구현된 일상의 풍경들을 훑어보기로 하자.

> 마침내 인간의 입은 봉쇄당했다
>
> 아직 말문도 터지지 않은 어린아이
> 마스크를 낀 채 아장아장 걷는다
> 아가야 네 가는 곳이 어디냐
> ─ 조향미, 「마스크」 부분(『내일을 여는 작가』 2021 하반기)

최전방에서 바이러스와 고투하며 건강의 최후방을 방어하는 마스크는 기꺼이 이 시대의 살풍경을 완성한다. 말의 전달력과 표정의 다양함을 일정 부분 은폐함으로써 복잡한 인과관계를 단순화하고 대상을 타자화시키는 그것은 현대판 금줄이면서 시대정신이고 남에 대한 배려라는 측면에서 교양의 요건으로까지 비약했다. 그러나 이 시는 강제로 "인간의 입"을 "봉쇄"한 "마스크"와 "아직 말문도 터지지 않은 어린아이"가 낀 "마스크"를 동일시하지 않는다. "마침내"라는 부사가 어떠한 일의 결과로서 "인간"의 종국에 걸쳐져 있다면, 시에는 생략된 '이제'라는 부사가 종국을 출발점으로 하는 "아가"에게 걸쳐져 있기 때문이다. 아무것도 모른 채 비대면의 광활한 미래를 향해 "아장아장" 발을 뗀 "아가"로 인해 세계의 살풍경은 강화된다.

> 전염된다네. 당신이 좋아하는 초코케이크 딸기우유 박하사탕 사왔는데, 그
> 냥 현관에 두라네. 이름을 적고 서니 직원이 소독약 뿌리네. 얼마 후 화면이

뜨네. 촛불 밝히고 박수하고 싶은데, 당신은 아기처럼 주무시네. 직원이 깨우며 화면을 가리키네. 누가 잠결을 빗질하나, 성성한 머리칼 속에 순두부가 되어버린 기억, 간수액에 물컹한 당신의 뇌, 나는 손을 흔드네. 잘 있어요? 안개가 흐르네. 당신은 베개 보풀을 만지더니 창밖을 보네. 촛농이 녹아 흐르고 쇠별꽃과 구절초들이 고개를 떨구네. 도데미풀들이 냄새를 풍기네. 그림자가 내 뒤꿈치에 뿌리를 내리네. 이제는 서로 바깥에서 건드리면 부러질 꽃대들이 닮아가네.

— 박수빈, 「들꽃 요양원」 전문(『시와 문화』 2021년 여름호)

생의 출발점에서 막 발을 뗀 "아가"가 있는가 하면, 한편에는 한 생을 돌아와 "아기처럼 주무시"는 노인이 있다. "간수액에 물컹"해진 "당신의 뇌"와 "순두부가 되어버린 기억"으로 인해 자신이 "초코케이크 딸기우유 박하사탕"을 좋아했는지조차 모르고, "화면" 속에서 자신을 향해 "손을 흔드"는 사람이 자식인지도 모른 채, 의미 없이 "베개 보풀을 만지"다가 무심히 "창밖을 보"는 노인. 손 한 번 잡아볼 수 없고, 말 한마디 건넬 수조차 없는 생이별의 현장에서 자식은 뜨거운 눈물("촛농이 녹아")이 앞을 가려("안개가 흐르네") "고개를 떨"군다. 떨어지지 않는 발길("그림자가 내 뒤꿈치에 뿌리를 내리네.")을 돌리면서 "당신"과 "내"가 "이제는 서로"의 "바깥"에 머물게 된 존재임을 깨닫는 것이 우리의 현재 상황이다. "학교 한 번 못 가보고도 대학생은 대학생/모니터 속 교수는 아들의 얼굴을 모르고/아들은 학교 가는 버스 노선을 모르"(류근, 「코로나 학번」(『미네르바』 2020년 겨울호))는 현실 속에서 학교와 대학생, 아들과 교수, 아들과 버스 노선은 서로의 바깥이 된다. "역병 와중이라지만/모친의 빈소에 못 간 게 내내 걸렸"(손세실리아, 「누나라는 말」(『문장웹진』 2021년 5월호))던 상주의 지인이나, "코로나19 때문에/밥도 못 먹고 장례식장에서 나와/천변을 걸었"(김현, 「간다」(『문장웹진』 2022년 1월호))던 문상객은 상주는 물론 이승에서 마지막으로 밥 한 상 고이 대접하는 고인과 서로 바깥에 있다. 이즈음의 풍속도는 "낙하하는 향기에도 놀라 손을 씻"고, "감염될지도 몰라 온라인으로 전하는 사랑의 방식"(송문희, 「슬픔 한 권-코로나19를 발췌하다」(『두레문학』 2021년 제30호))으로 자연스레 바뀌고 있다.

  체온을 잊었으나 멀리서도 잘 보이던 곳,
  나는 비로소
  긴 대기자의 행렬에서 격리되었다.
           — 채선, 「감염」 부분(『시인수첩』 2021년 봄호)

 격리와 고립 역시 일상화된 풍경 중 하나다. 상황적 아이러니를 놓치지 않고 있는 이 시는 PCR(유전자) 검사를 받기 위한 대기열에서의 격리가 곧 자신의 '감염' 때문임을 제목으로 암시한다. 격리가 물리적인 장치라면 고립은 심리적인 기제에 의한 내면의 풍경에 더 가깝다.

  누구의 지배도 받지 않고
  누구를 지배하지도 않는다
  꿈결 같은 생활이 여기에 있다

  (중략)

  사람들 모이는 데 가는 게 점점 귀찮아진다
  영화관까지 가는 게 귀찮고
  강연장까지 가는 게 귀찮고
  맛집까지 가는 게 귀찮고
  비행기 타고 가는 게 귀찮고
  예식장 가는 건 아주 귀찮고
  상갓집 가는 건 그나마 낫고
  괴력난신 같은 건 내다버린 지 옛날이고

>음악도 밀쳐 두고 백지 앞에서
>노래 부르지 않는 노래를 하면서 지낸다
>혼자서 혼자를 즐거워하며 지낸다
>— 박용하, 「생활의 실패」(『현대시』 2021년 4월호)

고립의 "꿈결 같은 생활"은 그러나 일상화된 격리의 반작용이다. "사람들 모이는" 곳이나 "영화관" "강연장" 등에 가는 것이 "귀찮"은 이유는 어느새 혼자 있는 것에 익숙해졌기 때문이지만, "혼자서 혼자를 즐거워하며 지낸다"라는 자족적인 독백은 총체적으로 '생활의 실패'라는 인식을 담보로 한다. 우리의 삶 자체가 아이러니 속에 있음을 볼 수 있다. 나홀로 산행이나 나홀로 산책이 늘어난 가운데 "코로나로 묶인 발이" "중랑천변 텃밭"을 "아침저녁 부지런히 찾는" 이유는 비대면의 세계에서 홀로 걷기 위함일 것이다. 하지만, "무성한 호박넝쿨이 칭칭 감아 옭아"매어 "상추 깻잎이 말라 죽어가고 있"(여국현, 「천변 풍경 3」(『푸른사상』 2020년 가을호))는 상황을 코비드-19와 겹쳐놓을 때 "중랑천변 텃밭"은 그대로 우리의 삶을 재현하는 현장이 된다. 머리를 식히러 간 곳에서도 우리는 다시 '바이러스'에 '칭칭 감아 옭아' 매인 우리 자신과 끝도 없이 대면하는 것이다. 관계 부재 증후군이라고나 할까.

>네모난 원고지 독방에서 살아간다
>하늘을 벗어난 저녁놀도 자가격리
>밤이면 생각마저도
>문을 걸어 잠근다
>— 박성민, 「비대면의 가을」 부분(『문학청춘』 2020년 가을호)

'비대면'은 관계의 부재에서 관계의 결여까지를 오간다. 이 왕복이 의미하는 것을 잘 드러내고 있는 이 시조 역시 극단의 고립 상태에 익숙해진 시인의 내면 풍경을 보여준다. 초장은 글 쓰는 행위와 삶의 행태를 겹쳐놓았고, 중장은 "자가격리" 중인 인간과 자연현상인 "저녁놀"을 겹쳐놓았으며, 종장에서 그것은 "밤"과 "가을"이라는 글을 쓸 최적 환경에서조차 "생각"이 스스로 "문을 걸어 잠"그는 자폐적인 상황으로 이어진다. "마스크를 한 해가 오후 속으로 돌아서자/날카로운 건물 모퉁이도 비스듬히/제 그림자를 둥글게 말아 쥐고 건물을 나"(강영환, 「그늘에 앉은 남자」, 『실천문학』 2021년 가을호))서는 등 사물과 현상들이 모두 코비드-19에 깊이 연계된다.

>   종종 나만 남아서
>   세상의 모든 악몽을 혼자 실천할 때가 있습니다
>
>   아무도 빠져나오는 길을 알려준 적 없기에
>   영영 아침이 오지 않아요
>   ― 김네잎, 「스마일 마스크 증후군」 부분(『미네르바』 2020년 겨울호)
>
>   나는 요즘 벌떡 일어납니다
>   어둠이 이쪽과 저쪽으로 갈라집니다
>
>   (중략)
>
>   이렇게 사는 게 맞습니까
>
>   (중략)
>
>   거기 사람 맞습니까

또 아침입니다

정말 이렇게 사는 게
맞습니까

— 손미, 「불면」 부분(『문장웹진』 2021년 5월호)

 출구 없는 꿈속에 갇혀 "세상의 모든 악몽을 혼자 실천"하는 고립감과 무력감은 역병에 감염된 우리 무의식의 단면이다. 또한 출구 없는 '불면'에 갇혀 "이렇게 사는 게 맞습니까", "거기 사람 맞습니까"라고 절규하는 명료한 의식 역시 병리적 현상의 한 부분이다. "영영 아침이 오지 않아요"와 "또 아침입니다" 사이에는 "오늘인지 어제인지/열어봐야 할 서랍들이 자꾸 쌓이"는 정체불명의 시간이 끝없이 고이고 있다.

발길을 돌리지 못하는 사이 다음 해가 왔지만
오늘인지 어제인지
열어봐야 할 서랍들이 자꾸 쌓이고 있습니다

어떤 서류도
연애도 명예도 발명도
목록에 묶인 채 정박 중

너에게로 가서 관계를 맺으려 했으나
네가 있는지는 확인되지 않았습니다
네가 무엇인지도 모르는 가운데
빈번한 어긋남에 중독되는 게 서기 2020년식 사랑법이었다고
문장들은 근육이 풀려 실용문이 되어가고

— 이영숙, 「12월 32일」 부분(『엽서詩』 2021년 1월호)

2020년이 유독 혹독했던 건 시시각각이 오리무중이었기 때문이다. 면역력이 없는 감염병의 세계 대유행과 높은 전파력, 이제 막 개발되기 시작한 백신에 대한 기대 반 의심 반의 시선, 국경의 폐쇄, 흉흉한 괴담들……. 한 치 앞도 보이지 않는 미래가 동행하고 있었다. 2020년 12월 31일이 지나가고("마지못해 해가 저물고") 2021년 1월 1일("다음 해")이 왔지만, 시간의 경계는 무의미해졌고("오늘인지 어제인지") 뭐라도 해야 한다는 강박은 늘어나고 있었다("열어봐야 할 서랍들이 자꾸 쌓이고 있습니다"). 삶의 기반을 이루는 총체적 시스템("서류", "연애", "명예", "발명")도 "목록에 묶인 채 정박 중"이었다. 관계 맺기의 어려움은 대상의 부재("네가 있는지는 확인되지 않았습니다")와 욕망하는 것이 "무엇인지도 모르는" 데서 비롯한다. 이런 되풀이("빈번한 어긋남에 중독되는")가 "서기 2020년식" 삶의 방식("사랑법")이었다. 운동과 활력이 사라진 곳("문장들은 근육이 풀려")에 건조하고 기계적인 일상("실용문")이 자리 잡은 것은 불문가지다. "소비되지 못하고 녹슬어가는 것도/이 시절에 우리가 소비되는 방식"(이은래, 「이 시절에」,『푸른사상』2020년 가을호))의 하나가 되었다.

조금 유명했던 사람이 마흔둘에 죽어서 그를 알던 사람들이 안타까워하였다 (중략) 그 사람과 친분이 있던 사람들이 주도하여 그 사람의 인생에 대한 글을 여러 사람에게 받아 추모 도서를 냈다 그 책의 출간 파티가 있었다 그가 죽었을 시기에 한국은 코로나19 전염병으로 인해 상점이 저녁 10시까지만 열었고 5인 이상 집합 제한이었고 (중략) 코로나19 이전에는 출간 파티가 열리면 새벽까지 술을 마시고 집에 돌아갈 때 길에서 택시 기다리는 것도 일이었는데 이렇게 10시에 헤어지니 좋네 대부분의 사람들이 나와 같은 생각을 했다 어떻게 아냐면

시간이 흘러

추모 도서가 절판이 되고 그때 출간 파티에 있었던 사람들에게 물어보았다

그날 10시 전에 헤어져야만 해서 어땠냐고
　참 깔끔한 행사였다고 말하는 사람도 있고 일찍 헤어져서 아쉬웠지만
　그래도 일찍 헤어져서 집에 가서 누워서 추모 도서를 읽으며 그를 추모하며 꺼이꺼이 울었다는 사람이 있었고
　조금 울었다는 사람도 있었다
　사랑하는 내 남편 당신의 추모 서적 출간 파티는
　산뜻하게 기억되고 있어요

　좋죠
　　　— 김승일, 「추모 도서 출간 파티」 전문(『문장웹진』 2021년 4월호)

　실제로 "코로나19 이전에는 출간 파티가 열리면 새벽까지 술을 마시고 집에 돌아갈 때 길에서 택시 기다리는 것도 일이었"다. "상점이 저녁 10시까지만 열었고 5인 이상 집합 제한"이었던 시기를 지나면서 사람들은 출간 파티에서 "평균 맥주 2잔씩을 마시고" "10시에 헤어"져 "집으로 돌아"가는 일을 "아쉬"워하기보다는 너나없이 "깔끔"하고 "산뜻"하다고 생각하게 되었다. 그러나 시적 화자인 고인의 아내 생각은 다른 것 같다. 그녀는 출간 기념회가 새벽까지 이어진다면 여러 가지 사정이 복잡해질 것 같아 "10시에 헤어지니 좋네"라고 생각했던 것일 텐데, 나중에 알게 된 바 "대부분의 사람들이 나와 같은 생각을 했다"는 사실에 매우 놀라고 있기 때문이다.
　'추모'의 사전적 의미는 '죽은 사람을 그리워하고 잊지 않음'이다. 시절이 이러하니 강제적으로 "10시에 헤어져야만" 하는 것은 어쩔 수 없는 일이었을 테지만, "일찍 헤어져서 아쉬웠지만/그래도 일찍 헤어져서 집에 가서 누워서 추모 도서를 읽으며 그를 추모하며 꺼이꺼이 울었다는 사람"에게서조차 아쉬움보다는 일찍 헤어져서 집에 '편히' 누워 추모 도서를 읽을 수 있었던 사실에 더 마음이 끌리고 있음이 느껴진다. "사랑하는 내 남편 당신의 추

모 서적 출간 파티는/산뜻하게 기억되고 있어요//좋죠"라는 대목이 유니크한 것은 그 속에 진정한 '추모' 대신 어느덧 인스턴트 격식이 패러다임으로 자리잡았다는 내포가 있기 때문이다. 마지막 연의 "좋죠"에 담긴 미세한 감정의 파동으로 미루어 시인은 바로 여기에 방점을 찍고 싶었을 것 같다.

> 멀리 계셔서 지금 안 보이고
> 오래 쉬셔서 오늘도 주무시는 줄 알았는데
> 아주 인연 끊으시지는 아닌 것 이제 깨달았으니
> 용서해주소서, 하느님
> 우리는 우리가 하는 일을 모르옵니다
> ― 조창환, 「마스크 안의 기도」 부분(『시인시대』 2021년 봄호)

> 오, 도미누스dominus
> 쿼바디스 도미네Quo Vadis, Domine
> 언제 오시렵니까.
> ― 전선용, 「전염, 그 현상에 대하여」 부분(웹진 『시인뉴스포엠』 2022년 2월)

> 만두 가게에서는 만두를 팔고 찰옥수수는 팔지 않고 분식집에서는 떡볶이를 팔고 찰옥수수는 팔지 않고 나는 도로를 사이에 두고 찰옥수수를 사지 않아도 되는
>
> 아주 그리운 일상
> ― 장우원, 「사회적 거리두기 2.5」(『시와문화』 2020 겨울호)

지구상에서 인간이 보잘것없는 존재가 될 수 있다는 가능성을 깨닫게 된 것은 코비드-19의 긍정적인 면이 아닐까. 막다른 곳에 이르렀을 때 인간은 신을 향해 「마스크 안의 기도」에서와 같이 회개를, 「전염, 그 현상에 대하여」와 같이 절규를 바친다. 현재의 고통을 신의 섭리로 알고 용서를 구하

며, 신의 자비가 임하기를 간절히 기원하는 것이다. 이 기도에는 숭고함이 있다. '나'를 비롯해 '우리'를 신 앞에 나란히 부복시킴으로써 우리를, 이웃을, 국가를, 더 나아가 인류를 공동운명체로 만들기 때문이다. 세속이라고 다르지 않다. '사회적 거리두기 2.5'가 시행되었을 즈음, 길을 사이에 둔 "만두 가게"와 "분식집"이 각각 "만두"와 "떡볶이" 대신 "찰옥수수"를 팔고 있다면 우리는 대략 세 가지의 태도 중 하나를 취하게 될 것이다. 무관심하거나, 둘 중 한 군데서 옥수수를 사거나, 시적 화자처럼 두 집 모두를 오가며 옥수수 사주기. 본래의 상태로 돌아가 그들이 동종의 옥수수로 경쟁하지 않는 "아주 그리운 일상"을 기원하는 마음에도 숭고는 깃든다.

그러나 2021년이 되면서 과녁에 집중하는 양궁 선수처럼 코비드-19에 집중하던 리얼리즘 성향의 시들이 과녁 외적 요소들도 살펴보고, 유머와 미학적 감각도 덧입히고, 주제도 문체도 가벼워지는 양상이 나타나기 시작하였다. 코비드-19의 옆구리, 그림자, 혹은 뒷모습 같은 것들로 다양하게 변주되는 것이었다.

    매일 하는 코로나19 브리핑 뉴스에서, 정은경 청장이나 무슨 본부장 어느 반장이 아픈 사람들처럼 현황, 주의, 당부 말씀 전할 때 옆에서,

    노란 점퍼도 안 입고 마스크도 없이 수어사가, 위험천만의 표상처럼 아픈 자연처럼, 표정과 손짓과 몸짓으로, 그러니까 온몸으로 연기가 날 듯 온몸을

    전달한다 그 침묵에 아— 하고 탄식, 탄식하지 못할 때가 많아요 말문이 콱 막히면 몸이 비상이 나서 통째로 출동하는구나 싶다가도 자꾸,

    놓쳐요 그이는 눈앞에서 연기처럼 사라진다 못 들어요 정청장은 방역 교과서고 수어사는 불타는 방역 교과서인데도, 불이 눈앞에서

> 픽, 픽, 꺼지는 거, 이게 내 상태다 너무 급한 건 더뎌 나는 본래 귀머거리,
> 나는 드디어 눈 뜬 장님, 청장 브리핑 마치고 내려올 때 수어사들도,
>
> 교대합니다 교대하는 그 모습 힐끗, 안 보고선 채널 돌리는 내 눈곱 낀 눈에
> 딴 노란 점퍼 등장하고, 수어사 조용하고 폭발적인 몸부림 준비하느라 잔뜩
>
> 긴장한 얼굴, 그이는 말을 알아요 그러나 수고하고 무거운 짐 진 자처럼 말
> 모르러, 진저리치며 떠나간다 온통 출동합니다, 신음 한점 없는 자연처럼
> ― 이영광, 「자연처럼」 전문(『창작과비평』 2021 여름호)

청각 및 언어 장애인들을 위해 "표정과 손짓과 몸짓으로" 의사를 전달하는 "수어사"는 수어통역사를 줄인 말이다. 질병관리본부(현 질병관리청)가 정례브리핑을 마련하는 것은 질병으로 인한 국가적 재난이 발생한 시점으로, 최근 2년 이상을 매일 같이 대국민 브리핑을 하게 된 건 아마도 유사 이래 처음 있는 일일 것이다. 수어사가 대중 앞에 전면적으로 나서게 된 것도 이와 때를 같이한다. 이제 "정은경 청장이나 무슨 본부장 어느 반장" 등이 발표하는 내용을 TV의 한 화면 안에 나란히 서서 "전달"하는 수어사는 우리에게 낯익은 직업이 되었다. 그러나 시에 수어사가 등장한 적이 언제 한 번 있었던가.

이 시는 수어사가 통역하기 위해 등장하는 순간을 "말을" 아는 수어사가 "말 모르러" "온통 출동합니다"라고 표현했다. 말을 소거한 채 "온몸으로" "통째로 출동하는" 일은 수어사가 온몸을 통역의 수단으로 사용한다는 말이기도 하다. 확진자와 위급환자, 사망자 수에 대한 통계를 "위험천만의 표상처럼" 전할 때와 "아픈 자연처럼" "표정과 손짓과 몸짓으로"만 연기(煙氣)가 날 정도로 자신도 모르게 "불타는" "연기(演技)"에 몰입하는 상태는 동시적이다. 수어사의 그 "조용하고 폭발적인 몸부림"과 "신음 한점 없는 자연"

의 동일시가 압권인 이 시에서 정작 흥미로운 것은 연(聯)의 의도적인 배치다. "현황, 주의, 당부 말씀 전"하는 "노란 점퍼"들과 그 "말씀"을 통역하는 "수어사"의 동작들이 TV 시청자인 "나"의 의식의 들락거림에 의해 '해요' 체와 '하다' 체를 오가며 분절되기 일쑤인데, 이런 어수선함이 시의 무게를 덜어내는 장치로 사용되었다는 것.

  — 석봉이한테 담배 주지 마시오

  코로나19로 찾는 이 없는 무료급식소
  먼지만 뒤집어쓴 냉장고 옆 다리 기둥에

  아주 단호하게 새긴 글씨 쳐다보다
  뜨끔, 담뱃불에 손이 데일 뻔했다
  — 김이하, 「당부」 부분(『동안』 2021년 가을호)

시가 시의 옆구리를 슬쩍 치면서 어퍼컷의 효과를 내듯, 부차적 인물이나 대상에 초점을 맞추면서 본질을 드러내는 방식은 시의 특성 중 하나다. 그러나, 코비드-19 관련 시에서는 흔치 않다. 이 시는 "코로나19로 찾는 이 없는 무료급식소"가 주인공이 아니라 "무료급식소"의 "먼지만 뒤집어쓴 냉장고"하고도 그 "옆 다리 기둥"에 내걸린 '당부'가 주인공이다. 그 '당부' 글을 보기 전에 화자가 이미 "석봉이한테 담배"를 주었던 일을 내심 들켰다는 듯 "뜨끔, 담뱃불에 손이 데일 뻔했다"는 정황이 웃음을 유발한다. 유머펀치 어퍼컷이다.

  모니터에는 개체 수에 맞는 줌(zoom) 창이 섬네일로 떠 있다. 사각형 안에 작은 사각형들이 다수 들어 있다. 하나의 사각형 안에는 하나의 벼랑을 마주한 한 사람이 하나의 벽처럼 서 있다. 그러한 사각형들의 집합을 띄운 거대한

> 모니터가 모니터 창시자 앞에 떠 있다. (중략) 한 세트의 창이 닫히고 모니터에 새로운 줌창이 오픈 대기중이다. 이 시는 절벽 위, 신발 한 켤레 아래 놓여 있었다. 메모지와 펜부터 꺼낸 그 사람이 쓴 것으로 추정된다. 궁금한 건 못 참는 신이 관심을 가지고 줌인을 한다.
>
> ― 김효은, 「코로나 시대에 신은 줌(zoom)놀이를 한다」 부분
> (『현대시』 2021년 9월호)

"신"을 호출하는 방식도 달라졌다. 이 시에서 "신"은 인간의 탄원을 들어주거나 죄를 사해주는 종교적 의미의 절대자가 아니라 "모니터 창시자"와 동일시되는 존재다. "모니터 창시자"는 "줌창"을 주도하는 인간과 다시 동일시됨으로써 "신"은 줌으로 상징되는 기계 조작 능력이 탁월한 인간 그 누구, 혹은 줌이라는 소프트웨어 프로그램 그 자체라고 할 수 있다. 재택근무, 실시간 온라인 수업, 화상회의 등 원격으로 세계의 질서가 재편되고 있는 가운데, 신은 죽음("이 시는 절벽 위, 신발 한 켤레 아래 놓여 있었다. 메모지와 펜부터 꺼낸 그 사람이 쓴 것으로 추정된다.") 앞에서야 "관심을 가지고 줌인을 한다." 비정한 신은 또한 게이머일 수도 있다.

> 봄에 신촌에서 만납시다 벚꽃 대국 함 가시죠 난 흑돌 진심으로 빛나는 까망 털은 길러도 좋구요 탈이요? 요즘은 마스크죠 백돌 같이 순백의 KF94가 먹어줍니다 대접 커피요? 독수리다방 대접 커피 말씀하시는 건가요? 진심 모르시나 본데 음악다방은 한물갔죠 정 그러시다면 통 크게 별다방 아메리카노 473ml 그란데 테이크아웃으로 쏘겠습니다 그런데 그란데가 뭐냐구요? 진심 모르시나 본데 미래와 음악다방은 한물갔다니까요 요즘 대세는 변이죠 미친 거 아니냐구요? 다행이네요 난 진심으로 울부짖는 돌맹이 미치지 않고서야 아스트랄한 이 별에서 대접이나 받겠어요? 봄에 신촌에서 만납시다 마스크 대국 함 가시죠
>
> ― 안현미, 「변신마스크」 전문(웹진 『비유』 2021년 2월호)

표면적으로 이 시는 노골적인 언어유희(pun)를 통해 벚꽃놀이를 권유하면서 "봄"에 대한 기대를 한껏 고조시키고 있다. 그러나 이면적으로 바둑에서 "흑돌"과 "백돌"의 "대국" vs 바이러스와 인간의 "대국"을 병치하듯, 표면의 명랑과 이면의 "울부짖"음을 대비하거나 비교하는 방식으로 시의 지평을 넓히고 있다. 탈/털, 탈/마스크, 백돌/순백의 KF94, 독수리다방 대접 커피/별다방 아메리카노, 그란데(473ml 사이즈를 일컬음. '그런데'의 방언이기도 함)/그런데, 대세/변이, 대접(그릇)/대접(待接), 아스트랄/별의 목록이 그것이다. 결국 "벚꽃 대국"이 "마스크 대국"임을 밝힘으로써, "봄에 신촌에서 만나보았자 "마스크"의 행렬밖에 만날 수 없다는 엄연한 현실을 역설적으로 드러내고 있다. "미래와 음악다방은 한물갔다"에서처럼 "변이"가 "대세"일 뿐 우리에게 "미래"는 없다는 뼈아픈 현실을 이런 유희적 어조 속에 담아내다니!

> 반란이 시작되었다
> 보이지 않는 것들이 Ea21c에서
> 반란의 씨앗은 저 멀리 Cco19 행성에서 온 것일까
> 구구한 의문은 박쥐의 날개를 타기도 하고
> 천산갑의 등을 타기도 했다
> 사실은 Ea21c로 진화되기 전 Ea18c 시절부터 반란의 기운이 증기기관차의 연기를 타고 스멀스멀 곳곳으로 퍼지기 시작했지만 모두 손뼉 치고 따라 하느라 충혈된 손바닥만 내려다보았다. 눈치채지 못했고 눈치채지 못한 척했다
> ― 김은후, 「어처구니 보고서」 부분(『우리詩』 2021년 10월호)

도대체 어디서부터 꼬인 것일까. 인류의 안녕을 위해 필요충분조건을 채우고도 남을 만큼 발전시킨 과학이지 않은가. 그런데 단숨에 "보이지 않는" 바이러스에 제압당하고 오히려 그 원흉으로 내몰리게 되기까지 겨우 2년

남짓의 시간밖에 걸리지 않은 과학의 실체는 무엇인가. 산업혁명을 추동한 저 18세기("Ea18c")의 "증기기관차"가 "반란의 씨앗"을 품고 달려와 문명에 대한 회의와 비판이 일기 시작했던("눈치채지 못했고 눈치채지 못한 척"한) 20세기 중반을 관통한 후 21세기("Ea21c")의 초입에서 쿠데타라도 일으켰다는 것인가. "박쥐"와 "천산갑"은 우리가 직면한 재난에 있어 단지 조연에 불과하다는 것인가.

> 이 모든 종말과 파멸의 주범은
> 산불도 폭염도 미세먼지도 오존층도 아닌
> 태풍과 토네이도와 사라져가는 종다양성도 녹아가는 빙하도 아닌
> 박쥐도 천산갑도 멧돼지도 고양이도 아닌
> 사스도 메르스도 에볼라도 코로나19도 아닌
>
> 진실과 오랫동안 비대면해온
> 인간 그 스스로이다
> 우리가 끝내 우리의 유한한 삶과
> 무한한 세계에 대한 무한한 무지에 대해
> 인정하지 않는 한 도미노처럼 쓰러져가는
> 세계의 재난은 끊이지 않을 것이며
> 파국은 멈추지 않을 것이다
> ─송경동, 「비대면의 세계」 부분(『창작과비평』 2021 봄호)

세계는 현상과 본질로 이루어졌다. 이 시의 제목은 이 두 가지를 중의적으로 포괄한다. '비대면의 세계'에서 현상이란 비대면 강의, 비대면 진료, 비대면 공연에서처럼 얼굴을 마주 대하지 않고 진행하는 어떤 상황들의 총체다. 반면 본질이란 "인간"이 "진실과 오랫동안 비대면해" 왔다는 것, 곧 인간 자신과 비대면한 결과로서의 최종 원인이 인간이라는 사실을 가리킨

다. 시에 의하면, "인간"은 본질이 원인이 되어 현상이 발생한다는 사실을 "인정하지 않"고, 오히려 현상이 원인이 되어 현상이 발생한다는 식의 논리적 오류를 범하고 있다. 즉 "산불"에서 "코로나19"까지의 현상들이 "이 모든 종말과 파멸의 주범"이라고 책임을 미룰 뿐, 그 원인과 책임에서 "인간"을 제외한 채 인간을 직시하는 걸 회피하고 있다는 것이다. 우리의 삶은 "유한"하고, 우리는 "무한한 세계에" 대해 "무한"하게 "무지"하다는 사실을 "인정하지 않는 한" "세계의 재난"과 "파국"은 "끊이지"도, "멈추지"도 않을 것이라고 시는 경고한다.

현재 바이러스는 변이를 거듭하며 전혀 새로운 종으로 진화함으로써 예전의 세계로 돌아가려는 인간의 수고를 무위로 만들고 있다. 정책적으로 '위드 코로나(with korona)'가 선택되었지만, 바이러스의 진화가 우리를 어디로 데려갈지는 미지수다. 더불어 인간의 삶과 동행하는 시의 행로도 우리는 예측할 수 없다. 그러나 시의 본령이 "재난"과 "파국"을 반복 재현하는 "재난"과 "파국"은 아니라는 것만은 엄연한 진실이다.

질병관리청의 어투를 빌려, 주의와 당부의 말씀 드리며 이상으로 2020년 하반기부터 2022년 2월까지 생산된 시들에 대한 비정례브리핑을 마치겠다. 코비드-19 시대에 '마스크를 쓴 시'를 쓰신 모든 시인과, 이 글에 영감을 준 25편의 시, 그리고 이 글을 읽어주신 분들께 감사한다.

제3부

약속, 마음, 육체라는 신화

권기선 「국경」, 김중일 「마음의 잠」, 김륭 「검은 기린」

1.

〈타이타닉〉(1997)에서 개인적으로는 노년의 로즈(글로리아 스튜어트 扮)가 문제의 블루다이아몬드 목걸이를 탐사선 위에서 바다에 떨어뜨리는 장면이 가장 인상 깊었다. 1912년에 침몰한 타이타닉호는 거의 전설이 되었다가 1985년이 되어서야 4,000m의 해저에서 두 동강이가 난 채 발견되는데, 영화는 어느 선실의 금고에서 발견된 (가상의) 누드화에서 여인의 목에 걸렸던 목걸이를 상상력의 축으로 삼는다. 오로지 목걸이를 찾기 위해 꾸려진 탐사선에 올라 과거를 진술 — 이 영화의 스토리다 — 함으로써 그녀는 그들을 변화시켰다. 낭만적으로 로즈(케이트 윈슬렛 扮)와 잭(레오나르도 디카프리오 扮)의 사랑에 압도당해서든, 현실적으로 목걸이가 침몰선에 있지 않다는 사실을 확인해서든, 그들이 보물을 포기하자 그녀가 취한 행동이 바로 목걸이를 바다에 던진 일이다. 이로써 목걸이는 지상에도 해저에도 없게 되었다. 목걸이는 영원히 봉인된 것이다. 이때 둘의 사랑도 함께 봉인되어 훼손되거나 오염될 리 없는 영원불변의 시간대 속으로 던져졌다.

시간성에 관해서라면, 또 하나의 이야기가 있다. 에즈라 파운드에게 헌정한 『황무지』의 제사(題詞)에서 엘리엇은 "한번은 쿠마에서 나도 그 무녀(巫女)가 조롱 속에 매달려 있는 것을 직접 보았지요. 애들이 '무녀야 넌 뭘 원하니?' 물었을 때 그네는 대답했지요. '죽고 싶어.'"라는 '트리말키오의 향연'¹을 인용했다. 희랍의 식민지였던 이탈리아 쿠마에서 이 무녀는 아폴로 신에게 손안에 든 먼지만큼의 장수를 청하면서 젊음도 달라는 말은 잊었기에 늙고 메말라 새처럼 작아진 채 조롱에 갇혀 아이들의 구경거리 신세가 되었다. 영생을 소원했던 그녀가 죽음을 소원하게 된 아이러니. 세속의 이야기지만 신화가 된 것이 로즈의 시간성이라면, 신화 속 이야기지만 세속이 된 것이 무녀의 시간성이다.

다시 〈타이타닉〉으로 돌아와서. 로즈의 목걸이는 사실 칼(빌리 제인 扮)로부터 받은 약혼 선물이다. 그렇다면 목걸이를 중심으로 삼각관계가 형성된다. 칼과 로즈는 약혼 관계이고, 로즈와 잭은 연인 관계이며, 잭과 칼은 연적 관계이다. 잭과 로즈의 관계에서 목걸이는 물신화된 약속의 징표이고, 로즈와 잭에게서 그림을 경유하며 그것은 사랑의 징표가 되며, 잭과 칼의 관계를 경유하며 그것은 회수되어야 하는 칼의 재산으로서의 징표가 된다. 목걸이를 선물함으로써 목걸이와 로즈를 함께 소유하려던 칼의 심중이 밝혀진 것이다. 칼이 탐한 로즈나, 쿠마의 무녀가 탐한 영생은 세속적 욕구라는 점에서 닮은 꼴이다. 그리하여, 약속의 안팎으로 세속과 신화라는 두 종류의 시간이 흐른다. 약속의 밖에서 칼과 무녀는 소멸하지만, 약속의 안에서 로즈와 잭의 젊음은 변하지 않는다.² 로즈가 현실 속에서 노년이 되었다

---

1 1세기 로마 네로 황제의 궁정시인이었던 페트로니우스의 『사틸리콘(Satyricon)』에서 술 취한 김에 주인 트리말키오가 술친구들을 압도하려는 의도로 과장한 48장 이야기. T.S. 엘리엇, 『황무지』, 황동규 역, 민음사, 1991년 9판, 20쪽의 '주(註) 1' 재인용.
2 권혁웅은 약속으로 결속된 사건의 영원성이 시간의 정지를 뜻하고, 그 사건 바깥의 시간은 무심하게 흘러갈 수밖에 없다는 사실을 '시간의 낙차'로 규명한 바 있다. 권혁웅, 『몬

고는 하나 그녀의 시간대는 죽은 잭의 젊음에 묶여 있다. 그녀만이 봉인된 시간의 빗장을 열고 잭에게로 갈 수 있다. 영화의 마지막 장면에서 부식된 침몰선의 문을 밀자 펼쳐지는 타이타닉호의 화려한 과거 풍경이 로즈에게는 반복되고 또 반복되는 생생한 현재적 사건이다. 로즈의 기획을 통해 제임스 카메론 감독이 재현한 것은 아마도 신화의 이러한 현재성이었을 것이다.

2.

조금 늦는다는 너를 기다리다, 눈앞에 보이는 것들을 붙잡고 싶었다. 얼마 남지 않은 영화의 끝이 이대로 흘렀으면 해서 입김 같은 미련이 주인공을 옥죄지 않았으면 해서

어떤 흐름에는 각자에게 사랑이 있었다. 비를 맞으며 걷는 그와 그녀가 아름답게 보인 이유였다. 카페 안은 마주 앉은 사람들로 가득하고

영화의 한 장면에서 멈춘 지금

눈에서 행복이 보인다고 말하고 싶었다. 그러나 어떤 날의 트랙 위에선 서로에게 험한 말이 되었고

어떤 나라의 국경에선 사람들이 물대포를 피해 달아나고 있다.

그런 기사를 읽고 보낸 오전이어서 지금 내가 멈춘 두 사람의 발자국, 서로를 이해해서 헤어지는 방향에 차곡차곡 무너지고 마는 것이다.

스터 멜랑콜리아』, 민음사, 2011, 35쪽.

옆자리에 앉은 연인은 한 달 후의 휴가와 일 년 뒤의 여행을 얘기하고, 나는 너를 데리러 가야겠다는 생각,

어제 우리가 다툰 시간의 끝이 이별이 아니었으면 해서
영화를 멈춘 이유가 사랑을 지속할 힘이었으면 해서
— 권기선, 「국경」 전문(『예술가』 2020년 가을호)

    영화와 현실의 차이점은 전자가 극점으로 치달을 때 후자는 일정 시점에서 멈춘다는 점이다. 전자가 승화, 아니면 파국으로 이행할 때 후자는 타협의 지점을 갖는다. 전자가 이드(Id)나 슈퍼에고(Super Ego)의 면목을 보여줄 때 후자는 대체로 에고(Ego)의 현실감각을 작동시킨다. 문학과 현실의 관계도 마찬가지다. 문학이 인간의 본성을 적나라하게 드러낼 때 현실은 그것을 은폐한다. 문학이 미추를 길어 올릴 때 현실은 도덕을 외재화한다. 문학이 세속에서 신화의 시간대를 지향할 때 현실은 신화를 세속의 시간대로 끌어내리려 한다. 세속과 신화 사이에서 길항하며 약속이나 사랑도 그 어느 쪽인가로 당겨진다. 당연한 말이지만 시적 상황은 현실이 아니다. 현실을 반영하긴 해도 가공되고 객관화된 지적 공간이다. 그렇다고 하여 시적 상황이 비현실이라는 얘기도 아니다. 시는 정처 없지만, 닻을 내릴 자신의 항구를 갖고 있다.
    영화를 '액자형 시'의 소품으로 사용하면서 「국경」은 시간에 대항하고 있다. "얼마 남지 않은" 종착지인 "이별"을 향해 "차곡차곡" 흘러가고 있는 "영화"의 연출자이자 출연자는 "입김 같은 미련"으로 "주인공을 옥죄지 않"으려는 '나'의 에고이다. "내"가 "물대포"와 같은 폭력의 주체일 수도 있다는 이타적 자각과 "서로를 이해"하기 때문이라는 합리적 이유가 그 근거이다. 그러나 창밖으로는 "비를 맞으며 걷는 그와 그녀"가 보이고, "카페 안은 마주 앉은 사람들로 가득"한 "영화의 한 장면에서" "내"가 잠시 "멈춘" 것은

'비를 맞으며 걷던 너와 나', '카페에서 마주 앉아 있던 너와 나'가 환기되어서일 것이다. 다른 이들에게도 "아름답게 보"였을 '너와 나'의 한때라는 과거의 시간과, "한 달 후의 휴가와 일 년 뒤의 여행을 얘기"하는 "옆자리에 앉은 연인"의 미래의 시간은 모두 한 지점, '우리 사귀자'라거나, '사랑해'라는 첫 약속에서 기원한다. "영화를 멈춘" 것은, "어제 우리가 다툰 시간"이라는 사소함 때문이 아니라 첫 약속으로부터 "지금"을 지나 이후의 시간을 운동할 "사랑을 지속할 힘"을 다시금 발견했기 때문이다. 구명선에 구조된 로즈가 잭을 찾기 위해 침몰 중인 타이타닉호라는 사지로 다시 몸을 밀어 넣는 순간의 위대함은, 정도의 차이가 있고 비유적이기는 하지만, 연애의 세계에서는 항용 있는 일이다. 그것을 목숨을 걸고 "국경"을 넘는 일에 비견할 수 있을까. 영화는 그것을 한두 가지 사건으로 집약하고 클로즈업해서 장엄하게 보여주지만, 일상은 순간의 연속이고 전체 그림을 알지 못한 채 들고 있는 낱낱의 퍼즐 조각이다. 「국경」은 연애의 매 순간이 "국경"을 넘는 일에 비견될 수 있다고 말하고 있다.

3.

  물론 앞에서의 신화적 시간은 역사시대의 시간 개념이 아니라 세속적 시간과의 유비로 사용되었다. 처음의 약속이 지켜지는, 지키려는 자들이 구별해 둔 신성한 시간으로서, 그러나 이때의 신화적 시간은 역사시대라는 시간대와 세속적 시간대에 함께 거주하며 자연이나 인간, 사회와 삶의 기원에 관한 원형을 제시해주고 있다. 인간의 의식이나 행동의 기원을 밝히려는 시도가 시의 세계에서 무수하게 이루어지는 것은 신화적 시간에 대한 시인의 주체적·자발적 헌신의 소산이 아닐까. 마음에 대한 탐구도 그중 하나이다.

어느 날 마음이 잠들어 있는데 친구가 찾아왔다
마음도 없이 문을 열어주었다

때마침 깜박 마음이 잠들어 있는데 애인에게 전화가 왔다
마음도 없이 길게 통화했다

늘 깨어 있는데 하필이면 잠들어 있을 때 그런 오해를 살 만한 일들이 있다고 해명해도
그런 소리 말고 평소에 마음을 좀 흔들어 깨워보라는 친구의 간곡한 충고에
때마침 깨어 있는 마음을 보란 듯이 또 흔들어 깨워본다
내 순한 마음은 가만히 있다가 불시에 얻어맞은 기분이 된다

그러기를 수차례 차라리 마음은 이제 거의 잠들어 있다
(깨어 있는데 누가 흔든다고 또 깰 수는 없으니)
흔들면 언제든 깰 수 있게, 잠들어 있다
그러나 그런 일은 위험하다
자칫 크레바스처럼 좁고 깊은 잠에 빠지면, 마음은 영원히 눈을 뜨지 못할 수도 있다

하지만 그것보다 더 위험한 일이 있다
이를테면,

마음은 지금 한창 꿈을 꾸고 있다
마음에 꼭 맞는 다른
몸을 얻는 꿈을

꿈일 뿐인 꿈을 꾸기 시작하면 마음은 제 몸에 마음 붙이지 못하게 된다
불가능한 일이다, 어차피 마음에 꼭 맞는 단 하나의 몸 따위는 애초에 어디에도 없다
그래서 우리는 죽은 누군가의 몸에 대해 애써 기억하고

하물며 신도 제 마음을 수십억 개로 찢어, 인간이라는 몸을 나눠 입혔으니

흔히 알 듯 마음의 잠은 죽음이 아니다
단 한 벌이던 몸은 깨끗이 세탁되고
세상을 덮을 솜이불로 지어지는 중인 죽은 이들의 마음에,
한 조각의 내 마음을 기워 붙이는 일이다
다만
마음은 이 순간에도 새로운 모양으로 계속 태어나므로
우리 마음의 잠은 영원히 완성되지 않는다
― 김중일, 「마음의 잠」 전문(『작가들』 2020년 여름호)

　실체를 알 수 없는 "마음"의 움직임이 인간의 세계를 관장하고 있다. 생각, 정신, 이성, 감정, 감성, 성정, 심정, 영혼, 지·정·의, 정념 등의 용어들이 모두 "마음"에 걸쳐져 있되 "마음"을 가시화하는 데에는 번번이 실패한다. 그래서 "마음"은 "마음"이라고 할 때 가장 "마음"답다. 살아 있으므로 그것은 다른 "마음"에 가 닿아 또 다른 움직임을 일으키며 현상적으로 복잡다단해지지만, 「마음의 잠」은 "마음"의 기원을 향하고 있다는 점에서 심플하게 신화의 트랙에 올라선다.
　태초에 마음이 있었다. 「마음의 잠」에 의하면 인류란, "신"이 "제 마음을 수십억 개로 찢어" "몸을 나눠 입"힌 인간의 총체를 일컫는다. 인간의 몸 하나마다 신의 마음이 들어 있다. 인간에게 "마음에 꼭 맞는 단 하나의 몸 따위"가 "애초에 어디에도 없"을 수밖에 없었던 이유는 이렇게 해서 해명이 된다. "마음의 잠"이 신화의 시간대에 속하는 이유는 그것이 "죽은 이들의 마음에/한 조각의 내 마음을 기워 붙이는 일"로서 "신"의 "마음"을 수행하고 있기 때문이다. "죽은 이들의 마음"과 살아 있는 "내" "마음의 잠"이 짓고 있는 "세상을 덮을 솜이불"의 용도는 말 그대로 살아 있는 자들의 "마음"의 추위를 막아주는 것일 테지만, "다만/마음은 이 순간에도 새로운 모양

으로 계속 태어나므로" "솜이불"은 늘 부족하여 "우리 마음의 잠은 영원히 완성되지 않는다". 그런데 한편에서는 다른 시간이 흐른다. 세상은 "마음"이 "늘 깨어 있"어야 한다고 믿는 곳이다. "늘 깨어 있는데 하필이면 잠들어 있"는 것을 "친구"나 "애인"이 보면 난리가 난다. '나"의 "해명"은 듣지도 않고 "친구"는 "평소에 마음을 좀 흔들어 깨워보라"고 "간곡한 충고"까지 한다. "(깨어 있는데 누가 흔든다고 또 깰 수는 없으니)/흔들면 언제든 깰 수 있게, 잠들어 있"는 상황이 연출되는데, 이때의 "잠"은 "마음의 잠"이 아니라 '가짜 잠'이어서 "크레바스처럼 좁고 깊은 잠에 빠지면, 마음은 영원히 눈을 뜨지 못할 수도 있다". 깨어 있어도 안 되고 잠들어도 안 되는 아이러니가 인간의 조건이 된다. "더 위험한 일"은 "마음에 꼭 맞는 다른/몸을 얻는" "꿈일 뿐인 꿈을 꾸"는 것이다. 마치 몰락한 가문을 일으켜 세우기 위해 딸(로즈)을 명문가(칼家)에 정략 결혼시키려는 로즈가(家)의 야망처럼.

4.

이를테면, "단 한 벌이던 몸은 깨끗이 세탁되고/세상을 덮을 솜이불로 지어지는 중인 죽은 이들의 마음에,/한 조각의 내 마음을 기워 붙이는 일이다"에서와 같이 「마음의 잠」은 몸이 마음에 부양한다. 반면에 다음의 시는 좀 더 감각적으로 몸, 곧 육체에 집중한다.

> "이 육체 속에서 우리는 무얼 한단 말인가." 내 옆 침대에서 누울 준비를 하고 있던 사람이 말했다. ─ 안토니오 타부키, 『인도 야상곡』

영혼을 다 써 버린 후 검은 연기처럼, 다

언젠가는 돌아올 것이다 나는, 내 몸이 어떻게 지내는지

당신이 지새는 밤과 어떻게 섞이는지 보려고

내가 없는 내 죽음도 보일지 몰라 하얀 침대시트를 함께
말았던 당신의 죽음 또한

그러나 지금은 자는 게 좋겠다고
선반 위에 올려놓은 130g 햇반처럼 납작해지는
별, 하얀, 검게 그을리기 좋은

문득 배가 고프다는 생각이 들면 당신 또한 돌아왔다고
나는 다 써버리지 못한 울음으로 가만히
두 눈을 꺼트릴 것이다

없는 아름다움도 막 팔아먹을 만큼 우린 참

식물적으로 아팠지, 이런 문장 하나쯤은 서로의 입에
넣어 줄 수 없을까?

다시 돌아올 수 없는 여행을 떠나듯
검게 부러져 가는 서로의 목을
베개처럼 껴안고

나는 왜 자꾸 눈사람 머릿속이
검다는 생각이 드는 걸까

— 김륭, 「검은 기린」 전문(『시인수첩』 2020년 가을호)

    창밖에 "눈사람"을 세워놓았는지 모르겠다. 혹은 누군가 만들어놓은 "눈사람"이 거기에 있었던지도. "하얀 침대시트를 함께 말았"듯 "당신"과 함께 굴리던 "눈사람"이었을 것이다. "눈사람"은 "영혼을 다 써 버"려서 "검은 연

기"로 가득 찬 "머릿속"으로 미래시제로 생각했던 과거를 회상한다. "나"는 "눈사람"과 동일시되고 있다. "언젠가는 돌아올 것이다 나는, 내 몸이 어떻게 지내는지/당신이 지새는 밤과 어떻게 섞이는지 보려고" "돌아"왔고, 지금 "보"고 있다. "지금은 자는 게 좋겠다"는 생각을 하는, "선반 위에 올려놓은 130g 햇반처럼 납작해지는/별, 하얀, 검게 그을리기 좋은", "문득 배가 고프다는 생각"을 하는, "다 써버리지 못"해 아직도 남아 있는 "울음"이 "두 눈을 꺼뜨"리는 "내"가 보인다. 생각은 몸의 감각으로 생생하게 환원된다. "없는 아름다움도 막 팔아먹을 만큼 우린 참//식물적으로 아팠지, 이런 문장 하나쯤은 서로의 입에 넣어 줄 수 없을까?"라고, 한 발만 물러서면 알 수 있는 미래적 깨우침을 앞당겨 느끼며, "다시 돌아올 수 없는 여행을 떠나듯/검게 부러져 가는 서로의 목을/베개처럼 껴안고" 있는 "나"를 보는 "눈사람"을 "내"가 보는 순환구조로 펼쳐지고 있는 것이다.

과거와 현재와 미래라는 입체적 시간이 현재라는 평면에 그려낸 것은 "이 육체 속에서 우리는 무얼 한단 말인가."라는 절망의 포즈다. "없는 아름다움도 막 팔아먹을 만큼 우린 참"이란 감탄문과 "식물적으로 아팠지,"라는 평서문 사이의 여백에서 들끓으면서 "식물적으로 아팠지,"를 대체할 수 있는 것은, 이를테면 '황홀하게 타올랐지'나 '사랑 때문에 고독했지' 따위의 신파적 사유로는, 없다. 「검은 기린」에서 "육체"는 "영혼을 다 써 버린 후"에도 사물을 감각하는 방식으로 사유한다. 신화의 언어적 질감이 지면 위에 양각된다.

5.

몸과 마음은 철학의 오랜 주제이기도 하다. 마음이라는 형이상학의 줄기가 오랜 독주를 하는 동안 침묵의 세계 속에 거주하였던 몸이 발언하기 시작한 것은 스피노자 이후로부터 메를로-퐁티에 도달한 지점 정도일 것이다. 신화 역시 오랜 시간 동안 문헌이나 예술작품 속에 위리안치되어 '보호' 받고 있었던 것이 사실이다. 그러나 신화가 우리 삶을 풍성하게 해줄 것이라는 징후는 꽤 오래전부터 있어왔다. 소략했듯이 신화는 '약속'과 '마음'과 '육체'를 넘나들며 현재를 산다. 최근의 시들에 신화의 현재성을 겹쳐보면서 시의 다른 표정들을 발견하는 것은 의외의 기쁨이었다.

존재론적인 고통과 육체로 환원된 정신주의

박찬일 「마음에 대한 보고서 2 — 詩에 대하여」·「마음에 대한 보고서 11 — 육식에 대하여」·「알 수 없는 고통」·「소년」·「1990·내 밥」·「마음에 대한 보고서 3 — 감사에 대하여」·「마음에 대한 보고서 6」·「중앙SUNDAY — 서울, 포스터」·「마음에 대한 보고서 17 — 내 눈동자에 대하여」·「죽은 나무가 나무다」·「그가 나에게」·「이웃에 계신 하나님」·「바다를 두고 — 序詩」·「인류에 대한 관심」·「낮술」·「어머니」·「백설공주가 일곱 난장이와 자꾸 헤어진다」·「인류」·「돼지! 그리고 비디오」·「병 깊은 자의 노래」·「회복기의 노래 1」

1.

박찬일의 첫 시집 해설에서 김용민은 그의 시가 개인의 체험을 바탕으로 씌어지지만 궁극적으로는 세계 전체에 대한 인식으로 고양된다고 썼다(『화장실에서 욕하는 자들』). 정현기는 묵시록적 시 세계를(『나비를 보는 고통』), 엄경희는 구원될 수 없는 자의 존재 해명을 키워드로 꼽았다(『하느님과 함께 고릴라와 함께 삼손과 데릴라와 함께 나타샤와 함께』). 대다수 시인의 시가 단층적이며 수평적인 층위를 이루는 데 반해 그의 시는 수직적이며, 그것도 x축 위가 아니라 y축 위에서 움직인다고 밝힌 이는 최준이며(『인류』), 생애의 시간 어느 한 지점에서 성장이 멈춘 채 말과 형식 사이에 심혼을 기투하는 시인인 그가 아우슈비츠라는 심급으로부터 완벽하게 자유로울 수 있는 유일한 시적 형식을 찾아냈다고 선포한 이는 김석준이다(『중앙SUNDAY — 서울 1』). 둘 다 형식을 말하고 있는 것처럼 보이는데, 실은 최준은 생을 변수로 시간과 역사의 무수한 변곡점이 수직선상에 놓이는 시적 상황을 말했다는 것이고, 김석준은 산다는 것이 불길한 죽음이 쌓아올린 비가역적인 운동이라는 심혼의 기투 방식을 말했다는 것으로, 결코 분리될 수 없는 형식과 내용을 담보한다. 그리고 가장 최근 시집에서 그의 시에 나타난 죽음의 실존적 절박성과 긴박성을 죽음의 형이상학으로 규정한 이는 박순영이다(『아버지의 형이상학』). 박찬일의 시 세계에 대한 압축적 단서들은 그 중 해설을 싣지 않은 시집들의 자장까지도 흡인하는 듯하다. 만약 해설이 실렸다면,『나는 푸른 트럭을 탔다』는 죽음에 대한 연구서로,『모자나무』는 삶으로서의 죽음연습과 불안의식으로,『「북극점」 수정본』은 죽음의 기원에 대한 우주적 성찰로 소략할 수 있지 않았을까. 결국 박찬일의 시 세계를 관통하는 코드는 어떻게 해도 죽음과 신(神)으로 귀결된다. 죽음이라는 형이하학이 신이라는 형이상학으로 고양되는 통로가 그의 시의 생산라인이다. 그 사이를 고통이 전류처럼 흐른다.

2.

고독이 시의 질료라는 말, 오래된 전언이다. 루소도 칸트도 고독과 동행하며 철학적 사유를 시처럼 풀어냈다.『고독한 산보자의 꿈』이나『순수이성비판』의 문장이 아름다운 것은 그것이 고독의 산물이기 때문에 한층 그렇다. 그런데 우연인지 필연인지 박찬일은 그의 시집 아홉 권을 통틀어 단 한 번도 고독이란 단어를 사용한 적이 없다. 아포리즘의 목록에서도,『중앙SUNDAY』 신문을 콜라주한 시들에서도 마찬가지. 심지어 고독이라는 제스처를 보여주거나 고독의 뉘앙스를 풍긴 적도 없다. 대신 그의 시에서는 '고통'이 난무한다. 고통은 고독의 향기와 우아미를 잠식하고, 고독의 정신주의를 육체로 환원시킨다. 구(句) 형태로 굳어진 '존재론적인 고독'을 전복한 자리에 그는 박찬일식의 '존재론적인 고통'을 구축하였다. 그로부터 철학, 삶, 죽음이라는 관념은 우리의 현실을 부조하는 구체적인 감각이 된다.

내가 시를 쓰는 것은 머리가 아프기 때문이었다 시에 있으면 적이 안심이 된다 머리가 아프다고 시가 나무라지 않는다 머리가 아프다고 시가 해고하지 않는다

시에서는 머리가 아프다고 얘기할 수 있다 머리 아픈 것도 世界다 머리 아픈 세계도 詩라고 말할 수 있다

시에 있다고 머리 아픈 게 사라지는 것은 아니지만 머리 아픈 게 사라졌으면 좋겠다
— 「마음에 대한 보고서 2 — 詩에 대하여」 전문

그의 자의식은 삼중고를 겪고 있다. 세계로부터의 소외가 첫 번째요, "머리 아픈" 것에서 벗어날 수 없는 운명적인 굴레가 두 번째다. 시인에게는 두 세계가 있다. 시라는 한 세계와 세상이라는 또 한 세계가 그것이다. 시와 세상은 대립한다. 시는 그를 "나무라지 않"고 "해고하지 않는" 세계이지만, 한편 "머리 아픈" 세계다. 세상은 그 반대다. 세상은 그를 "나무라"고 "해고하"지만, "머리 아프"지 않은 세계다. 왜 머리가 아프고, 왜 머리가 아프지 않은가. 이는 "인간밖에 안 되므로, 소가 소에 처해 있듯 돼지는 돼지에 처해 있듯 개는 개에 처해 있듯 닭은 닭에 처해 있듯 나는 나에 처해 있"(「마음에 대한 보고서 11 — 육식에 대하여」)다는 자의식이 시에는 있고, 세상에는 없기 때문이다. 고작 '인간밖에 안' 된다는 자의식이 그의 세 번째 고통이다.

시의 시초부터 고통은 그의 시의 질료였고("내가 시를 쓰는 것은 머리가 아프기 때문이었다"), 위무였고("머리 아픈 세계도 詩라고 말할 수 있다"), 기원("머리 아픈 게 사라졌으면 좋겠다")이었다. 이 대목에서 '이 잔을 지나가게 해주소서'라는 예수의 기도가 떠오르는 것은 고통의 강도와 기원의 진정성 때문이다. "고통의 비밀 통로의 처음을 찾는 것은/뇌세포 하나하나를 열어보는 것과 같으므로/통증에 고스란히 몸을 맡기는" 수밖에 도리가 없었을 것이다. '뇌세포

하나하나를' 어찌 '열어보'겠는가 말이다. 그럼에도 "없다가 새로 생기는 것 중에서/통증만한 것"은 없으며, "그것을 날라주는 비밀 통로만한 것" 역시 없다는 자각이나, "알 수 없는 고통만큼 고통스러운 것이"(「알 수 없는 고통」) 없다는 자각은 독자로 하여금 그의 고통의 기원을 추적하지 않을 수 없게 한다. 시인이 느끼는 정도까지는 아니지만, 그의 시를 읽는 독자 역시 '고통의 비밀통로'를 고통스럽게 추경험하기 때문이다.

> 소년 하나가 횡단보도 앞에 서 있었네
> 사람들이 다 건너가도 그 자리에 서 있었네
> 지금도 그 소년이 생각나네
> 세월이 갔어도 소년은 그 자리에 서 있네
> ―「소년」 전문

횡단보도를 건너오지 않고 그 자리에 서 있는 '소년'과 횡단보도에 소년을 남겨두고 건너와 오랜 세월을 보낸 후 소년이 아직도 그 자리에 있는 것을 생각하는[보는] '나'는 동일인이다. 그러나 '소년'과 '나' 사이에 있는 '횡단보도'를 단순히 세월에 대한 은유라고 하기에는 '소년'의 모습이 너무 단호하다. 여기에서 세계는 다시 두 갈래가 된다. '소년'이 속한 세계와 '소년'에 대비되는 '나'가 속해 있는 세속의 세계가 그것이다. '나'의 세계는 앞서 언급한 그의 세 번째 고통, 곧 '인간밖에 안' 된다는[인간에 불과하다는] 자의식과 직렬로 연결된다. 그리하여 "가장 좋은 과거"(「1990 · 내 밥」)로서의 '소년'은 '나' 속에서 고통의 진원지가 된다.

3.

범사에 감사하라 ― 데살로니가 전서 5장 18절 말씀. 이것은 자기 자신에게 이익이 되기 때문에 많이들 좋아한다. 범사에 감사하게 되면 마음이 편안해지고 마음이 편안하면 남들보다 오래 사는 걸 알기 때문이다. 마음을 편하게 잡수시지요, 라고 말하는 의사 선생님. 의사 선생님들이 누구신가.
　한마디로, 감사하면 좋은 것이다. 감사하지 않으면 안 좋다. 일찍 죽을 수 있으니 손해만 본다.

　원수도 사랑하면 좋다. 원수보다 오래 살아야 하기 때문이다.
　　　　　　　　—「마음에 대한 보고서 3 — 감사에 대하여」 전문

　한국에서 한국 사람과 태국 사람이 권투를 할 때, 혹은 한국 팀과 일본 팀이 축구를 할 때, 한국이 한국을 응원하는 것을 이해할 수 없다. 멀리서 온 손님보고 지라고 한다. 대놓고 지라고 한다. 나는 한국을 응원 안 하고 외국을 응원한다. 마음속으로, 외국이 이기면 기뻐하고 외국이 지면 슬퍼한다.
　　　　　　　　　　　　　　　　　—「마음에 대한 보고서 6」 전문

　박찬일의 시에서 '소년'의 어조가 나올 때 그것은 대부분 기존의 관습 체계를 기롱하기 위한 것이다. 논리적이지만, 이것은 '소년'의 논리로, 표면상으로 단순함과 무지가 무기다. "범사에 감사하라"는 성경 구절을 사람들이 좋아하는 이유는 "자기 자신에게 이익이 되기 때문"이라는 것이며, 그 연장선에서 '소년'은 "원수"를 "사랑하면 좋다"고 권유까지 한다. 이는 성경이 권유하는 타자에 대한 사랑으로 '원수를 사랑하라'는 이유와 결이 다르다. "원수보다 오래 살아야 하기 때문"이라는 자기 이익적 차원이기 때문이다. 또한 '소년'은 "권투"나 "축구"의 홈경기에서 "한국이 한국을 응원하는 것"은 "멀리서 온 손님보고" "대놓고 지라고" 하는 처사로서 예의가 아니라고 주장한다. 자기 혼자만이라도 "외국을 응원"하고, "외국이 이기면 기뻐하고 외국이 지면 슬퍼한다"는 '소년'의 논리는 '횡단보도' 건너편의 '나'의 관습적인 태도보다 우월하다. "냉소와 반어를 이해할 줄 모르고 거짓말과 비밑에 발을 동동 구르는 연약한 少年"(「중앙SUNDAY — 서울, 포스터」)이기도 한 '소년'은 알라존의 어조를 빌리고 있지만 에이론의 지혜로 말하고 있는 것이다. '소년'의 즉물적 사고는 역설의 파장을 거느리고 '나'를 지배한다.

> 파멸을 부르짖는 속삭임 파멸을 부르짖는 속삭임이 들릴 때마다 짧게 짧게 숨을 들이마셨으나 악마가 좋아하는 일을 하였으나 악마가 좋아하는 일은 하지 말라는 계시가 들려 파멸을 부르짖는 속삭임 파멸을 부르짖는 속삭임이 들릴 때는 기꺼이 파멸하기로 했네 숨을 스톱시키기로 했네 파멸의 향기로움으로 부푼 눈동자, 아 파멸을 질질 흘리기로 했네
> ―「마음에 대한 보고서 17 — 내 눈동자에 대하여」 전문

"계시"가 있다. "악마가 좋아하는 일은 하지 말라"는 것. '악마가 좋아하는 일'은 "파멸"하지 않게 "짧게 짧게 숨을 들이마"시며 생을 연명하는 것인데, "계시"는 "파멸을 부르짖는"다. '나'는 "계시"에 따라 "파멸하기로" 하고 "숨을 스톱시키기로" 한다. "살아 있다는 것은/졌다는 것이다./다시 말할까./항복했다는 것이다./한 점의 살, 한 방울의 피까지 다 뺏겼다는 것이다."(「죽은 나무가 나무다」)와 같은 견지에서 승리한 "파멸의 향기로움으로" "눈동자"는 부풀고, '나'는 "파멸을" 자랑스레 "질질 흘리기로" 한다. 일반적이지 않은 상황이다. 그러나 부정적 어휘인 '파멸'은 "계시"로 인해 구원의 윤리가 된다. 그런데 학습 이전의 '파멸'의 개념으로 학습 이후의 '파멸'의 개념을 작파하면서까지 '나'에게 "계시"를 주는 자는 누구인가.

> 내 속에 있는 그가
> 세 가지를 하지 말라고 말했다
> 첫째, 이를 닦지 말라
> 둘째, 세수를 하지 말라
> 셋째, 학교에 가지 말라

나는 그의 말을 들었다
이를 닦지 않았으며 세수를 안 했으며
학교에 가지 않았다
세상을 바꾸는 데 많은 것이 필요치 않다고
그가 말했다
나는 끄덕였다 세상을 바꾸는 것은 쉬운 일이었다

내가 바뀌니까 세상이 바뀌었다
내가 바뀌지 않으면 세상이 바뀌지 않는다
고 그는 말했다

그런데, 세상을 왜 바꾸려는 거요?
하고 내가 물었을 때
그는 "나는 왜냐고 물어도 되는 족속이 아니다"
라고 대답했다

―「그가 나에게」 전문

 규범으로 질서화된 사회 체제 속에서 "이를 닦지" 않고, "세수를 하지" 않고, "학교에 가지" 않는 것은 도태 혹은 자멸의 다른 이름이다. 그럼에도 "그의 말을 들었"더니 "내가 바뀌"었고, "내가 바뀌니까 세상이 바뀌었다". 어떤 방향으로 바뀌었는지에 대한 단서는 없지만, 이는 앞의 시에서의 '파멸'과 조응한다. 그리고 "파멸을 부르짖는 속삭임"은 조금 더 거슬러 올라가서 '소년'과 조응한다. '소년'은 이 시에서 "이를 닦지 말라", "세수를 하지 말라", "학교에 가지 말라"고 말한다. '나'는 순순히 "내 속에 있는" '소년'의 말을 따른다. 그러다 의심이 생겨 어른의 목소리로 "그런데, 세상을 왜 바꾸려는 거요?" 하고 되묻는다. 그러자 '소년'도 목소리를 바꿔 다른 존재로서 대답한다. "나는 왜냐고 물어도 되는 족속이 아니다"라고. '소년'의 대답은 "당신이 만들어놓은 감옥/우주의 꼬리지느러미 위에 앉아 감상하고 계시죠?/종말을 향해 유영하고 있는 거대한 물고기/(중략)/그래도 사랑하라고요? 네 이웃을 네 몸같이 사랑하라고요?/하느님을 사랑하라고요?/왜라고 물으면 안 되는 존재라고요?"(「이웃에 계신 하느님」)에서 '왜라고 물으면 안 되는 존재', 곧 '하느님'에 대한 금기와 겹쳐진다. 이 시에서 '하느님'은 그러나 존경과 경외의 대상이 아니다. '소년'의 위치에서 보면 '하느님'은 세속화된 '나'와 동일 인격이다. '나'가 '나' 이전의 '소년'으로, 종교화된 '하느님' 이전의 신으로 고양되는 문제가 죽음과 함께 고통스럽게 그의 시의 주조를 이루는 것은 그러한 연유에서다. 인간의 죽음 역시 '인류'의 문제로 확장되므로 그의 시가 '인류'를 경유하는 것은 당연한 수순이다.

4.

박찬일은 시집 『인류』의 「시인의 말」에서 이렇게 쓴 바 있다. "요즘 화두가 '인류가 기억될 수 있는가'이다. '인류를 기억해주는 종이 존재하게 될 것인가'이다. 6도의 악몽(지구온난화), 대멸종이 심심찮게 언급된다. 아직 인류는 300만 년이 안 되었다고 하는데, 공룡은 1억 5000만 년 이상 번성하였다고 하는데, 하긴 300만 년도 영원한 시간이고, 1억 5000만 년도 영원한 시간이다. 인간은 오래 존재하였다."

인간의 유한성을 모든 부조리의 근원으로 파악한 카뮈의 『시지프의 신화』에서 시지프는 반항을 통해서만 주어진 세계를 절대적으로 긍정하기 위한 절대적인 부정이 가능하다고 보았다. 세계의 절대적 긍정이 목적이고, 반항을 동반한 절대적 부정은 수단이 된다.

　　　　나는 거대한 바다 앞에 서 있네

거기에는 수억만 마리의 고기가 서 있네
신은 날 보고 그것을 전부 건져내라고 하네
하나하나, 하나하나.
그것도 시간을 얼마 안 주고 말이네

나는 한 마리 한 마리 건져내고 있네
당장 바다에 뛰어들 수 있지만
있는 시간만큼 건져내다가
죽기로 했네

—「바다를 두고—序詩」전문

　이 시에서 시지프의 그림자가 어른거리는 것은 어쩔 수 없다. "당장 바다에 뛰어들"어 한꺼번에 여러 마리를 "건져"낼 수 있지만, "하나하나, 하나하나."씩 "있는 시간만큼 건져내다가/죽기로" 하는 태도가 시지프가 한걸음, 한걸음 산정을 향해 바위를 밀어 올리는 모습과 고스란히 겹치기 때문이다. 이 거대한 반항은 그의 시집들의 후반부로 올수록, 특히 『인류』에서부터 더욱 가속화된다. 장수한다고 해도 100년을 넘기기 어려운 인간 존재로서 그는 왜 '인류가 기억될 수 있는가'와 같은 우주적 스케일의 거대 서사에 자신을 밀어 넣는 것일까. "인류가 스스로 기록하고 있다 하더라도/기록된 인류를 다시 기록하는 종이 있을 것인가/네안데르탈인을 돌칼로 발라먹었다는 현생인류/우리를 잡아먹는 종이 기록하는 종이 되어갈 것인가"(「인류에 대한 관심」)에서와 같이 인간이 멸종한 후를 예견하는 일이 왜 필요한 것일까.
　그가 "내가 죽으면/어머니를 記憶하는/나도 사라진다//살아야겠다"(「낮술」)라거나 "죽으니까, 어머니를 기억하는 내가 사라진다//(중략)//기억하는 어머니가 사라지시기 前/미리 죽어야겠다"(「어머니」)라고 하는 양가적 감정은 자신의 생애에만 가능한 번복이다. 그러나 니체적으로 그것은 영원회귀

한다.

> 신데렐라가 왕자를 다시 만나 행복하게 산다
> 계속 되풀이된다
> 인류가 존속하거나
> 인류를 기억하는 족속이 이어지면
> 한 번 原因이 있으면
> 신데렐라가 왕자를 다시 만나 행복하게 산다
> ─「백설공주가 일곱 난장이와 자꾸 헤어진다」 전문

　"原因"으로서의 자기 존재를 자각하는 '인류'의 등장이 중요한 것은 그러므로 정신주의에 속한다. 그러나 "우주의 가로가 짧고 세로가 긴/가장 큰 병원균"이기도 한 인간은 "어느 하늘 밑으로 가면/전지전능한 하느님이 계셔/그들을 박멸하실지 모"르는 상태에 속한 실존적 존재다. 이는 현실적으로도 가능한 시나리오로서 "살아 있을 만한 곳들이 다/A병동, B병동, C병동들로 불려지"(「인류」)게 되는 구체적 현실을 담보한다. "돼지처럼 죽는" "저수지의 개들"이나 "터미네이터"나 이런 류의 영화를 찍는 "샘 페킨파" 감독은 "돼지 죽음을 실내에서 매일매일 볼 수 있"는 "현대적 복"을 선사함으로써 인간을 "죽음의 두려움에서 조금이라도 벗어나"게 하고, "죽을 때 돼지보다 조금 낫게 죽"(「돼지! 그리고 비디오」)게 하는 일에 기여한다. '돼지처럼 죽'는 것이 우리의 "한 번 原因"이 되지 않기 위해서 인간에서 인류로 나아가야 하는 것이다.

5.

> 너같이 병 깊은 자 처음 보았다
> 병 모가지에 얼굴을 파묻고 한 번도 나오질 못했으니
> 노래가 병에 꽉찼으니
>
> 얼마나 풍요로웠는가 병이 깊어서
> 행복하지는 않았지만
>
> 병이 깊어서 얼마나 풍요로울 것인가
> 행복하지는 않겠지만
> 어찌 병을 부인할 수 있겠나
> 노래가 없을 수 있겠나
>
> ―「병 깊은 자의 노래」 전문

"병"은 '病'일 수도, '甁'일 수도 있지만 둘 다로 읽는 것이 '풍요'롭다. '병'과 '행복'은 양립할 수 없는 것이지만, "병이 깊어서 얼마나 풍요로울" 수 있는지는 "병이 깊어"본 자만이 말할 수 있다. 그런 자만이 "병에 꽉" 찬 "노래", '멜로디'를 말할 수 있다. 일찍이 그는 『중앙SUNDAY』와의 인터뷰에서 쇼펜하우어를 원천으로 하는 멜로디의 개념을 다음과 같이 설명하였다. "멜로디는 '이 세계는 왜 존재하는가' '왜 차라리 無가 아닌가' '인류는 과연 기억될 수 있는가'와 같은 질문에 대한 답으로, 우주의 가장 깊숙한 곳으로부터 들려오는 원초적인 목소리다." 그의 시집 속에는 무수한 '멜로디'가 돌출한다. "병 깊은 자"로서의 "풍요로운" "노래"들이 그것이다. 그리고 가장 최근에 그는 우연인 듯 「회복기의 노래」 연작을 우리에게 보여줬다.

내 주위에는 사람밖에 없다 사물은 존재하지만 존재하지 않는다 사람은 존재하고 존재한다 나를 잠 못 이루게 하고 상심에 젖게 한다 자존심이 상한다 왜 사람밖에 생각하지 않는 걸까 하고많은 것 중에 왜 그들만 오는 걸까 사람을 떠나고 싶다 사물과 함께 하고 싶다 아마 내가 사물이 된 후에나 가능할 것이다 나는 아직 사람단계에 있다 사물이 사람보다 강인하기 때문이다
─「회복기의 노래 1」 부분

그와 사물의 관계를 보여주는 이 시는 오래전의 사물과의 관계에서부터 크게 변화하였다. "나는 혼자 있을 때, 할 수 있는 것은 다하면서 사는 편이다 사물들이 있지만 개의치 않는다 그들은 나에게 무관심하다 화분에 있는 식물들도 그렇다 그들이 빤히 보고 있어도 나는 없는 것처럼 행동한다"(「마음에 대한 보고서 20 ─ 정신병자에 대하여」)던 그는 이 시에서 이제 "사물과 함께 하고 싶다"고 토로한다. 그러나 가능하지 않은 일이다. 그 자신이 "사물이 된 후에나 가능할 것"이라는 예측은 '회복기'의 환자처럼 힘이 없어 보인다. 그러나 이는 "사물이 사람보다 강인하"다는 것을 깨달은 자의 멜로디이다.

"병이 깊어"본 자이고, "아직 사람단계에 있"는 자로 자신을 진단한 그는 '소년'과 '죽음'과 '인류'와 '신'으로 자신을 부단히 운동시켜 왔다. 미개척지를 모험하는 그의 발걸음은 아직도 젊기만 하다.

신드롬과 징후[1]

밥 딜런, 서태지, 김경주

　한 사회의 문화 수준을 두껍다/얇다 · 깊다/얕다 · 높다/낮다로 구분할 수도 있을 것 같다. 경계가 명확한 것도 아니고 서로 넘나들기도 하겠지만 굳이 가깝기로 따지자면 두께는 역사에서, 깊이는 철학에서, 높낮이는 문학에서 획득된다. 인문학적 가치와 물신주의적 가치는 빗금의 앞뒤에서 대립한다. 교양의 유무가 인간됨의 기준이 되는 사회와 빈부가 그것의 기준이 되는 사회의 차이이기도 하다. 대체로 전통사회가 전자에 속한다면, 현대사회가 후자에 속한다. 이제 흥부의 착한 심성은 무능으로 평가되고, 놀부의 탐욕은 능력이 되는 사회가 되었다. 물질주의적 가치가 인문학적 가치를 압도할 때 정치적 부패와 패권주의가 그것과 손을 잡는다. 사통팔달 활보하는 신자유주의는 힘이 세다. 20세기에서 21세기에 이르는 동안 미국은 세계의 경찰 노릇을 그나마 정신적으로 지탱해주던 미국 정신을 버리고 물리적 힘을 앞세워 자국 이익주의로 선회했으며, 마찬가지로 영국과 프랑스는 보수화 대열에 합류했다. 징후는 추세가 되고, 추세는 패러다임이 된다. 교육의

1　이 글은 「밥 딜런의 시가 한국시에 요구하는 변화」로 발표됨.

목표는 수정되고 체제는 재편된다. 가치는 전도되고 인간은 사소해진다. 그러나 예외적 지점에서 시대의 물살을 거스르며 독자적인 행보를 하는 것은 사회도 어느 집단도 아닌, 빗금 앞쪽에 속한 언제나 강한 개인들이다.

2016년 스웨덴 한림원은 가장 강한 개인 중 하나인 밥 딜런을 노벨문학상 수상자로 결정하였다. 그는 1962년의 첫 앨범 〈밥 딜런(Bob Dylan)〉 이후 2012년 〈폭풍우(Tempest)〉에 이르기까지 정규 앨범만 30집 이상을 냈다. 빌보드 차트 1위에 오르고 그래미상을 수상했으며, '작곡가 명예의 전당'과 '로큰롤 명예의 전당'에 입성했고, 음악의 노벨상이라 불리는 폴라음악상과 퓰리처상을 수상했다. 전 세계 영향력 있는 가수 중 최소 두 번째[첫 번째는 비틀즈]에 꼽히고 있으며, 밥 딜런학(學)으로 번역되는 'Dylanology'와 딜런풍(風)으로 번역되는 'Dylanesque'의 당사자이기도 하다. 대학에서는 '딜런 시학'이 강의되었으며, 브레히트나 랭보와 묶이거나 상징주의 등의 주제로 그에 관한 박사학위 논문들이 이어졌다……. 조금만 품을 팔면 책이나 인터넷에서 쉽게 찾아낼 수 있는 정보들이다. 그러나 대다수의 한국인이, 심지어 미국인조차도 그의 수상 소식에 경악했다는 기사들이 흘러나왔다. 대중가수라는 그의 아이콘 때문이었다. 특히 문학에 몸담고 있는 창작자 중 일부는 문학적 우월감을 숨기지 않으며 집단의 목소리를 빌려 밥 딜런을 서둘러 폄하하기도 하였다. '언제 적 밥 딜런인가!' 6·70년대 그를 향유했던 세대조차 어리둥절해했다. 미국인이라는 어부지리가 스웨덴 한림원의 속물화와 맞물렸다는 속단까지 떠돌았다. 극소수만이 수상할 만하다고 고개를 끄덕였을 뿐이다. '극소수'와 '대다수', '가장 강한 개인'과 '일개 대중가수' 사이의 괴리를 봉합해서 길 끝까지 한번 가보는 것이 이 글이 지금부터 할 일이다. 밥 딜런은 과연 시인인가.

변화만큼 안정적인 것은 없다

　모든 것은 갑자기 이루어졌다. 우연한 기회에 짐 모리슨에 관한 책을 읽고 그의 노래 몇 곡을 들은 나의 일천한 경험을 뻔히 알고 있는 지인이 엉뚱하게도 밥 딜런에 대한 모처의 강의를 추천하였다. 밥 딜런의 노벨문학상 수상 결정 소식이 있은 즈음이었고, 강의 시작까지는 3~4개월의 여유가 있었다. '밥 딜런의 노래 가사에 나타난 시의 언어'란 주제로 강의를 준비하면서 다소 맹렬하게 밥 딜런을 듣고, 읽기 시작하였다. 밥 딜런에 관한 책들이 그 시기에 발맞춰 마치 필자를 위한 듯 숨 가쁘게 번역되어 나왔다.[2] 강의가 따분할 것 같았는지 강사의 실력이 암암리에 들통났는지, 수강생 부족으로 '다행히도' 그 강좌는 폐강되었다. 강의라는 강박이 해소되고 나니 오롯이 남은 것은 인간 밥 딜런이었다.

　그는 10세부터 시를 쓰기 시작했고 기타를 들었으며, 시집을 주로 읽었으나 그 외에도 역사, 정치, 문학, 전기, 철학, 미술, 의학, 인류학 등 다양한 분야의 독서를 했다. 21세에 데뷔하여 24세에 이미 많은 돈을 벌었고 전 세계적으로 유명해졌으나, 그는 단 한 번도 대중을 위한 음악을 만든 적이 없고, 자신이 만족하는 음악을 만들기 위해 멈춘 적이 없다. 그럼에도 밥 딜런의 노래를 들을 것인가, 아니면 읽을 것인가 하는 질문이 그의 생애 내내 고루 던져졌다. 이는 '들어야 한다'거나 '읽어야 한다'가 아닌, '듣고 읽어야

---

[2] 밥 딜런, 『타란툴라』, 공진호 역, 문학동네, 2016.; 밥 딜런, 『밥 딜런 — 시가 된 노래들 1961-2012』, 서대경·황유원 역, 문학동네, 2016.; 로버트 셀턴, 『노 디렉션 홈 — 밥 딜런의 삶과 음악』, 김지선 역, 크라운출판사, 2017. 그러나 그에 관한 기출판된 책도 많지는 않다. 밥 딜런 자서전인 『바람만이 아는 대답』(양은모 역, 문학세계사, 2005)과 마이크 마퀴스의 『밥 딜런 평전』(김백리 역, 실천문학사, 2008), 손광수의 『음유시인 밥 딜런 — 사랑과 저항의 노래 가사 읽기』(한걸음더, 2015) 외 서너 권 정도가 전부다.

한다'는 답변을 전제로 한 일종의 강조법으로 흔히 쓰였다. 한편으로 그것은 어느 하나가 우위를 차지할 수 없는 음악성과 문학성의 길항 관계를 드러내 주는 은유이거나, 음악과 문학이 팽팽한 긴장을 유지한 채 노래에서 한 몸이 되는 기이한 목격담을 간증하기 위한 글머리로도 쓰였다. 그의 부단한 자기 갱신과 변화에 대한 팬들의 응답 같은 것이었다. 대표적인 예가 그의 1965년이다.

시대의 변화를 감지(〈The Time They're A-Changin'〉)한 그는 로큰롤이 그 대안임을 직감하고 뉴포트 페스티벌에서 어쿠스틱 기타 대신 일렉트릭을 들었다.[3] 포크 음악이 "갈수록 상업적이 되어가"[4]는 것도 한 원인이었다. 당시 어쿠스틱 기타는 민권운동의 표상이었고, 밥 딜런은 "민권운동의 상징, 젊은 세대의 대변자, 1960년대의 가수"[5] 등으로 우상화되었다. 그러나 "나는 어떤 운동(movement)의 일부가 아닙니다. (……) 난 정말 다른 이들이 내 주위에서 이래라저래라 규정을 내리는 것을 견딜 수 없습니다."[6]라고 그는 강변한다. 그는 영웅에서 단숨에 정치적 변절자로 낙인찍혔으나 확고했다. "그때 나는 너무 늙었고/지금은 그때보다 훨씬 젊어"(〈My Back Pages〉)라는 노래처럼 그는 과거의 자신과 기꺼이 결별한다. "정치적 리더십을 거부한 딜런은 음악적 리더십을 떠맡았"[7]던 것이다.

---

3 그 변화란, 당시 미국에선 민권 중심의 저항이, 영국에서는 핵무기 폐지 시위가 일어났으며(1963), 미국 내 대규모 학생 시위의 자유 언론 운동(1964)이 이후 파리와 프라하(1968), 아테네와 방콕의 학생 소요(1973)의 전조가 된 흐름을 말한다. 이데올로기로부터의 해방과 내면의 자유를 갈구하는 그의 로큰롤은 번창할 수밖에 없었다. 로버트 셸턴, 위의 책, 321쪽.
4 위의 책, 321쪽.
5 손광수, 앞의 책, 42쪽.
6 위의 책, 253쪽.
7 로버트 셸턴, 앞의 책, 320쪽.

난 내 개를 데려다가 털을 깎이고 목욕을 시켜서 돌려주는 곳을 찾아요

난 내 욕실을 가져다가 청소하고 내 담배를 돌려주며 내 애완동물에게 담배를 주고 내 새에게 수수료를 줄 개를 찾아요

난 내 개를 팔고 내 가위를 가져가고 동물을 사고 내 새를 훈련시킬 사람을 찾아요

난 내 새를 목욕시키고 내 개를 사고 내 가위를 가져가고 내게 담배를 팔고 목욕시킬 곳을 찾아요

난 수수료를 받아가 내 개를 팔고 내 새를 태우고 내게 담배를 팔 곳을 찾아요

내 물건과 내 의지를 가져가고 내 수수료를 세탁할 곳을 찾아요

내 영혼을 동물로 만들고 날 돌아가게 하고 내 발을 씻겨 주고 내 개를 가져갈 곳을 찾아요

내게 동물을 팔라고 하고 새에게는 털을 깎으라 하고 내 욕심을 사고 내 담배를 돌려줘요

변화의 동력은 그의 내부에 있었다. 위의 인용문은 시인가 싶지만, 실은 즉흥곡의 가사이다. 밥 딜런을 주인공으로 하는 다큐멘터리[8] 영상의 2부 첫 장면에서 그는 거리에 있다. 인접해 있는 세 개의 간판, 곧 '우리는 당신 개를 데려다가 털을 깎고 목욕시킨 후 돌려드립니다'와 '담배 가게', '애완동

---

8 마틴 스콜세지 감독, 〈노 디렉션 홈 : 밥 딜런〉, Universal, 2005.

물과 새 위탁 매매'를 그는 소리 내어 읽는다. 간판 문구의 단순한 교체와 변용으로 시작된 즉흥적인 말놀이는 주체와 객체, 사물과 관념의 자리바꿈을 통과하면서 의미 없음의 의미와 낯선 시공간의 이미지를 생성한다. 점차 빨라지는 말의 속도와 '찾아요'로 끝나는 반복적 서술어가 손과 발을 들먹이게 만들고 춤을 부추기면서 리듬을 생성한다. 이들은 합류하여 노래의 가장자리를 맴돌다 이윽고 시의 직전 단계로까지 고조된다. 그가 25세 되던 해(1966)에 찍은 이 장면이 인상적인 것은 같은 해 출간 예정이던 그의 단 하나의 소설집 『타란툴라』의 자동기술법에 사용된 어휘 체계와 그의 노래 가사들의 특징이랄 수 있는 은유 체계, 개방적이고 확산적인 사유 체계 등을 엿볼 수 있게 해주기 때문이다.

> 도처에 무자비한 원고로 인한 악몽 & 보라, 법의 여우에 대한 예언적이고 맹목적인 충성, 달거리 규칙을 지키는 큐피드 & 교의의 도취적인 유령들 …… 아니지 아냐 & 목욕 가운을 입은 뱃사공은 영원히 추방되기를 & 축성되어 생지옥의 선반에, 상상력이 부족한 수면에, 변화 없는 반복에, 들기를 & 매트리스 속에 숨어 파멸을 엿보며 기다리는 살찐 보안관 …… 할렐루야 & 떠돌이들의 왕초가 오네[9]

흡사 제임스 조이스의 『율리시즈』를 읽는 것 같은 위의 글은, 그러나 파편적이고 무의미한 구와 절이 모여 기만적이고 절망적인 하나의 분위기를 만들어낸다. 그것은 단어가 단어를 물고 나오는 자동기술법에서 연유한다. 원고, 법, 규칙, 교의, 추방, 보안관, 떠돌이들의 왕초가 중심이 되고 악몽, 예언, 충성, 도취, 생지옥, 파멸의 곁가지들이 큐피드와 유령을 만나 신화적 공간으로 이월된다. 이처럼 초현실주의적 공간에서 시는 구와 문장의

---

[9] 밥 딜런, 「권총, 매의 입술책 & 벌받지 않은 떠버리」, 『타란툴라』, 17쪽.

우연한 축적과 변주를 통해 무의식을 드러내며, 이때 독자는 상상력을 통해 시에 참여하고 자신의 삶을 이입시킴으로써 시를 완성한다. 그의 시를 듣고, 읽음으로써 대중은 자신도 모르게 초현실주의에 동참하게 된다. 이는 그의 시가 시적 허구가 아니라 시인의 진실한 체험을 현재화하기 때문에 가능하다.

> 그들은 교수형 사진을 엽서로 만들어 팔고 있어
> 그들은 여권을 갈색으로 칠하고 있어
> 미용실은 선원들로 북적여
> 마을에 서커스가 왔다네
> 여기 경찰국장이 오시네
> 그들은 그를 거의 실신 상태로 만들었지
> 한 손은 줄타기 곡예사에게 묶여 있고
> 나머지 한 손은 그의 바지 속에 있네
> 그리고 폭동 진압대, 도무지 가만히 있지를 못해
> 그들은 어딘가로 가야만 하지
> 오늘 밤 레이디와 내가 바깥을 쳐다보고 있을 때
> 폐허의 거리에서
>
> ―〈폐허의 거리(*Desolation Row*)〉 부분

〈폐허의 거리〉의 등장인물들은 실재적 인물이고, 세계를 "폐허의 거리"로 만드는 것은 "그들", 곧 현대적 종말을 초래할 물질주다. 이어지는 연에서 등장하는 인물들은 신데렐라, 착한 사마리아인, 오필리어, 아인슈타인, 닥터 필스 등인데 이들은 각 분야를 대표하는 파편들로서, 로버트 셸턴은 이 시를 엘리엇의 『황무지』와 긴즈버그의 「포효」와 나란히 종말에 대한 가장 강력한 표현의 하나로 꼽는다. 일렉트릭 기타로 전환한 후 그의 시선은 자신의 내면으로 향했고 극단적 개인주의로 치달았으며, 세상에 영향을

미치려는 욕망을 철저히 배제한 채 아웃사이더의 길을 갔다. 그러나 또한 그는 현실에서 발을 뺀 적이 없으며, 조직에만 가담하지 않았을 뿐 시적 상상력, 불의에 대한 경멸, 자유로운 영혼을 자신의 무기로 휘두르지 않은 적이 없었다고 평가된다. 밥 딜런의 변화의 전통은 현재진행형이며, '변화만큼 안정적인 것은 없지요.'[10]라는 그의 발화는 진실이다.

신드롬과 징후

밥 딜런이 "내 안에는 몇백 곡의 노래와 그만큼의 책을 쓰고도 남을 폭풍 같은 말들이 있다. 내 안의 이런 말들은 내 개인 자산이 아니다."[11]라고 했을 때, 그렇다면 그 말들은 누구의 것인가. 이글의 서두에서 저 빗금의 앞쪽에 포진한 강한 개인들은 역사와 철학과 문학에 독자로 참여함으로써 자신의 삶을 변화시킨 장본인들이다. '폭풍 같은 말들'은 투쟁에 버금가는 역동적인 참여로 획득한 전리품이다. 그러므로 그것은 '개인 자산이 아니'면서 한편 개인 자산이기도 하다. 계승받은 변화의 전통이면서 자신이 계승시킬 변화의 전통이기 때문이다. 산업자본이 국가의 경영이나 사회, 개인의 정체성에까지 침투한 현대에서 강한 개인들을 주목해야 할 이유다. 느닷없지만, 잠시 서태지를 경유해서 김경주를 찾아가는 것도 의미가 있겠다. 강한 개인이라는 공통분모 외에도 밥 딜런, 서태지, 김경주는 서로를 더 잘 이해시킬 수 있는 카드들을 가지고 있기 때문이다.

요즘과 같이 가수나 대중가요의 생명이 짧은 데 비해 데뷔한 지 25년 차에 접어든 서태지가 25주년 기념 콘서트(2017년 9월)를 연다. 그는 이미 〈Quiet

---

10 로버트 셀턴, 앞의 책, 212쪽.
11 위의 책, 226쪽.

Night〉(2014)에 이르기까지 5장의 솔로 앨범을 발매하였다. 그가 리더였던 '서태지와 아이들'은 댄스 뮤직을 유행시키면서 음악을 '행위'하였고, 대한민국에 힙합, 뉴 메탈 등의 새로운 장르를 소개하였다. 그들은 믹싱, 프로듀싱, 엔지니어링 기술과 작사, 작곡을 비롯하여 음반 제작과 홍보, 유통의 전 과정을 자체 해결하는 만능 엔터테이너였다. 그들은 자신들도 모르게 언더그라운드에 묻혀 있던 한국의 래퍼들을 수면 위로 끌어올리는데 기여했으며, 데뷔 1년 만에 우리 음악계에 랩을 하나의 장르로 위치시켰다. 그들은 〈난 알아요〉(1992), 〈하여가〉(1993), 〈발해를 꿈꾸며〉(1994), 〈컴백홈〉(1995) 등 네 개의 앨범을 발표한 후 해체되었다. 밥 딜런은 대학중퇴자였지만, 고교중퇴라는 서태지의 이력은 학력 위주의 우리 사회를 꽤 오랫동안 진동시켰다.

서태지는 밥 딜런처럼 자신의 이름을 내건 첫 솔로 앨범을 발매했다. 록 음악인 〈Seo Tai Ji〉(1998)는 미국 체류 상태에서 발표했으며 실제 앨범 활동을 전혀 하지 않았음에도 100만 장 이상이 판매되었다. '서태지와 아이들'에 대한 향수와 더불어 첫 솔로 앨범이라는 부가가치가 붙었고, '선수'답게 외부에 일체 모습을 드러내지 않은 신비주의 전략도 한몫하였다. 현실의 부조리에 대해 직설적으로 비판하였던 〈하여가〉와 〈발해를 꿈꾸며〉, 〈교실 이데아〉, 〈시대유감〉, 〈필승〉의 후속편에 대한 기대 같은 것도 있었을 터였다. 현실 비판적인 요소를 여전히 내장한 채 그는 "내 서랍 아래로 감춰둔 비의/내게 남은 마지막의 대안/순간 눈을 감아 바람을 난 모으고 있어/너의 음모를 증명할 진실 카운트"(〈틱택〉)를 노래한다. '사회'에서 '운명과 역사'로 스케일을 넓히고 있는 것이다.

변화의 전통 안에서 하나는 '포크의 왕'이라고 불렸고, 하나는 '문화대통령'이라고 불렸다. 그리고 '걱정스러운 정도의 재능'(대산문학 심사평)을 가진 자라 불린 이는 김경주다. 두 번째 시집 『기담』(2008) 중 「무릎의 문양」이 2008년 작가와 평론가가 뽑은 좋은 시로 선정되면서 1집인 『나는 이 세상에 없는 계절이다』(2006)에서 보여준 문학적 징후에 대해 그는 빠르게 답하였다. "한국어로 씌어진 가장 중요한 시집 가운데 한 권이 될 것"[12]이라는 전망이나, "좋은 시집은 늘 행간마다 엄청난 분량의 빈 공간이 놓여 있다. 그 빈 공간은 '불보다 더 짙은 바람의 수분'(「白夜」)을 머금은 채 무시로 독자의 마음을 건드리고 감각을 자극하며 보다 큰 육체의 파동 속에 독자 혼자 가만히 놓여 있게 한다"[13]는 발언들이 그것이었다. '이 세상에 없는 계절'처럼 그의 등장은 낯선 것이었다.

밥 딜런이나 마찬가지로 시적 소재나 대상에 대한 접근 방식, 독자에 대한 불친절, 실험성과 파격적 요소를 갖춘 시인이란 점에서 김경주는 한국 시단의 이단아에 속한다. 시라는 형상과 음악, 극이라는 질료의 배합 역시 마찬가지다. 물론 김경주 이전에도 시극 형태의 실험들이 있어왔지만, 김경주처럼 본격적이지는 않았다. 『기담』의 해설을 쓴 강계숙의 말대로 황지우의 「석고 두개골」이나 장정일의 「잔혹한 실내극」 등은 실제 무대화가 가능한 소극으로 분류할 수 있는 반면, 김경주의 것은 관념의 영역 내에서만 무대화되는 불가능한 극으로서의 속성을 가지고 있는 것이다.[14] 첫 시집의 「테레민을 위한 하나의 시놉시스(실체와 속성의 관점으로)」에서 전생에서의 음악(테레민)이 현세에서 안인희라는 피아노 조율사로 환생하고, 테레민의 작곡가가 음악으로 환생하는 등 "사람이 음악으로 태어날 수 있고 음악이 사람으로 다시 환생할 수 있다는"(위의 시집, 115쪽) 가능성을 확정짓는다. 동시에 이 극은 칸트의 형이상학이 놓친 지점을 포착하려는 의도를 포함하여 "장르 미상

---

12 『나는 이 세상에 없는 계절이다』의 뒤표지에 실린 권혁웅의 글.
13 강정,「불굴을 향한 마음의 불구, 또는 영혼의 빈 공간」, 김경주, 『나는 이 세상에 없는 계절이다』 랜덤하우스, 173쪽.
14 강계숙,「프랑켄슈타인 — 어(語)의 발생학」, 김경주,『기담』, 문학과지성사, 163쪽.

의 새로운 예술적 경지를 욕망한다."[15] 그러나 '장르 미상의 새로운 예술적 경지'가 현실에 안착한 것이 그의 『늑대는 눈알부터 자란다』(2014)에서부터 최근의 『나비잠』(2016)까지의 본격적인 시극집이다. 이들은 모두 무대에 올릴 수 있고, 이미 올리고 있는 작품들이다. 그렇다면 그는 새로운 장르를 '발명'한 것이 된다.

'현재 무경계 문화펄프 연구소 〈추리닝바람〉을 운영하며 연극, 공연, 전시, 인디영화 등에서 다양한 독립문화작업을 하고 있다'는 김경주의 이력이 말해주듯 시, 혹은 언어를 다룬다는 총체적 측면에서 또한 만능 엔터테이너다. 자신의 시를 기획하고 운용하며 매니지먼트를 존중한다는 점과, 번역서와 실용서를 내거나 대필작가, 야설, 무협지 작가를 겸하던 때를 부끄러워하지 않[16]으며 그것을 매문(賣文)으로 받아들이지 않는다는 점에서 김경주는 서태지의 사업적 마인드를 가지고 있다고 하겠다. 이른바 작품성과 대중성을 공유할 수 있는 기질적 근거라고나 할까.

혼성교배적 속성이 강한 그의 시들은 '기형(奇形)'과 '시차(時差)'라는 주제를 바탕에 깔고, 기형인 영혼의 '기미(幾微)'를 음악과 극으로 형상화하려고 시도하면서(『기담』은 아예 인형의 미로, 인어의 멀미, 활공하는 구멍이라는 세 개의 막(幕)으로 구성되어 있다), 시차를 시적 방법론으로 사용한다. 일테면 바람, 숨, 휘파람, 언어가 넘나드는 대상의 무수한 전이를 통하여 그의 관념은 감각적으로 용해된다. 기형이 영혼이고 음악과 극이 뼈라면 시차는 살을, 철학은 그의 시에 근육을 제공한다. 그리고 이런 작업의 궁극은 언어의 자유를 위한 것이다.

다음의 시는 그의 언어관을 대표한다.

---

15 강계숙, 위의 글, 164쪽.
16 김혜리, 「김혜리가 만난 사람 : 김경주」, 『씨네 21』 690호, 2009.2.3~2.17.

①
　수십 개의 창(窓)을 띄워두고 나는 갇힌다 어휘로 내려가 나는 발음한다 이 말을 스치고 지나가는 침묵은 깊은 설질(雪質)을 남긴다 말에서 흘러나오는 향연에 참여하기 위해 기억은 자신을 담고 있는 육체와 성애(性愛)를 꿈꾼다 말의 교미를 피하려는 새들이 내 어조 속에 가라앉는다 말의 동굴 속에서 하루 종일 색연필 껍질을 벗기다가 몇 개의 색을 뜯어 먹고 나의 해동(解凍)에 참여한다 스무 살엔 '냉장고'라는 단어를 아껴서 그를 해변으로 끌고 가 바다 속에 던졌다
―「팬옵티콘」 부분

　그리고 이 시의 말미에는 "다음을 바꾸어서 다시 읽어보시오"라는 제안 내지는 강요가 서술되어 있다. '창: 교미/침묵: 색연필/기억: 창/교미: 밀항선/색연필: 헝겊/냉장고: 배후'가 그것이다. 각각의 단어들을 교체하면 다음과 같다.

②
　수십 개의 교미를 띄워두고 나는 갇힌다 어휘로 내려가 나는 발음한다 이 말을 스치고 지나가는 색연필은 깊은 설질(雪質)을 남긴다 말에서 흘러나오는 향연에 참여하기 위해 창은 자신을 담고 있는 육체와 성애(性愛)를 꿈꾼다 말의 밀항선을 꿈꾸는 새들이 내 어조 속에 가라앉는다 말의 동굴 속에서 하루 종일 헝겊 껍질을 벗기다가 몇 개의 색을 뜯어 먹고 나의 해동(解凍)에 참여한다 스무 살에 '배후'라는 단어를 아껴서 그를 해변으로 끌고 가 바다 속에 던졌다

　독자가 참여하여 ②의 번거로운 작업을 하지 않으면 이 시는 완성되지 못한다. 단어들을 모두 다 교체한다 하더라도 ②에서 어떤 의미가 형성되는 것은 아니다. 그러나 이 의미 없어 보이는 행위는 역설적으로 '수십 개의 창

을 띄워두고 나는 갇힌다'는 「파놉티콘」의 자발성을 유의미하게 한다. 우리는 시적 언어보다 시적 행위가 중요시되는 시의 탄생을 보고 있다. "라미가 는에게 저녁에 손을 잡아주었다 귀머리가 를에게 속삭였다 손에 목을이 달렸다 라미가 을의 생존을 물었고 분홍귀가 올을 불러냈다"(「죽은 나무의 구멍 속에도 저녁은 찾아온다 ― 베리에게」)에서도 볼 수 있듯 시인은 독자에게 무엇을 전달하겠다는 의지가 없어야 하고, 독자도 무엇을 받아들일 의욕을 갖지 않아야 이 시들은 시로서 완성된다. '는'이나 '를', '목을' 등에 자신에 맞는 언어를 넣어 굴려보는 것이 이 시를 행위하는 방법으로, 앞서 읽은 밥 딜런의 말놀이가 생각나는 대목이다. 이는 이후의 시집 『시차의 눈을 달랜다』(2009)와 『고래와 수증기』(2014), 그리고 여러 권의 산문집과 최근작에 이르기까지 그의 일관된 변화 양상을 미리 보여준 징후 같은 것이었다. 출판사에서 제공하는 김경주에 대한 정보에 의하면, 그는 2003년 서울신문 신춘문예를 통해 문단에 나왔으며, 김수영문학상과 오늘의젊은예술가상 등을 수상했다. 그의 시 「나는 이 세상에 없는 계절이다」는 미국 대표 문학지인 『보스턴 리뷰』지에서 '2014년 최고의 시 TOP 20'으로 선정되기도 했으며, 미국, 프랑스, 스웨덴, 멕시코 등에서 여러 작품이 꾸준히 번역되어 세계적으로 인정받고 있다. 밥 딜런이 '귀로 듣는 시'를 대중화했다면, 서태지는 록의 대중화를, 김경주는 '행위하는 시'를 대중화하고 있다. 자신의 음악과 문학을 스스로 관리하는 엔터테이너로서, 또한 변화의 전통을 스스로 수립한 강한 개인이라는 공통점으로 이들은 한자리에 모였다.

가장 강한 개인과 한국시

'세계는 급변하고 있다'는 문장은 세계의 변화 속도를 보여주지 못한다. 18세기 이후 줄곧 사용되면서 '변화'라는 단어보다 어느새 더 낡았기 때문이다. 광케이블의 속도를 예상하지 못했을 때 만들어진 문장을 대체할 수 있는 광케이블적인 '것'이 나와야 할 판이다. 어디에서나 새로움에 대한 욕망이 꿈틀거린다. 한국시도 예외는 아니다. 그러나 어쩌면 한국시가 변화해야 한다는 동어반복적인 주문은 현재의 한계에서 비롯된 것이라기보다 속도에서 비롯된 착란 같은 것일 수도 있다. 새로움이 만약 외부가 아니라 내부에 이미 존재하고 있다면 말이다.

밥 딜런은 사실 누구에게 영향을 끼치기 위해 무슨 요구를 할 성향의 사람이 아니다. 이러한 의무와 권리로부터 끊임없이 도망친 이력이 그것을 말해준다. 미국의 스웨덴 대사가 대독한 노벨문학상의 수락 연설에서 "저는 스스로에게 '내 노래들이 문학인가?'라고 물을 시간을 낼 수 없었습니다. 그래서, 저는 스웨덴 아카데미에 대단히 감사합니다. 시간을 내어 바로 그 질문을 생각해보신 데 대해, 그리고 결국, 그런 멋진 답변을 주신 데 대해서요."라고 말했을 때, 이는 겸손보다 그의 진실에 가깝다. 그러나 그가 시/문학에 대해 설명하지 않았다고 해서 그의 시가 요구하는 바를 우리가 상상하지 말라는 법은 없다. 스웨덴 아카데미가 했듯이, 나 또한 그를 대신해 "밥 딜런은 과연 시인인가?"라고 물었던 것이다.

2000년대 이후의 한국시를 놓고 보았을 때 부정적 측면에서 자주 지적되는 것은 현실에 발을 딛지 않은 자폐적 공간으로의 도피, 혹은 과잉된 자의식의 흘러넘침, 극단적인 해체 등이 소통의 부재라는 용광로로 모여드는 양상이다. 어느 것이 옳다 그르다 판단할 수는 없겠으나, 저 빗금 앞쪽을 향한 변화의 전통을 내장한 강한 개인이야말로 궁극적으로 보편적 가치에 도달할 수 있는 자가 아닐까 한다. 강한 개인들이 각각의 처소에서 시를 쓰며 변화의 전통을 이어갈 때 한국시도, 한국도, 세계도, 물신주의 쪽으로 기운 무게중심을 인문학적 가치 쪽으로 옮길 수 있을 것이다. 우리는 저 빗금의 앞쪽에 자리잡고 들어앉아야 한다.

수학은 어떻게 시로 건너오는가

이종민 「프랙탈」, 성보현 「여행」, 배창환 「4·16의 아침」, 장석남 「법의 자서전」,
이길한 「행복한 바보, 바보 행복한」

0. 질문과 답

세계는 무엇으로 구성되었는가, 세계는 어떤 원리로 작동하는가. 유사 이래 인류가 던진 질문에 대한 답이 지식의 총량일 것이며, 지혜의 총체일 것이다. 그러나 밝혀내지 못했거나 아직 질문조차 해본 일 없는 세계의 진실은 밝혀진 사실과 가설들을 뛰어넘어 여전히 무궁한 미지의 세계를 이룬다. 이는 하나의 질문에 대한 답을 구하는 데 걸리는 시간의 두께와 관계있는 것으로 보인다. 이 글의 주제로 범주를 좁혀보자.

초기 그리스의 우주론에 등장한 이후 구약성서 등에서 혼돈이나 무질서의 의미로 쓰이던 카오스의 개념이 현대 물리학에 자리를 마련한 것은 1920년 로버트 메이에 의해서였으며, 이로써 완전한 예측이 가능한 것으로 여겨졌던 뉴턴의 세계관에서 해명하지 못했던 것, 즉 장기 예측의 불가능함을 해명할 수 있는 길이 열렸다. 17세기 라이프니츠로부터 시작된 자기동일성이라는 프랙탈의 수학적 사유는 1975년에 이르러서야 베노이트 만델브로트에 의해 프랙탈 개념으로 확정되었다. 그로부터 카오스의 기하학이라 불리는 프랙탈 이론은 다양한 분야에 응용되고 통섭하면서 디지털적 사회 체계를 구성하는 원리의 한 축이 되었다. 그리고 그것은 이제 시로 건너오려 하고 있다.

글의 진행과 관련하여 전제가 있다. 프랙탈 이론에서 시로 곧장 가지 말기. 신화나 역사, 선대의 지식에서 프랙탈의 원리를 축출하기. 수학적 원리가 아니라 시적 원리로서 프랙탈을 톺아보기.

그리하여, 제임스 조지 프레이저의 『황금가지』는 과학 시대인 현대인의 행동 양식이 까마득한 과거인 주술 시대와 종교 시대의 유물임을 전제로 한다. 제의와 관습에 관한 개론서이기도 하고 인간 정신에 따른 관습의 관계성을 보여주기도 하는 이 책은 베르길리우스가 쓴 『아이네이드』의 다음 구절로부터 파생한다. "황금가지가 달린 거대한 나무 하나가/지옥의 강을 다스리는 조브 신의 왕비에게 바친/숲으로 둘러싸인 계곡에서 자라고 있다./그 나무줄기에서 꽃핀 황금가지를 잘라내기까지는/어떤 유한한 존재도 그녀의 저승세계를 엿볼 수 없도다." 『황금가지』의 「옥스퍼드판 서문」에 의하면, 서기 4세기의 학자 세르비우스는 "한 나무가 있었는데, 그 가지는 아무도 건드리지 못했다. 오직 도망친 노예에게만 그 가지를 꺾고, 또다른 도망자로서 그 지위에 오른 사제에게 일 대 일 결투를 신청하여 자신의 도피를 기념하는 사제가 될 특권이 부여되었다."고 해석하였다.[1] 이는 『황금가지』를 관통하는 프레이저의 논조인데, 왕의 노화를 부족의 쇠퇴와 동일시하는 원시부족에게 있어서 왕의 지위는 그의 아들이 아니라 '도망친 노예'라는 전혀 예측하지 못했던 새로운 강자에게 이양됨으로써 부족은 여전히 젊음과 번영을 누릴 수 있다는 믿음을 유지한다는 것이다. 늙고 병약해지기 전에 왕 스스로 자살을 하거나, 신하들이 왕을 살해하는 것도 그 연장선에 있었으며, 영화 〈카멜롯의 전설〉에서 아서 왕 역시 숨지면서 떠돌이 기사였던

---

[1] 제임스 조지 프레이저, 『황금가지』, 이용대 역, 한겨레신문사, 2003.

랜슬럿을 후계자로 지명한다.

한편, 시간을 성큼 건너뛰면, 예술사에서 전통은 아버지에서 그 아들에게가 아니고 삼촌에서 조카에게로 전해진다고 말한 최초의 이론가는 러시아 형식주의자인 슈클로프스키다. 전범화된 예술 형식들이 정체되고 있을 때 새로운 형식을 추구하는 비전범화된 개인 혹은 일단의 그룹의 도전이 기존의 예술 형식에 섞여들어 양질전화를 일으키면서 그것이 후세대로 이어진다는 것이다. '하위 지류의 전범화 법칙'[2]으로 정리된 그것은 예술 주변부 대중문화의 산물들이 새로운 예술적 기법들로 진화하여 다시 전범화되는 것을 의미한다. 도스토옙스키가 탐정 소설의 기법들을 문학적 규범의 상위 차원으로 올려놓은 것이나, 우리의 경우 김수영이 일상어와 욕설을, 유하가 키치문화를 시에 끌어들여 전통시를 비틀면서 '조카'들에게 새로운 전범을 물려주었던 것이 그 예이다.

일찍이 자연은 무수한 질서와 필연적 규칙으로 운행되는 조화로운 세계로 인식되어왔다. 그러나 저 '황금가지'를 꺾는 '도망친 노예'와 '삼촌'의 세계 또한 존재함이 자명해졌다. 이제 우연성과 불규칙성은 세계 인식의 양날의 칼이 되었다. 오히려 근현대를 구성하는 것은 후자에 의한 것일 확률이 높다. 거칠게 꼽아보면, 세계사적으로는 콜럼버스의 지리상의 발견에서 팍스 아메리카나까지, 한국사적으로는 아이젠하워의 대통령 선거 공약에서 한국의 분단까지, 비교적 근래에는 정유라의 이화여대 부정 입학 의혹에서 당시 대통령이었던 박근혜 탄핵까지가 있다. 브라질에 있는 나비의 날갯짓이 미국 텍사스에 토네이도를 발생시킬 수도 있다는 '나비효과'의 현상들이다. 초기의 작은 변수가 예측하지 못할 정도의 혼돈의 형태를 보이는 비선형성(non-linearity)이나, 예기치 않은 무작위성(randomness)이라는 과

---

[2] 빅토르 어얼리치, 『러시아 형식주의 ― 역사와 이론』, 박거용 역, 문학과지성사, 1983.

정에도 불구하고 모티프와 결과의 개별성은 곧 현상들의 전체성과 닮아 있다. 자연 세계도 마찬가지. 이러한 우연성과 비규칙성(irregularity)이라는 혼돈 속에 나타나는 자기유사성(self-similarity)은 마치 모든 강의 원류와 지류, 번개, 나무, 양치식물의 부분이 전체와 닮은 양상을 띠는 것으로 나타난다. 이는 보르헤스의 「알렙」[3]에서 문학적 상상력으로 확고하게 구현된다.

전혀 흐트러짐 없이 모든 각도에서 본 지구의 모든 지점들이 포함된 '알렙'은 직경 2~3센티미터의 원구다. 소설적 화자인(보르헤스 자신이기도 한) '나'에 의하면, 그 속에는 전혀 크기의 축소 없이 우주의 시공간이 동시에 다 들어 있다. 그 속에서 "나는 으르렁거리는 바다를 보았고, 나는 새벽과 저녁을 보았고……지구 속에 들어 있는 〈알렙〉과 〈알렙〉 속에 들어 있는 지구를 보았"던 것인데, 이는 그에게 작가로서의 절망을 안겨준다. 자신은 그것들을 동시적으로 보았으나 본 것을 글로 옮기는 것은 연속적일 수밖에 없기 때문이다. 그럼에도 불구하고 "무한한 총체성을 단지 부분에 불과할지라도 열거할 수 있느냐"라고 했을 때 신비주의자들은 상징들을 남발한다면서, 신성(神性)을 의미하기 위해 한 페르시아인이 『새들의 대화』에서 모든 새들이기도 한 한 마리의 새에 대해 얘기하듯이 자신도 상징을 사용하기로 한다. 모든 언어는 상징들의 알파벳이므로, 그것의 사용은 말을 하는 사람들이 함께 공유하고 있는 하나의 과거를 전제하지 않고는 불가능하기 때문이다. 부분으로 전체를 보거나 전체로 부분을 볼 수 있는 자기유사성으로 인해 우리는 보르헤스가 전해주는 '알렙'의 부분을 통해 그가 본 '알렙'의 전체를 볼 수 있게 되는 것이다. "개념적인 천국에서 모든 것은 모든 것에 있다. 그 어떤 것이든 모든 것들이다. 태양은 모든 별들이며, 하나의 별은 모든 별들이며 태양이다."(『픽션들』에서 「알모따심에로의 접근」의 각주 50)라는 프랙탈적 패턴

---

3 보르헤스, 『알렙』, 황병하 역, 민음사, 1994.

은 '한 방울의 이슬에서 우주를 본다'는 동양적 사유와도 상통한다.

이제 수학은 예술로 건너와 프랙탈의 기하학적 조형성을 이용한 프랙탈 시각예술이나 프랙탈 음악이라는 실험적인 현대예술로 공연되고 있다. 이러할 때 프랙탈이 왜 시로 건너오지 않겠는가.

1. 메타 프랙탈

지구 반대편에도 사람이 산다
그들의 숨소리가 들리지 않는다

목소리를 녹음해 들으면 낯설다

그런 뜻이 아니었는데
뒷모습을 볼 때는 그런 뜻이 된다

살을 베이면 피가 나온다
핏줄이 잘린 게 아닌데도

하루가 끝난다 언젠가 죽는다

아주 먼 곳에서
아주 멀리 돌아온 것 같은데

높은 곳에서는 줄지어 선 가로등이 하나의 불빛으로 보인다
하늘에 보이지 않는 별이 많다

어둠 속에서는 괜히 내 몸을 더듬게 된다

숨소리를 들을 수 있다
— 이종민, 「프랙탈」 전문(『예술가』 2020년 봄호)

  보이지 않는 것을 보여줄 때 시는 자신도 모르게 보르헤스적 상징을 사용한다. 우리에게는 언어로 공유된 과거가 있으므로 공간성, 시간성을 뛰어넘어 어떤 관계, 어떤 현상, 어떤 대상을 몸으로 감각하는 것이 가능하다. 아주 일부만 보여줘도, 일부의 반을 또 생략해도, 정면이 아니라 측면, 측면이 아니라 뒷모습만 보여줘도, 추상이어도, 관념이어도. 우리는 우리도 모르게 자신이 상징의 일부임을 자각한다. 상징의 원형이 우리의 심연에 있으므로. 심연에서도 연꽃이 자라므로. 그토록 차별적으로 살아가는 것 같은 우리가 다만 조금씩 같고 조금씩 다른 향을 보유하므로. 개개의 연꽃 향이 실은 우리가 공유한 언어를 표상하므로.
  우주적 서사를 담고 있는 이 대범한 시는 전체를 열어놓고 부분을 확장시켜 다시 전체에 도달하는 구조를 가지고 있다. "지구 반대편에도 사람이 산다/그들의 숨소리가 들리지 않는다"는 기정사실에서 출발하는데 마지막 연에서 "[그들의] 숨소리를 들을 수 있다"로 비틀 수 있었던 것은 그 사이를 메우는 각 연이 자기유사성과 순환성이라는 시적 전략을 다음과 같이 이행했기 때문이다.
  녹음해 듣는 내 목소리에 타인이 들어 있다[타인도 나의 일부다] — 이성과 감성은 분리되지 않는다[생의 전면과 이면은 유기적으로 하나다] — 살을 베이면 피를 흘린다[살과 핏줄은 몸의 일부다] — 하루가 끝나듯 모든 생명체는 언젠가 죽는다[하나의 현상이 만물의 이치를 대변한다] — 지구 반대편에서도 여기까지 와보는 사람이 느껴진다[인간은 이심전심을 가진 존재이다] — 높은 곳에서 내려다보는 것이나 낮은 곳에서 올려다보는 것은 같은 결과치를 갖는다[보이는 현상에서 보이지 않는 현상을 유추한다] – 내 몸을 아는 것은 타인의 몸을 아는 것과 같다[내 몸은 나의 전체이자 모든 몸의 일부이다].

이렇듯 내가 타인과 인간종(種)으로 확대되어도 나, 타인, 인간종의 성질은 바뀌지 않는다. 목소리-살-몸은 인류의 공통 감각이고, 숨소리[생명]-죽음은 모든 생명체의 공통 운명이다. 지금 내가 있는 곳-지구-우주[하늘]로 물리적 거리가 확장되어도, 나는 나이고 너는 너이지만, 나도 너도 존재자로서 자연의 전체이며, 자연의 일부이다. 마치 양치식물의 가장 작은 잎 하나와 양치식물의 전체 모양이 동일하듯. 내가 있는 곳으로부터 가장 먼 곳은 지구 반대편이지만 그러므로 내 숨소리를 통해 지구 반대편에 사는 사람들의 숨소리를 들을 수 있다. 프랙탈의 원리를「프랙탈」이 그려내고 있다는 점에서 이 시는 메타 프랙탈이다.

2. 연기(緣起)의 세계

　　해변이 보이는 방으로 달라고 하자. 방에서 바다가 보이면
　　진짜 제주에 온 것 같을 거야. 한집 안의 방이더라도
　　각자의 위치에 따라서 다른 것을 비추니까.

　　동생 입으로 듣는 엄마와 내가 아는 엄마. 모르는 엄마.
　　구슬을 꿰듯이 얼굴을 하나하나 끼워 구부리면 첫 점도
　　끝 점도 없는 훌라후프 하나 만들어지는 것 같다
　　밖에 안 나가고 내내 돌리고 있으면 방 속에 방이 있는 것 같다.
　　엉덩이를 움직여가며 훌라후프가 멈추지 않도록 노력할 때,
　　안에서 나갈 수 없는 바깥을 만들어내는 사람이 된다.

　　엄마도 분명 해변이 보이는 방을 달라고 했을 거야.
　　동생을 위로하면서 서로의 손을 잡고 잡을 때 우리는
　　둘이 한 팀이 되어 이어가는 이어달리기.

숨이 턱까지 차올라도 멈출 수 없고, 멈추고 싶다면
쉬는 것처럼 걸어야 하는 그런 이어달리기.
느껴져 누나? 우리는 달리면 달릴수록 처음 같지 않다는 거.
발목에 모래주머니를 단 것처럼 불리해진다.
우리는 사랑을 더 받기 위해 서로를 미워한 적이 있지.
바다 보이는 방이 하나 남은 것처럼, 그런 이야기를 하며 웃는다.
하나의 방에. 하나의 훌라후프 안에 사이좋게 들어가
우리는 한 몸처럼 웃고 운다.

안에서 밖을 본다.
파도가 우리를 안으로 안으로 밀어넣는 모습을.
— 성보현, 「여행」 전문(『문학3』 2020년 1호)

  세상에서 가장 가까운 사이는 부부도, 부모·자식도, 연인도 아닌, 형제·자매·남매가 아닐까. 이들은 엄마의 자궁이라는 그 불가침의 영역에서 머물다 태어난 차례대로 현생에 자리를 잡는다. 부모가 세상을 뜬 후에도 비교적 같은 세대를 앞서거니 뒤서거니 하면서 지리적으로는 몰라도 심리적으로는 지척에서 살아간다. 성장하면서는 놀이와 다툼과 경쟁을 통해 가족이라는 최소단위 사회에서 장차 사회생활에 필요한 행동 양식들을 선행적으로 학습하고, 그 어떤 관계보다 가장 오랜 세월 동행하는 사이가 된다. 여기에서 가장 중요한 것은 같은 태내를 대략 10개월씩 공유했다는 사실이다. 필자만 이렇게 생각한 게 아님을 우연히 확인하게 되었는데, 불교 경전인 『범망경(梵網經)』에 의하면 사람은 탐욕, 분노, 무지의 세 가지 독을 멀리하며 쌓은 선근(善根)에 따라 보를 얻는다. 천지가 개벽한 때부터 다음 개벽할 때까지를 1겁이라 하는데 선근 1천 겁을 쌓으면 한 나라에 태어나고, 2천 겁이면 하루 동안 길을 동행하며, …… 7천 겁은 부부가 되고, 8천 겁은 부모와 자식이 되며, 9천 겁은 형제자매가 되고, 1만 겁에 이르러야 스승과 제자가 된다는 것이다. 오호라, 나 역시 저 겁(劫)의 시간대를 지나왔을 것이므로, 무의식 속에 잠재해 있던 기억의 일면이 사유의 형식으로 흘러나온 것인지도 모를 일이다.

이 시에는 9천 겁의 선근 인연인 '남매'가 등장한다. 엄마를 애도하기 위해. 엄마에 대한 진정한 애도는 엄마로 가득 찬 시공간에 자신들을 가두는 것이리라. 엄마도 원했을 "해변이 보이는 방"에서 '훌라후프'라는 "방 속의 방"에 "사이좋게 들어가/우리는 한 몸처럼 웃고 운다". 엄마에 대한 애도는 또한 엄마에 대한 이야기를 전심을 다해 나누는 것이리라. "한집 안의 방이더라도/각자의 위치에 따라서 다른 것을 비추"듯, 동생이 아는 엄마에는 내가 모르는 엄마가 있고, 내가 아는 엄마에는 동생이 모르는 엄마가 있어서 "구슬을 꿰듯이 얼굴을 하나하나 끼워 구부"려 "첫 점도 끝 점도 없는 훌라후프"를 만들면 "모르는 엄마"를 다 알게 된다. 남매는 "숨이 턱까지 차올라도 멈출 수 없고, 멈추고 싶다면/쉬는 것처럼 걸어야 하는 그런 이어달리기" 방식으로 엄마를 추억한다. 엄마의 "사랑을 더 받기 위해 서로를 미워한 적이 있"다는 치부를 드러내는 일은 "발목에 모래주머니를 단 것처럼 불리해"지는 느낌을 받지만, 이는 서로가 진실해졌다는 것과 같은 의미이다. 자신의 내면[방]을 다 뒤집어 보여주고 나니, 마치 '하나의 훌라후프'에 같이 들어가 있는 것같이 "우리는 한 몸"임을 느낀다. "안에서 나갈 수 없는 바깥을 만들어내는" 우리도, 바깥에서 "우리를 안으로 안으로 밀어넣는" 파도도 '방'을 더욱 완벽한 곳으로 만들어준다. 이 시에서 '방'과 '훌라후프'는 자궁의 다른 말이고, 인연의 이치이며 상호 의존관계인 '안'과 '바깥'은 연기(緣起)의 다른 말이다. 그리하여 애도는 남매가 처음 출발한 곳, 엄마의 자궁에서 가장 충만하게 완성된다.

3. 이분법적 세계

무거운
눈 비비고 일어나니
아침 인터넷 뉴스에 이런 게 떴다!

'어떤 전직 의원이 세월호 유가족을 향해 "자식의 죽음에 대한 세간의 동병상련을 회 쳐 먹고, 찜쪄 먹고, 그것도 모자라 뼈까지 발라먹고 진짜 징하게 해쳐먹는다"며 원색적으로 비난해 막말 논란을 빚고 있……'

잘 뜯어보니 어투와 어법이 세련되고 리듬까지 타는 것이,
오래 맘먹고 벼르고 다듬은 냄새를 살살 풍기는데
눈 비비고 다시 보니
그 아래 순식간에 댓글이 만리장성으로 이어져
한참 내려가니 이런 글도 있다

— 종편에서 많이 해쳐 먹더니 드디어 사고 치는구먼. 극우 결집. 총선 대비 사람답게 먼저 사세요.
— 후쿠시마 바닷물로 100일간 저려놓은 배추같은 상판떼기. 뇌는 방사능에 찌든 젖깔이 됐네.

그 아래 답글4

— 와우 대단한 관찰력이시네요ㅋㅋ
— 와우 엄지척척척척
— ㅋㅋㅋㅋ 표현력 짱인듯~~
— 당신의 말이 더 막말입니다.
……

수학은 어떻게 시로 건너오는가

괴물 좀비와 사람의
    피 튀기는 패싸움……

    우리는 날마다 싸운다
    운전대를 쥐고, 잠시도 한눈팔 틈이 없다
    　　　　— 배창환, 「4·16의 아침」 전문(『문학의 오늘』 2020년 봄호)

　한 개인이 자신의 입장을 표명하는 것은 "사실은 어마어마한 일이다/그는/그의 과거와/현재와/그리고/그의 미래와 함께 오기 때문이다/한 사람의 일생이 오기 때문이다". 잘 알려진 정현종의 「방문객」이 말해주듯 우리의 한마디 말에도 일생이 담긴다. 그렇다면 우발적인 말에도 깊은 뿌리가 내려져 있을 것이다. 말은 결국 그가 가진 인생의 한 조각이면서 총체라는 말에 다름 아니다. 사회적 이슈에 대해, 정치적 사안에 대해 한마디 한다는 것 역시 자신의 전부를 적극적으로 표상하는 행위이다. 가령, 2014년의 세월호 침몰 같은 것. 일단은 애도가 우선이었을 텐데, 그러나 우리는 수백 명이 수장되는 광경을 생중계로 지켜본 후에도 제대로 된 애도를 하지 못했다. 진실게임의 양상을 띠고 은폐와 폭로가 충돌하면서 이 사건이 대통령 탄핵과 구속의 도화선이 되었기 때문이다. 중간은 없다는 듯 여론은 더욱더 극과 극으로 치달았으며, 우리 사회는 다시 봉합할 수 없을 정도로 양분되었다. 그리고 그 사이에서 자신의 인생을 건 말들의 잔치가 벌어지고 있다.
　이 말잔치에서 시는 두 개의 관점을 드러낸다. 논란을 일으킨 "어떤 전직 의원"의 막말(막말 A)이 있고, 이 막말을 경멸하는 또 다른 막말(막말 B)이 있으며, '막말 B'에 동조하는 '답글 1·2·3'이 있고, '막말 B'를 반박하는 '답글 4'가 있다. 여기에서 '답글 4'는 '막말 A'의 막말과 '막말 B'의 막말의 층위와 무게가 다름 — 전자는 비극적 상황에 처한 유족들에 대한 인격적 모독이고, 후자는 '막말 A'의 발설자에 대한 감정 표출 — 에도 불구하고 이를 같은 층위에 놓고 견주는 것으로 보아 심정적으로 '막말 A'에 동조하는 입장을 갖고 있는 것으로 보인다. 즉 '막말 A'와 '댓글 4'의 관점(관점 1)이 같고, '막말 B'와 '댓글 1・2・3'의 관점(관점 2)이 같다. 그렇다면 시적 화자는 어느 쪽일까. 그는 시종 객관적 태도를 유지하려는 '관점 3'을 가진 것 같아 보인다. "괴물 좀비와 사람의/피 튀기는 패싸움"에서도 '괴물 좀비'와 '사람'이 '막말 A'인지 '막말 B'인지를 독자의 몫으로 남겨두었을 뿐 직접 거명하지는 않는다. 오히려 약간의 조롱기를 내보이면서 '막말 A'의 '어투와 어법과 리듬'에 대해 품평을 하는 장면에서 '막말 B'를 두둔하는 속내가 슬쩍 드러났을 뿐이다. 그러나, '댓글 4' 바로 밑의 말없음표를 주목할 필요가 있는데, 이는 '댓글 4'를 어이없어하는 뉘앙스를 풍기면서 좀 더 적극적으로 '관점 2'에 근접한다. 더 나아가 시적 구성에서 그가 채집한 댓글들 자체에 이미 시적 화자의 관점이 내포된 것으로 보인다. 그 결과 '괴물 좀비'와 '사람'이 '관점 1'과 '관점 2' 중 어느 쪽을 가리키는지를 암묵적으로 보여준다.

어떤 관점이 정치적으로 올바르냐 하는 것은 이 글의 관심사가 아니다. 다만 '막말 A'나 '막말 B'는 우연이나 우발적인 계기에 의한 것이 아니라는 사실이 이 글에서는 더 중요하다. 이들은 노인이나 여성, 장애인, 성 소수자 등의 약자나 인종, 출생지 등에 대한 태도에도 대체로 이분화된 관점의 일관성을 보인다. 시의 말미가 얘기하듯 "우리는 날마다" 인격을 걸고, 자신의 전 생애를 건 막말로 "잠시도 한눈팔 틈이 없"을 정도로 싸우고 있다. 그런데 무엇을 위해서?

4. 표리부동의 세계

나는 법이에요
음흉하죠

허나 늘 미소한 미소를 띠죠
여러개예요 미소도
가면이죠
때로는 담벽에 붙어 어렵게 살 때도 있었지만
귀나 코에 걸려 있을 때 편하죠
나는 모질고 가혹해요
잔머리 좋은 종들이 있거든요
설쳐댈 때가 많지만 만류하진 않아요
그 짓 하려고 어린 시절 고생 좀 한 것들이거든요
만인 앞에 나는 평등해요 헤헤
음흉하다는 말의 다른 표현이죠
원칙이 있지만 아주 가끔만 필요하죠
이득과 기득을 좋아해요 지킬 만한 가치죠
그에 위배되면 원칙을 꼭 알리죠
나는 물처럼 맑고 평등하다고 말하죠
유죄도 무죄도 다 나의 밥이죠
너무 바빠요 너무 불러대니 쉴 틈이 없죠
나는 법이에요
양심 같은 건 우습죠 이득 앞에서
그깟 것 금방들 버려요 시류에 어긋난 소리죠
아 이만하기도 참 다행이죠
한때는 참 어려운 시절도 있었죠
너무 많은 살생을 해야 했으니
황혼이 오네요
저게 제일 싫어요
속속들이 황혼이 오네요
저 지축 속에 숨은 당당한 발소리
나는 귀를 막아요

>   잘 못 듣는 귀지만 다시 막지요
>   나는 벌벌 떠는
>   법이에요
>
>   ─ 장석남, 「법의 자서전」 전문(『창작과 비평』 2020년 봄호)

　세속은 선하기도 하고 선하지 않기도 한 인간의 본성이 투영된 삶의 현장이다. 본래 선하게 태어났으나 악에 물들어가는, 본래 악하게 태어났으나 선하게 사회화되어가는 과정들의 집합장일 수도 있다. 운영, 기획과 실험, 문제해결을 위해 여러 시스템이 작동한다. 견제와 균형이 전제된 행정·입법·사법이 상층부의 중심에 있고, 정계·재계·문화계·언론계 등이 그 주변에 포진되어 있으며, 이들과 그물망으로 연결된 채 일반 대중이 하층부를 구성한다. 그러나 상층부가 권력이나 자본에 대해 어떤 태도를 가지고 있느냐에 따라 시스템의 작동방식이 변하는 것을 우리는 역사적으로 이미 봐왔다. '법'을 의인화한 이 시는 겉으로는 정의를 내세우나, 속으로는 불의를 행하는 표리부동의 세계를 호출한다. 간혹 자기합리화와 미화의 도구가 되기도 하는 여느 자서전과는 달리 시적 화자인 '법'은 법의 생애와 속성을 희화화해서 보여주고 있다. 마치 마네의 〈올랭피아〉가 '이 꽃 네가 보낸 거잖아'라며 화면 밖 남성을 정면으로 응시함으로써 관람객을 불편하게 만드는 것처럼, 자본과 권력을 위시한 독자에게까지 '너도 나랑 같은 부류잖아'라고 묻는 전략적 시선이 느껴진다.

　'법'은 만인 앞에 평등하고, 원칙이 있으며, "물처럼 맑고 평등하다"는 점을 표면적으로 내세운다. 그러나 '법'에 의하면, '법'의 "미소한 미소"는 음흉함을 감추기 위한 가면으로, '법'은 "이득과 기득"을 추구하는데, "이득 앞에서" "양심 같은 건" "시류에 어긋난 소리"이고, "유죄도 무죄도 다 나의 밥"벌이 수단에 불과할 뿐이다. '법'의 권위에 도전하거나 '법'의 잘잘못을 따지는, "그 짓 하려고 어린 시절 고생 좀 한" "잔머리 좋은 종들"에게는 "모질고 가혹"하게 대하고, "한때는" 무고한 사람을 대상으로 "너무 많은 살생을" 하기도 했다고 회고하는 '법'. 부정부패니, 정경유착이니, 정언유착이니 하는 것들이 만연한 사회에서는 기만이니, 불신이니, 혐오니 하는 것들 역시 사회 보편적 현상이 된다. 선은 선으로 넝쿨을 뻗고, 악은 악으로 넝쿨을 뻗어가기 때문이다. 그러나 그에게 "황혼"을 가져오고, 그를 '벌벌' 떨게 만드는 "저 지축 속에 숨은 당당한 발소리"는 인간의 역량[potentia]의 승리다. 「4·16의 아침」에서 '괴물 좀비'가 아니라 '사람'에 속한 자들이 아마도 여기에 포함될 것이다. '그 짓 하려고 어린 시절 고생 좀 한 잔머리 좋은 종들'로 폄훼된 자들 말이다. 어떤 싹은 자라 '사람'이 되고, 어떤 싹은 자라 '괴물 좀비'가 된다.

5. 가치의 세계

한 사람이 거울 안에서 길을 걷다가, 밖으로 나온다
한 사람이 거울 밖에서 길을 걷다가, 안으로 들어간다
거울 안에서 무엇인가를 사랑하다가, 밖으로 나온다
거울 밖에서 무엇인가를 사랑하다가, 안으로 들어간다

나의 별칭이 바보 행복한입니다
행복한 바보보다는 바보 행복한이 낫지요
이길한 바보보다는 바보 이길한이 좋아요

웃음 없는 안쪽의 바보는 선사주거지에서 원시인의 미소를 봤어요
그대는 시선이 먼 곳에서 살금살금 웃으셨나요
지나온 길에 안쪽과 바깥이 교차점일 때가 있어요

> 점의 순간을 없음이라고 해도, 미소는 순간순간을 살아요
> 별다를 것 없는 호모사피엔스처럼 웃지요, 웃어요
> 바보 행복한의 행복에, 소리 없는 싱긋빙긋은 그대의 낙원이요
> 바보의 거울에, 행복한 거울의 안으로 싱긋 밖으로 빙긋
> 나의 나에게 말하고 싶은, 거울에게……
> ─ 이길한, 「행복한 바보, 바보 행복한」 전문(『예술가』 2020년 봄호)

그러나 세계는 그렇게 허술하지 않다. 파국에 대비하여 비축이 이루어진다. 전쟁의 와중에도 천막학교가 열리듯, 혁명의 시기에도 사랑이 싹트듯. 혼돈이 쇄신을 불러일으킨다. '도망친 노예'가 왕국으로 잠입하듯, '삼촌'이 측면에서 걸어 나오듯, 품사를 교란하는 방식으로.

사실, 품사는 되도록 다니던 길로 다닌다. 공통된 성질로 묶어놓았으므로 묶음을 풀고 다른 성질에 합류하는 경우란 좀체 없다. 대명사, 동사, 조사, 부사가 그러하듯 명사는 명사의 길로 다니고, 형용사는 형용사의 길로 다닌다. 그런데 명사와 형용사의 위치를 바꾸면 어떤 일이 일어날까. 명사는 사람의 이름에 관여하고, 형용사는 사람이나 사물의 성질이나 상태, 존재의 어떠어떠함에 관여하기 때문에 언어생태적 교란이 일어나지 않을 수가 없다. '행복한 바보'와 '바보 행복한'이 그렇다. 전자가 '형용사+명사'의 일반적인 구조로 '행복한'이 '바보'의 상태를 나타내는 데 비해, 후자는 '바보'가 '행복한'을 꾸며줌으로써 마찬가지로 '형용사+명사'의 구조를 갖지만 명사가 형용사로, 형용사가 명사로 교란됨으로써 '바보 행복한'은 전혀 다른 가치로 전이된다. 전자는 행복하기 때문에 바보가 된 게 아니지만, 후자는 바보이기 때문에 '행복한'이 된다. 여기에서 '행복한'과 '이길한'의 '한'이 같은 운을 가짐으로써 언어 유희라는 부차적인 효과도 거두고 있다. 이를 한눈에 보기 위해 정리하면 다음과 같다.

거울 밖	거울 안
행복한 바보	바보 행복한
이길한 바보	바보 이길한
행복한 거울	바보의 거울

'거울 밖'은 '바보인가 바보가 아닌가'라고 규정하는 이분법적인 세계이고, '거울 안'은 바보이기 때문에 '행복한' 가치의 세계다. '바보'로 닫혀 있느냐, '행복한'으로 열려 있느냐. 이분법적 사회에서 '관점 3'이 있다면 바로 이런 것을 읽어내는 시인의 눈이 아닐까.

0. 결구

'수학은 어떻게 시로 건너오는가'라는 이 글의 질문에 대해서는 이미 각각의 인용 시편들이 답을 했다.

둘러보라. 프랙탈 아닌 시가 없다.

보이는 것 뒤에 보이지 않는 것들이

김완, 「선암사, 꽃의 시간」·「황석산을 오르며」·「시간의 얼굴」·
「달마고도를 걷는다」·「부치지 못한 시집」

　　불교의 개념인 이(理)와 사(事)를 오늘날에는 본체와 현상으로 풀어 쓴다. 칸트 역시 세계의 구성 원리를 물자체와 현상으로 파악하였다. 『장자』는 내·외·잡편으로 이루어져 있는데, 내편을 이본(理本)으로, 외편을 사적(事迹)으로 보거나, 도(道)와 외물(外物)로 보는 관점 등이 시사하는 것은 천지 사물의 근본에 대한 성찰이 동서양을 관류할 수 있다는 점이다. 그런데 칸트 철학이나 불교 경전, 『장자』를 배워 익히지 않았어도, 혹은 개념어가 조금씩 다를지라도 그것이 우리 정서에 부합하거나 삶의 지혜라는 측면에서 자연스레 활용되는 경우를 왕왕 접한다. 보편적 가치가 이런 것일 텐데 마음과 환경, 형체와 그림자로도 일컬어지는 그 관계가 김완 시인에게서는 '보이는 것 뒤에 보이지 않는 것'으로 나타난다. 이때 전자가 현상이고, 후자가 본질이다.

　　　간발의 차이로 대선 승부가 갈리고 촛불을 들었던 우리는 모두 우울증에
　　빠졌다 이기고 지는 역사에 대해 생각하다가 선암사 선암매에게 물어보기로
　　했다 오랜 가뭄과 강원도 울진 산불에 비가 억수처럼 내리면 좋을 텐데 두 계
　　절이 공존하는 가로수 나무들 가지가지마다 물방울 꽃 달고 서 있다

어느새 어린나무들은 요 며칠 따뜻한 기온에 꽃을 활짝 피웠다 육백 살 허리 굽은 선암매, 한번 피면 하룻밤 비바람에 곧 져야 함을 아는 청매 홍매는 꽃망울에 물방울 꽃을 매달고 아직 제 꽃의 시간을 기다리고 있다 나무마다 생각이 다르고 꽃이 피는 시간이 다르고 역사에 대한 답도 다르구나

야생 찻집으로 넘어가는 산길이 호젓하다 환한 대나무 숲을 지나니 어두운 편백나무 숲이 나온다 인적 드문 외진 산모퉁이 복수초, 할미꽃 피어 있다 어둠은 가까이 있고 빛은 멀리 있다 모든 것은 부조리하다 보이는 것에 너무 집착하지 말라 눈에 보이는 것 뒤에는 보이지 않는 더 아름다운 것들이 숨어 있다

—「선암사, 꽃의 시간」 전문

세속의 삶은 정치에 예속되어 있다. 정치의 사전적 의미가 국가권력을 획득·유지·조정·행사하는 활동이라고 했을 때, 세속은 권력의 토대인 동시에 통치의 대상이기 때문이다. 국민 개개인의 행복을 최대치로 충족시키는 것이 국가의 의무이지만, 어떤 이유로 도리어 "우울증"을 유발하는 일도 비일비재한 것이 현실정치의 실제 내막이다. 시 속에서 "간발의 차이로 대선 승부가 갈"렸으니 "촛불을 들었던 우리"는 현재 패배를 곱씹으며 실의에 잠겨 있는 것으로 보인다. 그러나 "이기고 지는 역사에 대해" "선암사 선암매에게 물어보기로 했다"는 대목에서 시인은 세속의 시간을 가볍게 따돌린다. 마치 선문답처럼 선암매의 '대답'은 선명하지 않다. "요 며칠 따뜻한 기온에 꽃을 활짝 피"운 "어린나무들"에 비해 "육백 살 허리 굽은 선암매"는 대답 대신 "꽃망울에 물방울 꽃을 매달고 아직 제 꽃의 시간을 기다리고 있"는 모습을 보여줬을 뿐이다. 마치 팔만대중 앞에서 석가모니가 연꽃을 든 것처럼. 이때 가섭의 '염화미소'는 시인의 몫이 된다. '꽃의 시간'을 무어라 읽어낼 것인가.

김완은 "나무마다 생각이 다르고 꽃이 피는 시간이 다르고 역사에 대한

답도 다르"다는 인식을 넘어 "눈에 보이는 것 뒤에는 보이지 않는 더 아름다운 것들이 숨어 있다"는 현상과 본질의 문제로까지 나아간다. 그리하여 "어둠은 가까이 있고 빛은 멀리 있"는 "부조리"한 상황에 "너무 집착"할 필요가 없다는 깨달음을 통해 '우울증'보다 '촛불' 쪽으로 '우리'의 정신을 일으켜 세운다. 추상의 시공간이 아닌 세속에서 '선암매'와 같은 '꽃의 시간'을 '우리'는 살아내야 하는 것이다.

> 함양 우전마을에서 출발하여 황석산을 오른다
> 수많은 아녀자가 황석산성에서 몸을 던져
> 피바위에 피를 뿌리며 산화했다는데
> 가는 비 뿌리는 계곡에 피 내음이 스며 있다
> 죽은 자들은 죽지 않고 절대로 떠나지 않았다
>
> 쉬이 잠들지 못한 자들의 영혼 부릅뜬 눈들
> 아직도 친일파들이 득세하고 있는 이 나라의 산천
> 의암의 논개가 된 수많은 아녀자 죽은 자들은
> 죽지 않았다 행동하지 않은 민족에게 조국이란
> 친일파 청산이란 존재하지 않은 세이런의 노래다
>
> 참나무 육 형제를 세어보다가 산성에 올라가니
> 다람쥐 형제들이 눈을 반짝이며 반겨준다
> 배가 홀쭉한 두꺼비도 느린 걸음으로 제 길을 간다
> 가진 자들 더 가지려고 뻔히 보이는 잘못된 미래를
> 선택한 사람들에게 사랑이나 통일을 논하지 말자
>
> 아름다운 산하 골골마다 숨죽인 피 울음소리 사무친다
> 정유재란 때 함양 군수 조종도와 안의 현감 곽준 등이
> 인근 7개 마을 주민들과 힘을 합쳐 왜구와 맞서 싸우다가

오백여 의병들이 전몰한 곳 기억해야 할 역사의 현장이다
죽은 자들은 땅속에 있지 않고 결코 숲을 떠나지 않았다
—「황석산을 오르며」전문

'꽃의 시간'이 '선암매'의 육백 년을 담보하여 '보이지 않는 더 아름다운 것들'에 대한 경구를 들려주는 것처럼, "역사의 현장"은 선조들의 죽음을 담보하여 "행동하지 않는 민족"에 대한 강력한 경고의 말씀을 들려준다. 정유재란 때 함양 지역의 남정네들은 군수를 포함하여 "왜구와 맞서 싸우다 오백여 의병들이 전몰"했으며, 수치를 당하지 않으려고 "수많은 아녀자"는 "황석산성에서 몸을 던져" "피뿌리며 산화"했다. "쉬이 잠들지 못한 자들의 영혼 부릅뜬 눈들"이 지켜보고 있는 것은 "아직도 친일파들이 득세하고 있는 이 나라"에서 "가진 자들 더 가지려고 뻔히 보이는 잘못된 미래를 선택한 사람들"이다. '왜구'가 과거의 적이었다면, '친일파'는 우리가 '맞서 싸'워야 할 현재의 적이다. 한국의 현대정치사가 실타래처럼 얽히고설킨 것은 악의 근원이 된 '친일파 청산'을 제대로 하지 않았기 때문으로, 이제라도 '친일파 청산'을 위해 '행동하지 않'는다면 "세이런의 노래"를 들은 자들처럼 파멸할 것이라는 엄중한 인식이 이 시에는 들어 있다. '가진 자들'의 다수가 친일파의 후손이거나 기득권층으로 "뻔히 보이는 잘못된 미래를 선택한 사람들"의 중심축이고 보면, 그들로부터 선택당해 권력을 거머쥔 자들 역시 약자보다는 '가진 자들'을 이롭게 하는 데 이바지할 여지는 충분하다. 그들과 "사랑이나 통일을 논"할 수 없는 것은 이 덕목이 이익과 관련되는 쪽으로 움직이는 그들의 관심사가 전혀 아니기 때문이다. 물론 표면적으로 '사랑'에는 헌신과 희생이, '통일'에는 비용과 혼란이 발생할 수도 있다. 하지만 이면적으로 '사랑'에는 기쁨, 보람, 행복 등이, '통일'에는 적이라는 개념의 와해 한 가지만으로도 삶의 질이나 인권 수준의 고양, 정치의 순화 등

이 가능해진다. 문제는 사회를 양분시킴으로써 '가진 자들'이 얻었던 이익 구조를 그들이 쉽게 포기하지 않는다는 데 있다. 그런데 글을 쓰다 보니 잠시 의아하다. 이 글은 시 평론인가, 시사 평론인가.

 정치·사회적인 이슈를 서정적으로 옮기기가 쉽지 않은 이유는 역설적으로 시의 갈래 중 한 형태가 서정시, 리얼리즘 시, 실험시로 분류된다는 사실에서 발견된다. 그만큼 갈래의 성격이 독자적이고, 갈래 간 차이가 분명하다. 이는 시인의 세계관의 차이이기도 하다. 이로 인해 시적 대상이나 정서, 어조도 다를 수밖에 없게 된다. 김완은 첨예한 현실 인식을 짙은 서정에 녹여내는 시적 태도를 가지고 있다. 그의 시는 서정시인가, 리얼리즘 시인가. 다음 시도 이 질문의 연장선에 있다.

   화엄사 대웅전 앞 한 단 낮은 터에 있는
   보제루 나무 마루에 기대어 생각한다
   지상의 소란에서 벗어나고자 왔으나
   아직 천상의 고요를 얻을 수 없었다고

   어김없이 돌아온 사월 무엇인가 하나둘
   부서지는 시간을 담으려는 사람들
   담으려 할수록 풍경은 빠져나간다
   섬진강 육백 리 벚꽃으로 환하다 지금은
   벚꽃의 시간 노란 개나리 시샘하듯 섞여 있다

   참게탕 나오기를 기다리는 주름진 시간
   창밖 노란 산수유 너머 섬진강의 윤슬
   쇠오리들 다다다다 물길을 차는 시간
   지루한 강의 하루를 거슬러 오르내린다

   어제의 시간이 오늘의 시간을 살라고

술잔을 권한다 머리는 어제에 갇혀 있는데
영혼의 기억 속 무늬 줄지어 기다리는
사람들을 위하여 오늘의 심장으로 보낸다
섬진강 육백 리 이 환장할 봄날에도
시간은 아픈 과거의 서사에 갇혀 있다

소란과 고요 사이 그 중간에 피어나는 구름
봄의 색조로부터 물러나 그늘지는 것들과 함께
화두처럼 갇혀 있던 말들이 날아오른다
섬진강 육백 리 모든 건 사라지지만
아직은 아무것도 누구도 사라지지 않았다
나는 아직도 그 하늘을 지나가는 중이다

─「시간의 얼굴」 전문

   세속이 차안이라면, 천상은 피안이다. 김완의 "화두"는 "지상의 소란에서 벗어나" "천상의 고요를 얻"는 것이지만, 그것이 여의치 않은 것은 "섬진강 육백 리 이 환장할 봄날에도 시간은 아픈 과거의 서사에 갇혀 있"기 때문이다. "벚꽃으로 환"한 "사월"에 섬진강 부근에서 "참게탕 나오기를 기다리는" 시간은 얼마나 즐거우며, 누군들 그 자리를 즐기고 싶지 않을까. 그러나 그는 이 순간을 "주름진 시간"이라고 규정한다. "어제의 시간이 오늘의 시간을 살라고/술잔을 권"하지만, 여전히 "머리는 어제에 갇혀 있"으므로 그는 부자유하다. 한국전쟁의 상흔을 고스란히 담고 있는 섬진강은 휴전되고 나서까지 토벌대와 빨치산이 벌였던 동족상잔의 피를 기억하는 '시간의 얼굴'이며, 역사의 거울이기 때문이다.

   정확히 읽어내지는 못했는데, "영혼의 기억 속 무늬 줄지어 기다리는/사람들을 위하여 오늘의 심장으로 보낸다"는 대목에 집중하게 된다. 만약 그들이 '아픈 과거의 서사에 갇혀 있'는 '죽은 이들'이라면 그들이 '기다리는'

것은 종전일 것이며, 현재는 휴전 중이므로 "아직은 아무것도 누구도 사라지지 않았다"는 논리는 시적으로 성립한다. '나' 역시 '아픈 과거의 서사에 갇혀 있'으므로, "나는 아직도 그 하늘을 지나가는 중이다"라는 마지막 행은 그래서 그들과 '나'의 코러스로 울려 퍼지는 듯하다. 대선이 끝난 후의 심경이 담긴 「선암사, 꽃의 시간」이나, 친일파 청산을 촉구한 「황석산을 오르며」가 현실 인식의 서정적 표출이라면, 「시간의 얼굴」은 환상과 현실을 오가는 역사의식의 선적 표출이 아닐까 싶다. 그러나, 설사 그렇다고 하여도 한 개인이 비극적 역사에 대해 갖는 채무 의식, 내지는 공통감각으로서는 너무 과도한 몰입이 아닐까. 더욱이 한국전쟁 때 그는 아직 출생 전이었을 테니 더욱 그렇다.

> 달마산 호남정맥 암릉으로 솟구쳐 오른 산
> 해남 미황사 달마고도 가는 길이다
> 낮달을 찾아 떠나는 구도의 길
> 이야기에 빠져 길을 놓치기도 한다 그래
> 인생도 더러 길을 잃고 헤매기도 하는 법
>
> 달마산 중턱을 둘러싸는 해발 489미터
> 길이 17.74킬로미터의 둘레길이다
> 출가수행 고행 해탈의 길을 걷는다
> 이 길의 화두처럼 민달팽이를 만나다
> 달마가 서쪽으로 간 까닭을 곰곰 생각하며
> 본디 불교였는데 힌두교가 된 역사
> 인도의 종교에 관해 공부하며 출발한다
>
> 쿠스완트 싱의 소설 『파키스탄행 열차』의
> 내용을 양념으로 섞어 장단을 맞추어
> 듣는 자의 성심을 보이기도 하였다

세 사람이 길을 가면 누군가는 스승이 된다
말 없는 산책은 자연과 끊임없는 대화다

(중략)

바람과 지는 해가 주는 회한과 평안함 물고리재
삼나무 편백나무 숲을 지나면 중생들
자신의 마음을 비워내고 싶을 때 가고 싶은
출가수행 고행 해탈의 길, 끝이며 시작인
어지러운 생각들 절 마당에 번뇌 가득하다
마음을 깨쳐 준다는 꿈속의 보리수는
그 옛날 미황사 해무처럼 형체 없이 흩어졌다
　　　　　　　　　　　　─「달마고도를 걷는다」 부분

그러므로, 시인은 걷고 또 걷는다. "야생 찻집으로 넘어가는" "호젓"한 "산길"과 "환한 대나무 숲을 지나" "어두운 편백나무 숲"(「선암사, 꽃의 시간」)을, "함양 우전마을에서 출발하여 황석산을 오"르고, "수많은 아녀자"가 "몸을 던"진 "황석산성"에도 발을 딛는다(「황석산을 오르며」). "해남 미황사"에서 출발하여 "길을 놓치기도" 하면서 "달마산 중턱"의 "둘레길을 걷"고 "물고리재"에서 "삼나무 편백나무 숲을 지나" 다시 "미황사" "절 마당"에 닿는 "달마고도를 걷는다"(「달마고도를 걷는다」). 이 길은 선사들의 "출가수행 고행 해탈의 길"이면서 "중생들/자신의 마음을 비워내고 싶을 때 가고 싶은" 길이며, "나"의 "구도의 길"이기도 하다. 서로 "스승"과 제자가 되어 "역사"와 "종교에 관해" 토론하다가도 "말 없는 산책"을 하면서 "자연과 끊임없는 대화"를 하고, 우연히 만난 "민달팽이"가 "이 길의 화두"가 되기도 하는 '달마고도'.

'지상의 소란'에서 '천상의 고요를 얻'는 일과 "낮달을 찾아 떠나는 구도의 길"은 같은 차원으로 묶인다. 깨달음에 머물지 않고 "행동"하는 일도 '지상의 소란'을 잠재움으로써 '천상의 고요'에 동참하는 '구도의 길'이며, 이를 담아내는 시인의 시도 그 자장 안에 속한다. 그랬구나. 김완이 역사에 대한 채무 의식과 현실에 대한 공통감각에 부대끼는 것은 '지상'에서 '천상'을, 차안에서 피안을 실천하려는 능동적 몸부림이었구나. 시인이 아니었으면 승려나 사제가 되었을지도 모를 그의 슈퍼에고는 그래서 시를 쓸 때마다 매번 아프고 괴로웠구나.

> 우체국에서 새로 나온 시집을 부친다
> 시집을 부치며 여러 상념이 교차한다
> 부친 뒤 한참 만에 반송되어 온 시집들
> 서울 경기 지역에 사는 분들이 많다
> 반송된 시집을 보며 다시 주소를 확인한다
>
> 여러 경로로 정확한 주소를 찾는 경우도 있다
> 친한 사이는 전화나 문자로 문의하기도 한다
> 어려운 사이나 윗사람의 경우는 묻기
> 망설여진다 어렵게 용기 내어 한 문자에
> 답도 없는 경우는 마음이 아프기도 하다
>
> (중략)
>
> 언젠가는 내가 누구였는지 아는 이도 없으리라
> 많은 이들은 알려지지 않은 변방의 산에서
> 미지의 계곡으로 내려온 내 발자국 내 그림자
> 사랑하는 이들도 그늘 속에 남겨진 나를 잊을 것이다
> 내 생의 마지막 저녁이 느리게 도착할 무렵
> 다시 보내지 못한 편지 부치지 못한 시집에 대하여
> 지상의 그 누구도 바람과 빗방울도 알지 못하리다
> ─「부치지 못한 시집」 부분

리얼리즘과 서정적 경향을 넘나드는 김완의 시집(『지상의 말들』)을 일독한 적이 있다. "우체국에서 새로 나온 시집을" 그가 부쳤을 때, "반송되"지 않고 다행히 제대로 도착한 것이다. 자신이 아니라 남의 일, 첫 단추가 잘못 꿰어진 역사와 사회문제로 인해 아프고 괴로워한 궤적이 절반을 넘었다. "부친 뒤 한참 만에 반송되어 온 시집들" 중에 "서울 경기 지역에 사는 분들이 많"은 것을 보면서 그는 '서울 경기 지역에 사는' 이들이 삶의 부침이 더 많다는 것을 느꼈을 테고, "여러 경로로 정확한 주소를 찾"느라 손품을 팔았을 것이며, "어려운 사이나 윗사람의 경우는 묻기 망설여"지면서 "어렵게 용기 내어 한 문자에/답도 없는 경우"엔 실망이나 노여움이 아니라 "마음이 아"파지는 과정들을 겪었을 것이다. 그의 아픔의 실체는 "변방의 산에서/미지의 계곡으로 내려온 내 발자국 내 그림자"를 전하지 못해서가 아니다. "사랑하는 이들도 그늘 속에 남겨진 나를 잊을 것"이기 때문이다. 인연이 닿았든, 닿지 않았든 간에 생의 유한함에 처한 인간은 누구나 잊고 잊히는 게 오히려 순리일 수 있다. "부치지 못한 시집"이 환기시켜주는 이 쓸쓸함을 넘어서는 일은 살아가는 동안 '행동'하는 것이라고 그는 누누이 말하고 있다.

어느 만큼 우리는 주관적이어서 누구에게 시간은 직선적으로 흐르고, 또 누구에게는 순환적으로 흐른다. 직선적 시간은 태어남과 죽음이 일직선이어서 한 개인의 탄생은 한 개인의 소멸로 이어지지만, 순환적 시간은 태어남과 죽음이 끊임없이 환원되므로 인간은 죽어도 죽는 것이 아니게 된다. 김완이 '꽃의 시간'에서 찾아낸 "보이지 않는 더 아름다운 것들"이나, '시간의 얼굴'에서 찾아낸 역사의 시간은 소멸하지 않고 순환 생성한다. 현상 뒤의 본질, 보이는 것 뒤의 보이지 않는 것들을 찾아내기 위한 그의 '행동'의 비밀이다.

고통에 관한 시적 아날로지

허정애 「우리는 타인의 얼굴에서 어떻게 걱정의 감정을 읽어내는가」, 허연 「가여운 거리」,
최문자 「손」, 이보경 「타프롬 사원과 스펑나무」, 이윤설 「예약된 마지막 환자」

1.

폭풍에 대한 시가 풀잎처럼 고요하고 풀잎에 대한 시가 폭풍처럼 휘몰아칠 때, 폭풍과 풀잎의 궁극이 더 잘 보이는 것은 아이러니다. 폭풍을 폭풍의 언어로 쓰거나 풀잎을 풀잎의 언어로 쓴 시가 기시감을 주는 것과 마찬가지로, 봄의 사물을 언어화한 시가 정작 봄을 보여주는 데 실패할 확률이 높은 것도 그 연장선에 있다. 폭풍과 풀잎 사이를 운동하는 상상력의 대담한 진폭이 봄과 봄 사이에서 자주 위축되는 것은 일테면 시의 언어가 철학이나 신학의 언어와 다르기 때문일 것이다. 시의 언어는 소설을 포함한 철학과 신학의 산문적 속성, 그러니까 'A=A'나 'A=A'', 'A=A²'와는 아예 다른 종족이라고 말할 수 있다. 'A=not A', 혹은 'A=not A''이라고 말하더라도 마찬가지다. 그런 의미에서 봄을 봄의 사물로 드러내는 것은 시보다는 산문적 태도에 가깝다. 'B'와 'C'라는 보조관념을 주인공의 자리에 앉히면서까지 시가 'A=B', 'A=C'라는 식으로 원관념을 은폐하는 것과는 달리 산문은 줄곧 인간이라는 원관념을 바꾸지 못한 채 인간에 복무해왔다. 그러나 산문이 시적 태도에 가까워질 때가 있는데, 인간만이 아니라 동물과 자연을 원관념으로 삼기 시작할 때가 그것으로, 일테면 비건(vegan)에 대해 말하는 산문이 시적인 이유다. 비건은 착취받는 모든 동물과 그 동물이 제공하는 모든 제품 — 벌꿀과 우유, 달걀, 오리털, 가죽제품 등 — 을 거부함으로써 동물의 입장에 서는 시적 태도에 다름 아니다. 그러므로 시적 진실은 삼라만상에 편만하나, 산문적 진실은 올곧게 인간을 향한다. 문학·철학·신학의 핵심 주제이기도 한 고통에 대해서는 어떨까.

돌이켜보면 현 인류에 이르기까지 고통의 시대가 아닌 적은 없었던 것으로 보인다. 휴머니즘의 격렬한 파동이 지나고 과학이 경이적으로 발전한 현대에서조차 역병, 전쟁, 가난과 소외가 끊이지 않는 것을 보면 고통은 동서고금을 통틀어 인간 실존의 보편적 전제조건이 아닐 수 없다. 고통의 의미에 대한 통찰과 고통에서 벗어나기 위한 방법론 — 정신적인 것이든, 육체적인 것이든 — 이 철학과 신학의 주된 관심사였다면, 그것은 문학 장르에서 주로 세계에 대한 태도의 문제로 귀착된다. 세계의 재현, 곧 '세계에 구속됨으로써 세계에 참여하는 것'(사르트르)이 소설적 태도라면 세계의 초월, 곧 '본래적 경험으로서의 아날로지적 창조'(옥타비오 파스)가 시적 태도라고 할 수 있을 것이다. 아날로지적 창조란 랑그와 파롤이 하나 되게 하는 것이며, 'B'와 'C'의 유추·유비를 통해 'A'를 재창조하는 것이다. 다시 말해 동의성(同義性)과 이의성(異義性)을 오가며 언어의 다의성이 풍부하던 말의 원초적 상태를 현대적으로 복원하는 것을 말한다. 산문이 세계의 고통을 증언한다면, 시는 세계의 고통 그 자체가 된다.

2.

초당 300프레임, 가깝게 배열된 인물들의 영상이 느린 속도로 재생된다.*
비통에 잠긴 표정과 무언의 몸짓이 곤충의 날갯짓만큼이나 복잡하다. 당혹과 분노, 연민, 두려움과 슬픔…고통의 감정들이 발산되고 수렴된다. 물리적 시간이 확장된다.

    그들의 면전에 ― 심리적 시간 속에 ― 어떤 불행의 현장이 펼쳐져 있는가.

    대책 없이 들이닥치는 참사들, 어둠의 편에서 행해지는 무신경한 폭력들, 기생식물처럼 뿌리내리는 병마들, 치명적 도약을 감행하는 사람들

    전시장 가득 빠르게 교차하는 비명과 신음의 이미지 사이, 관람자들이 유령처럼 떠다니고 아이의 명랑한 허밍이 낮하를 울리는 고무공처럼 현실적 공간에 공명한다. 가슴속 천근의 추가 불안한 진자운동을 한다.

    애도 의식(儀式)에 참여한 사람들이 관람자들에게서 시선을 떼지 않는다.
* 빌 비올라, 〈의식Observance〉, 플라스마 모니터, 고화질 비디오.
    ― 허정애, 「우리는 타인의 얼굴에서 어떻게 격정의 감정을 읽어내는가」
(『예술가』 2020년 겨울호)

  예술이 콘텍스트로서 서로 영향력을 주고받는다는 사실은 수직으로는 전통에서 현대로 이어지면서 현대적 관점에서 전통을 수용하거나 재해석하는 계기를 마련하고, 수평으로는 리좀(rhizome)적으로 당대와 자유롭게 접속하고 확산되는 것을 의미한다. 알브레히트 뒤러의 작품인 〈네 명의 사도들〉(목판에 유채, 1526)의 형식과 분위기를 차용한 빌 비올라의 〈의식〉(2002)이 수직적 콘텍스트라면, 〈의식〉과 이 시는 수평적 콘텍스트다. 〈네 명의 사도들〉은 두 개의 프레임에 요한과 베드로, 마가와 바울의 전신이 그려져 있는데 각각 215.5×76cm, 214.5×76cm의 긴 세로축과 좁은 가로축을 갖고 있다. 표정과 손에 들고 있는 상징물로 인해 사도들의 성격과 역할 등이 절제된 형식으로 드러난 이 그림에서 빌 비올라는 두 명이 동시에 서기에도 비좁은 프레임과 고도로 '압축된 깊이'를 빌려와 영화촬영 기법으로 〈의식〉을 제작했다.

  "느린 속도로 재생"되는 〈의식〉의 특이점은 등장인물들인 "그들의 면전

에 "어떤 불행의 현장이 펼쳐져 있는"지가 생략되어 있다는 것이다. 다만 관객은 등장인물들의 표정과 동작을 통해 그들이 어떤 참상의 결과로 추정되는 "애도 의식에 참여"했다는 예측만을 할 수 있을 뿐이다. 9·11테러에서 받은 충격과 슬픔이라는 원래적 의도를 포함해 관객은 "대책 없이 들이닥치는 참사들, 어둠의 편에서 행해지는 무신경한 폭력들, 기생식물처럼 뿌리내리는 병마들"과 같은 일반적·주관적·개인적 고통의 목록들을 그에 대입하게 된다. 슬로우 모션으로 "의식"이 진행되는 동안 18명의 등장인물이 차례로 눈을 맞추는 대상이 바로 관객 자신이기 때문으로, 문득 '나'는 그들의 애도 대상으로 치환된다.

이 시는 중계방송처럼 담담하게 〈의식〉을 재배치함으로써 두 가지 효과를 거두고 있다. 원본을 환기하여 세계와 '나'들이 가진 각기 다른 종류와 질량의 고통("가슴속 천근의 추가 불안한 진자운동을 한다")을 공유하게 만드는 것이 그 첫째요, 그럼에도 "관람자들에게서 시선을 떼지 않는" 등장인물들을 통해 극진한 위로를 경험하게 만드는 것이 그 둘째다. 애도 대상에 대한 빙의를 통해 고통과 위로는 우리에게 날것으로서의 원초적 감각이 된다.

3.

베란다에 걸려있는 빨래들이 흔들리기 시작하면
생은 잠시 초라해졌다가 다시 화색이 돌기도 한다
경멸할 것은 없다. 어차피 다 노래니까

나는 이 위험한 계보를 알고 있다
혼자 밥을 먹는 사람들이
약기운에 지친 환자처럼 얌전해지는 밤을 알고 있다

서리 낀 창밖은 질문으로 가득하지만
여기선 답을 하지 않는다.
질문 속에 답이 있거나 혹은 답이 두렵기 때문이다

도시의 동쪽에는 노숙인들이 낮 시간을 보낸
긴 의자들과 고장 난 그네가 있다
나중에 봄이 되었을 때
의자와 그네에는 새로운 색이 칠해져 있을 것이다.

겨울이 오기 전 거리가 파헤쳐지면
사람들은 비로소 도시를 이해한다.
모든 것은 이미 정해져 있었고 가끔 새들이 태어났다.

도시는 자꾸만 바람 불어오는 쪽을 바라보고
나는 들려오는 모든 소리들이 구타처럼 느껴진다
(나도 한 거리를 사랑할 수 있다면 좋겠다)

도시의 거주민들은 비가 언제까지 내릴까 하면서
자꾸만 하늘을 올려다본다
거리에는 장례식이 있었다
— 허연, 「가여운 거리」(『시로 여는 세상』 2020년 겨울호)

생즉고(生卽苦)라는 오래된 전언이 진리로서 회자되는 것은 고통이 모든 인간에게 보편적이라는 의미다. 행복이라는 목표에 도달하기 위해 고통을 감내하는 과정을 행복하다 할 수 있을까. 목표에 도달한다 해도 그곳에 안착하는 사람이 있을까. 더 나은 고지를 설정하고 다시 허리띠를 조이고 신발끈을 고쳐 매지 않을까. 한 세트로 묶여가는 생로병사에서 '생'만을 뽑아 가질 수는 없는 노릇이다. 욕망의 끝은 가없고, 시대는 작용과 반작용으로 길항하며 끊임없이 부침한다. 그 와중에도 변함없이 강자 논리의 시스템이 작동하여 약자 길들이기가 진행되고, 진실은 두꺼운 외피에 둘려 깊은 곳에 은폐된다. 기쁨은 잠시, 고통은 오래. 태생적으로 생의 비의를 감지한 사람들의 다수가 사상가거나 종교인, 그리고 시인이 된다. 전자는 진리를 향해 나아가고, 시인은 은폐된 진실을 향해 나아간다.

먼저, 이 시의 외연을 살펴보자. "도시"에서 "모든 것은 이미 정해져 있었"다. "새들"조차도 "가끔"씩만 태어나도록. "생"에 "화색이 돌" 거라는 환상이 "경멸"받아 마땅한 것은 지금까지 그래왔던 것처럼 "어차피" "혼자 밥을 먹는 사람들이/약기운에 지친 환자처럼 얌전해지는" 전철을 밟을 것이고, 바뀔 것은 없기 때문이다. "나"나 "도시의 거주민들"은 "이 위험한 계보"에 대한 "질문으로 가득하지만", "질문 속에 답이 있"으므로 "답을 하지 않"고, "답이 두렵기 때문"에 서로 질문도 하지 않는다. 이 모든 것을 관장하는 "도시"의 실체를 "이해"할 수 있는 것은 그해 배정된 예산을 다 쓰기 위해 "겨울이 오기 전" "거리"를 "파헤"치면서 "거주민"들을 소외시키고, "봄이 되었을 때" "노숙인들이 낮 시간을 보낸/긴 의자들과 고장 난 그네"에 "새로운 색"을 칠하는 것으로 "노숙인"들을 소외시키는 바로 그때이다. "도시"는 변화를 일으키는 새로운 "바람"이 "불어오는 쪽"을 경계하고, "나는 들려오는 모든 소리들이 구타처럼 느껴"지는 이곳의 어떤 "거리"도 "사랑할 수" 없으며, "도시의 거주민"들은 한껏 길들어 "거리"에서 "장례식이 있었"던 일에는 무심한 채 고작 "비가 언제까지 내릴까 하면서/자꾸만 하늘"이나 올려다본다.

활기도 생명력도 거세된 것 같은 이 "도시"의 시공간은 과연 어디인가. 어쩌면 역사에 기록된 과거의 낯익은 풍경일 수도 있고, 속속들이 현재일 수도 있으며, 점점 더 나빠지고 있는 양상의 미래일 수도 있다. 혹은 이들의 공집합인 어느 지점, 곧 보편적인 삶의 현장일 수도 있다. "위험한 계보",

곧 도시가 숨기고 있는 발톱의 비밀을 알고 있는 시적 화자가 원하는 것은 고작 "한 거리를 사랑"하는 것이지만, 이것은 불가능할 수도 있다. 쪽방촌 거주민, 고시원 거주민이란 호칭에서 보는 것처럼 "거주민"은 그 지역에 뿌리를 내리고 사는 원주민과 주거가 불분명한 "노숙인" 사이의 심리적 층위를 가지고 있는 부류이기 때문이다. 붙박이로서의 추억이 서린 곳이 아니라면, "모든 소리들이 구타처럼" "들려오"고 "장례식이" 거행되는 "가여운 거리"는 애초에 "사랑"의 대상이 아니다. 따라서 시의 내포이기도 한, "(나도 한 거리를 사랑할 수 있다면 좋겠다)"는 괄호 속의 속말은 시의 모든 정황이 뒤집힌 상태에 대한 희구가 된다. 랑그와 파롤이 하나였던 세계에 대한 그리움의 비명!

4.

앞의 시처럼 시적 자아의 고통은 세계와의 불화에서도 오지만, 아래 시처럼 자아와 페르소나의 분리에서도 온다.

> 아주 천천히 손을 씻는다 크고 따뜻했던 손이 때때로 검정 색이다
> 피를 흘리고 가끔 붕대를 감고 봄밤 연인의 손을 잡다가 너무 많이 울어본 손이 여러 개로 손을 쪼개고 어느 한 조각에 잠긴다
>
> 손을 나라고 할 것인가? 대낮에는 내 손이 아니다 나를 떠난다 나를 이긴다 풋과일처럼 새파랗고 단호하게 다른 손을 잡는다 눈을 감고 있어도 손의 하루는 뼈근했다 손에 잠긴 사실들이 꿈틀거렸다 손은 뭔가를 할퀴고 만지다가 깊은 밤에야 돌아왔다 잔을 돌리며 우리는 아무도 그것을 묻지 않았다 한꺼번에 몇 개의 손이 되려 하는 손에게 왜 피가 나느냐고 묻지 않았다

> 아아, 하얗게 자고 싶어. 얼굴 같은 손이 나에게 말했다
> ─ 최문자, 「손」(『열린시학』 2020년 겨울호)

본디 세계에 맞서는 것은 자아이지 페르소나가 아니다. 사회적 인격인 페르소나는 자아가 세계와 타협점을 찾도록 역할수행을 할 뿐이다. 그러나 이 시에서 "손"으로 의인화된 페르소나의 역할은 자아를 위해 거의 맹목이다. "손"이 "나를 떠"나고 "나를 이긴다"고 했지만 "나"를 위해 "풋과일처럼 새파랗고 단호하게 다른 손을 잡"기 위해서다. "나"를 위해 "피를 흘리고 가끔 붕대를 감고" 있을 뿐 아니라 "몇 개의 손이 되려"고까지 한다. "봄밤 연인의 손을 잡다가 너무 많이 울어본 손"이 "나"를 위해 슬픔의 가닥 가닥을 대신 울어주기 위해서다. "나"를 위해 "뭔가를 할퀴고 만지다가 깊은 밤에야 돌아"오는 "손"에게, 그러나 "나"와 "우리는" "아무도" "왜 피가 나느냐고 묻지 않았다". "손"이 수행하는 잡다한 세상일은 "나"를 만신창이로 만들만한 일이지만, "나"는 "나"를 대신한 "손을 나라고 할 것인가?"라며 타자화하려고 한다. 그러나 '이건 내가 아니야', '이건 내가 한 짓이 아니야'라고 자신을 부정하는 것은 자아를 보호하기 위해 페르소나를 분리시키는 나르시시스트의 고통에 다름 아니다.

연민과 혐오 사이에서 "내"가 환기한 것은 원초적 감각이며, 원초적 언어다. 이제는 "때때로 검정 색"이지만 "아아, 하얗게 자고 싶"다고 열망하는 본래의 "크고 따뜻했던 손"이 그것. 자아와 페르소나처럼 이들은 "나"의 부분이며 전체다. 그리하여 시는 '검정 색 손' ─ '크고 따뜻했던 손'이라는 동의성과, '하얀 잠'이라는 이의성을 오가며 고통 이전의 시간대를 언뜻 현시한다. 자아와 페르소나는 배타적 혐오의 관계가 아니라 연민으로 더욱 끌어안음으로써 합체한다.

5.

하물며, 자연과 인간은 유비 관계다. 형상과 현상을 공유한다. 자연을 모방한 것은 인간이지만, 인간이라는 거울에 비친 자연은 재해석된 사물이기 때문이다. 그리하여 자연을 복원하는 것과 인간관계를 회복하는 것은 등가가 된다.

> 기생일까 공생일까 시나브로 서로의 목을 조이고, 상생이라 여기며 몰락하는
> 모호한 관계, 당신과 나의 삶일지도 모른다고 생각할 때
>
> 기생이 없었다면 로맨스 없는 사회가 됐을 거라고
> 사원의 살을 파고드는 나무처럼 기세등등한 당신이 너스레를 떨었다
>
> 불면 속으로 깊이 빠져들 때,
>
> 마을 어귀 숲이 무성한 회화나무를 꿈꿨다
> 그늘에 평상을 키우고 이야기꽃을 부채질하는
> 꿈틀거리는 모든 것들의 쉼터를 꿈꿨다
>
> 앞새가 악수를 청하고 파랑새 붉은 입술로 속삭이는 내일
> 나이테를 살찌우고 아름드리 뿌리를 내리는,
>
> 공생을 생각했다
> 스펑나무 사이로 보이는 돋을새김 압사라처럼 입꼬리를 올리고
> 기생을 생각했다 당신과 나를 생각했다
> ─ 이보경, 「타프롬 사원과 스펑나무」 전문(『예술가』 2020년 겨울호)

여기 두 삶이 있다. 자연과 문명이 얽히고설킨 사원과, 이상과 현실이 얽

히고설킨 인간의 삶이 그것이다. 기생과 공생과 상생을 경계 짓기 어려운 지점에서 이 시는 출발한다.

캄보디아의 "타프롬 사원"이 유명한 것은 아마도 "스펑나무" 때문일 것이다. 마치 용암이 흘러내리다 굳어졌거나, 지붕 위에서 싹이 튼 채로 사원에 엉덩이를 걸치고 앉아 있는 듯한 기이하고 거대한 스펑나무의 규모는 압도적이다. 스펑나무 뿌리로 인해 붕괴된 사원의 잔해는 이들의 관계가 공생이나 상생이 아님을 말해주지만, 그나마 낡아가면서 겨우 남아 있는 사원을 지탱해주는 뿌리의 존재는 이들의 관계가 공생이나 상생처럼 보이게 만든다. 결과적으로 서로 이익과 폐해를 주고받는다는 의미에서 기생이라고 할 수도 있겠고, 함께 몰락해간다는 의미에서 공동운명체라고 말할 수도 있겠다. "당신"과 "나"의 관계 역시 마찬가지다. 이 시에서 "스펑나무"는 "당신"에 유비되고 "사원"은 "나"에 유비되는데, '당신-나'의 관계가 '스펑나무-사원'의 관계를 유추하게 만든다는 점에서 고통에 관한 아날로지적 상상력은 작동한다.

'당신—나'의 관계에서 한편에는 "기생이 없었다면 로맨스 없는 사회가 됐을 거라고" "너스레" 떠는 "당신"이 있고, 한편에는 "불면 속으로 깊이 빠져"드는 "나"가 있다. "나"는 "마을 어귀 숲이 무성한 회화나무"와 그 "그늘에 평상을 키우고 이야기꽃을 부채질하는" 살아 있는 것들의 "쉼터"를 꿈꾼다. "앞새[남풍]"가 불어와 "회화나무"의 "나이테를 살찌우고 아름드리 뿌리를 내리는" "공생"의 "내일"을 꿈꾸는 것이므로, "기생"을 말하는 "당신"과는 확실히 거리가 있다. 그러나 이 시는 1200년 전에 건축되면서 조각된 무희들("돋을새김 압사라")의 미소("입꼬리를 올리고")와 현재의 "스펑나무"를 현재적으로 동일시하고, 또한 "나"와 "압사라"를 겹쳐놓음으로써 '나의 미소'를 "압사라"의 미소와 동일시한다. "회화나무"와 "스펑나무"는 시간의 두께 안에서 '나무'로서 같은 의미(동의성)를 지니고, 동시에 기생과 공생과 상생이라는 다른 층위(이의성)를 넘나들면서 "당신–나"의 관계는 기생과 공생과 상생이라는 개념의 경계를 지운 곳에 오롯이 자리잡는다.

6.

　　　나의 병은 주치의의 주특기, 삼십 년째 이 원인 모를 난치병을
　　　연구했고 당연히 국내 유일한 권위자로 성장했다.
　　　그에게 나는 오늘 혼이 났다.
　　　먹어서는 안 될 사슴뿔 고아 짠 용을
　　　남몰래 복용했기에
　　　그의 예단대로 통증은 격심했고
　　　불면은 깨진 유리처럼 저항력을 손상시켰다.
　　　두 손을 모아쥐고 머리를 조아리며,
　　　의사의 말을 따르지 않는 환자는 치료할 수 없다는 극단의 처방을
　　　거두시기를 앙망하느라
　　　내 눈자위가 떨잠처럼 으달달 떨렸다.

　　　차트를 갈겨쓰는
　　　창백한 흰 가운의 그는
　　　환자를 정면으로 쳐다보는 법이 없다.
　　　나는 소독된 햇빛이 비치는 책상 위
　　　모형 범선을 보고 있었다.
　　　펜을 멈추지 않은 채 그는 말했다.
　　　제 의료 인생은 선원들과 함께한
　　　험난한 항해와도 같았죠. 닻을 내리기 전까지
　　　무엇보다 선원들과 싸워야 합니다.

　　　휘날리는 필기가 끝나고 마침내 새 처방이 나왔다.

여명시에 깨어나 땀에 흠뻑 젖도록 일하고
일몰시에는 가족과 함께 영양이 풍부한 저녁식사를 한 뒤
시를 읽다가 잠들어야 합니다.

그건 좀 어려워요, 직업이나 식사 무엇 하나
규칙적이긴 힘든데다 고독한 처지예요.
더구나 시는 읽을 줄 몰라요.

건강을 돌보라는
간단한 충고조차 들으려 하지 않는군,
그는 깨진 유리처럼 인상을 쓰고
잠시 관자놀이를 짚었다.
간호사가 황급히 물잔과 알약을 대령하자
약을 털어 삼키는 동안
시커멓게 반달 진 그의 눈 밑이 엿보였다.

자가면역질환은 우리 몸이 자신의 세포를 적으로
오인하고 스스로를 공격하여 생기는 통증이지요.
나는 내 환자들을 내 몸처럼 여겨요. 그런데 왜!
처음으로 마주친 그의 눈동자가 으달달 떨며
폭죽처럼 실핏줄이 터졌다.

선생님, 통증이 심하신가요?
그는 두 손을 모아쥐고 간절히 고개를 끄덕였다.
사슴뿔 고아 짠 용을 복용하셨나요?
그는 그건 이미 십 년 전 일이라고 못박았다.

나는, 여명시에 깨어나 땀에 흠뻑 젖도록 일하고
일몰시에는 가족과 함께 영양이 풍부한 저녁식사를 한 뒤

시를 읽다가 잠들어야 한다고 처방했다.

그는 직업상 쉬운 일이 아니라고 항변했다.
나는 내 말을 믿지 않는 환자는 진찰할 수 없다고 소리쳤다.
그는 고개를 떨구었고,
나는 간호사에게 외쳤다.
다음 환자!
그는 흰 가운에 청진기를 건 채 훌쩍이며 문을 열고 나갔다.
간호사는 그가 예약된 마지막 환자였다고 말했다.
— 이윤설, 「예약된 마지막 환자」(『문학동네』 2020년 겨울호)

 가장 고통스러운 생체 감각은 질병에서 오는 것이 아닐까. 이제는 "난치병"과 "자가면역질환"이라는 병명 자체도 생소하지 않다. 이 시는 그 기저 질환 위에 얹혀 발생한 날카로운 통증을 구체화해서 독자 역시 "으달달 떨"게 만들고 있다. 지푸라기라도 잡는 심정이었겠지만, 금지된 약물("사슴뿔 고아 짠 용")을 "남몰래 복용"한 후, 시적 화자가 겪는 일련의 사태는 크게 두 가지다. "통증은 격심했고/불면은 깨진 유리처럼 저항력을 손상시"킨 신체적 고통이 그 하나요, 이 병에 관한 한 "국내 유일한 권위자"가 내린 "극단의 처방"("의사의 말을 따르지 않는 환자는 치료할 수 없다")에 대한 심리적 공포가 또 하나다. 그러나 "두 손을 모아쥐고 머리를 조아리며" "극단의 처방을/거두시기를 앙망하"는 장면은 신체적 고통보다 심리적 공포가 더 극심했다는 사실을 보여준다. 의사가 치료를 거부한다는 것은 환자를 포기한다는 말이며, 고통 속에 방치한 채 그 생명을 죽음에 순순히 내어주겠다는 의미이기 때문이다. 의사가 "극단의 처방"을 내린 것은 실제 그렇게 하겠다는 의지보다는 역으로 화자가 겪고 있는 병의 위중함을 보여준다.
 그 와중에도 이 시가 재미있는 것은 같은 상황을 의사와 환자가 바꿔 연기하는 역할극의 구조를 가지고 있기 때문이다. "극단의 처방"이 "새 처방"으로 바뀌면서 2연까지의 리얼리티는 3연에서 환상의 외피를 쓰면서 시적 국면으로 전환된다. "여명시에 깨어나 땀에 흠뻑 젖도록 일하고/일몰시에는 가족과 함께 영양이 풍부한 저녁식사를 한 뒤/시를 읽다가 잠들어야 합니다." 이 "새 처방"은 "난치병"과 "자가면역질환"의 영역을 벗어났다는 점에서 완치된 뒤에 들고 싶은 화자의 내면 욕구라고 할 수 있다. 앞에서 "극단의 처방"에 대비해보아도 그 무게의 차이를 알 수 있다. "그건 좀 어려워요./직업이나 식사 무엇 하나/규칙적이긴 힘든데다 고독한 처지예요./더구나 시는 읽을 줄 몰라요." 화자는 가볍게 거부한다. "두 손을 모아쥐고 머리를 조아리"던 태도에서 이렇게 달라졌다.

산문과는 달리 시에서의 고통이 비극은 아니어서 시적 상황이 서사적 맥락으로 가지는 않는다. 시에서의 고통은 불행이 아니어서 시적 상황은 때로 유머를 머금기까지 한다. "간호사"가 "그가 예약된 마지막 환자였다"고 말하는 시의 마지막 대목에서처럼, 화자는 이윤설 시인 자신이고, "마지막 환자" 역시 그녀 자신이었다. 그녀는 자가면역질환 판정 후 1년여 만인 2020년 10월 10일에 세상을 떴고, 이 시는 그녀의 유고작이 되었다.

7.

시와 산문은 우위를 가릴 수 있는 영역이 아니다. 제 몫의 역할이 각각 주어져 있을 뿐이다. 시적 언어와 산문적 언어가 따로 있는 것도 아니다. 그러나 놓일 자리는 구별되어 있다. 시가 고통을 다루는 방식과 산문이 고통을 다루는 방식을 부분부분 비교한 것은 상대적으로 시적 아날로지에 대해 얘기하고 싶은 욕구 때문이었다. 원초의 감각, 원초의 리듬, 원초의 언어 등은 시를 쓸 때마다 다녀와야 할 성지(聖地)가 아닌가 해서.

머물기, 달아나기 혹은 되돌아오기

정일근 「어머니의 문장」, 이진옥 「씻김」, 나희덕 「슬픈 모유」, 김용택 「위대한 나의 아버지」,
김재필 「그러거나 말거나」, 최영철 「아흔아홉 개의 정류소를 지나」

　이진옥의 「씻김」은 딸이 이끌어가는 어머니 중심 서사이고, 김재필의 「그러거나 말거나」는 아들이 이끌어가는 아버지 중심 서사이다. 시적 대상과 주체 간의 이런 구도, 예컨대 '모−녀'와 '부−자'가 '모−자'와 '부−녀'보다 시단에서 더 자주 눈에 띄었다는 생각이 드는 건 착시인가. 문득 궁금증이 일었다. 두 계절 안에 발간된 문예지들에서 모성, 부성, 가족이라는 키워드를 가지고 찾아본 결과 8편 정도의 시들이 눈에 띄었다. 그중에서 위 2편의 시와 맥락적으로 연계되는 시들을 골라보았다. 정일근의 「어머니의 문장」, 나희덕의 「슬픈 모유」, 김용택의 「위대한 나의 아버지」, 최영철의 「아흔아홉 개의 정류소를 지나」가 그것으로, 각각 '모−자', '모−녀', '부−자', '부−자'의 구도를 보여준다. '모−자' 구도의 「어머니의 문장」을 제외하면 모계와 부계처럼 같은 성(性)끼리의 조합이 더 많은 편이다. 그러나 우연한 표본이고 단순한 비교이므로 큰 의미를 둘 일은 아니다. 다만 가족 서사를 다루는 시들이 꾸준히 발표되는 현상에서 그것이 여전히 시적 파동의 주요한 진원지의 하나이며 동시에 시의 화수분임은 주지의 사실로 여겨진다. 지난 계절에 시인들은 가족을, 어머니를, 아버지를 무엇이라 읽었을까.

어머니, 아버지에 대한 시적 환기는 대체로 전통적인 의미의 모성성과 부성성의 연장 내지는 위반에 있었다. 그러나 시는 아니고 소설에서 먼저 기억할 만한 전기가 있었는데, 지난 1997년 전혜성이 『마요네즈』라는 소설로 문학동네 신인작가상을 수상하고 같은 제목으로 소설집을 냈을 때, 세기말의 적요한 감성을 찢으면서 하나의 파토스가 분출하는 광경을 목도한 듯했다. 모성 대신 인간으로서의 욕망이 전진 배치된 새로운 형태의 모성의 등극으로 여겨진 것이다. 뇌졸중을 앓는 남편의 분변을 도우미가 처리하는 동안 자신의 머릿결을 살리기 위해 마요네즈를 뒤발하는 행위에서 절정을 이루는 그녀의 허영심과 자기애는 전통적인 아내상·모성상에 균열을 내면서 새로운 가족의 도래를 예고하였다.

세 번째 밀레니엄의 첫 10년이 지나면서 시에서도 반향이 일어났다. 과문을 탓하며 범주를 신춘문예로 좁혀보면, 심지현의 「갈라진 교육」(2014, 경향신문)은 외국동화 「헨젤과 그레텔」의 『마요네즈』적 파토스를 통해 새엄마에 대한 남매의 욕망이 각각 달리 작동하는 풍경을 그려냈다. 새엄마는 엄마로서의 어떤 지위도 나눠 받지 못한 채 맹목적으로 배척되거나 심지어는 성적으로 대상화된다. 정선희의 「가족」(2016, 서울신문)에서 서로에게 위험한 대상일 뿐인 가족 구성원들은 끝 간 데까지 서로와 무관해지고픈 욕망으로 팽창한다. 윤여진의 「박쥐」(2018, 매일신문)에는 멀어졌다가도 다시 돌아오곤 하는 모성의 지긋지긋한 귀소본능을 거부하는 태아(혹은 여아·딸)의 욕망이 형상화되었다. 새로운 형태의 가족 서사가 함축된 이 작품들은 가족공동체적 가치로부터 어떻게든 달아나려는 개인의 욕망이 극대화되었다는 공통점을 가진다. 이는 오랜 세월 가족의 결속을 가능케 했던 헌신적인 모성을 받아들이는 태도에서 가장 먼저 감지되는 변화로, 모성성 자체에 대한 알레르기 반응일 수도, 혹은 모성성 해체에 대한 진보적 염원일 수도 있다. 반(反)모성 혹은 전혀 새로운 유형의 모성에 대한 작품의 빈도수가 많지는 않지만, 역시 신춘문예에 국한해서 살펴볼 때 모성성을 강화하거나 긍정하는 작품이 거의 없다는 점에서 어쨌든 내용과 형식 등에서 기성의 시들을 위반하거나 모험을 기대하는 신춘문예의 속성이 위 시들에서 일정 부분 드러난 것이라 할 수 있다. 그러나 상대적으로 자유로운 필드 혹은 광장이라고 할 수 있는 계간지 등에서는 훨씬 다채로운 욕망의 이야기들이 펼쳐진다.

> 팔순 어머니 방은 정갈한 문장이다
> 눈 수술 앞둔 어머니 입원실에 모셔두고
> 어머니 방에 잠시 눈 붙이러 왔는데
> 이 문장에서 나는 잘못 찍힌 문장부호 같다
> 점점 어두워지는 눈으로 쓴 생의 문장
> 무엇 하나 뺄 것 없고 더 할 것 없다
> 주어는 주어의 자리 서술어는 서술어 자리
> 단단하게 앉아 있다, 형용과 수사 없이
> 어머니는 어떻게 이 아름다운 문장 빚었을까
> 어두워지는 눈으로 종일 쓸고 닦는 일만으로
> 어머니 한 편의 시를 완성하기까지
> 얼마나 많은 눈물의 지우개 닳아 없어졌을까
> 어머니란 주어가 잠시 비운 사이
> 먼지 한 톨 끼어 들 틈 없는 긴장에
> 간장종지 하나라도 위치를 바꾼다면
> 이 문장 와장창 깨어져 비문이 될 것 같다
> 어머니 혼자 주무시던 이부자리에서
> 눕지 못한 채 웅크리고 앉아
> 정유년 섣달 길고 긴 밤 혼자 견딘다.
> ─ 정일근, 「어머니의 문장」 전문(『아시아』 2018년 여름호)

어머니에 대한 전통적 이미지는 인내와 희생이고, 이는 모성애로 압축된다. 전통의 의미는 과거로부터 이어져 내려오는 바람직한 사상이나 관습, 행동이 현재에 이른 것이라 풀이되곤 하는데, 이때 인내와 희생은 어머니가 갖춰야 할 바람직하고 모범적인 덕목이 된다. 위 시에서도 나오듯 "팔순" 무렵의 어머니들은 가정교육과 사회적 불문율에 의해 인내와 희생을 내면화한 대표적인 세대에 속한다. 봉건적 사회 분위기 속에서 일제 강점기와 한국전쟁을 경유한 그들의 극기, 무(無)욕망, 겸양, 절제가 모성의 전통으로 이어져 내려온 것이다. 「어머니의 문장」은 이를 '정갈'이라는 한 단어로 요약한다.

"정갈한 문장"에서 '문장'은 어머니의 방("팔순 어머니 방은 정갈한 문장이다")이기도 하고, 어머니의 몸("어머니란 주어")이기도 하다. '정갈한 문장'이 어머니의 '방'과 관계할 때 이는 어머니의 정신과 삶("점점 어두워지는 눈으로 쓴 생의 문장")으로 이어지고, 어머니의 정신과 삶은 인고의 세월("얼마나 많은 눈물의 지우개 닳아 없어졌을까")을 거치며 "한 편의 시"로 "완성"되어 다시 "형용과 수사"가 없는 '정갈'한 '어머니 방'으로 환원된다. '어머니 방'이 아들이라는 시적 주체의 외적 풍경이라면, '정갈한 문장'이 어머니의 '몸'과 관계할 때는 시적 주체의 내적 풍경이 된다. 어머니가 부재하는 방("어머니 입원실에 모셔두고")에서 긴장은 고조되고("먼지 한 톨 끼어 들 틈 없는 긴장"), '눈 수술'과 '팔순'이라는 연치에 대한 염려로 손 하나 까딱할 수 없는 상황("간장종지 하나라도 위치를 바꾼다면/이 문장 와장창 깨어져 비문이 될"까 봐) 속에서 아들은 "웅크리고 앉아/정유년 섣달 길고 긴 밤"을 "혼자 견"디고 있다. 여기에서 '비문'은 어머니의 방과 관계할 때는 '非文'으로, 어머니의 몸과 관계할 때는 '碑文'으로 읽히고, "잘못 찍힌 문장부호"는 각각 불청객과 불효자로 읽히면서 안팎으로 시적 긴장감을 팽팽하게 잡아당긴다.

어머니의 "눈물의 지우개"가 "닳아 없어"지는 걸 보며 자란, 혹은 모성애를 뒤늦게 깨달은 자식 — 딸이건 아들이건 — 이 느끼는 것 역시 눈물이며,

연민이며, 회한이다. 전통적인 모성성에 관한 시가 대체로 부모와 자식 간 조화와 긍정의 자장 안에 있는 건 우연이 아니다. 그렇다면 딸을 먼저 저승으로 떠나보낸 어머니의 경우는 어떠할까.

> 저문 강이 불렀어요
> 낮의 뜨거움이 새긴 수치를 씻으라 하더군요
> 한 꺼풀씩 씻겨 나갈 때마다 벗겨진 자리의 화끈거림이라니
>
> 단단하게 잠겨 있던 그늘이
> 물결을 열어 계집아이의 등을 밀었어요
>
> 오래전 돌아가신 할머니의 긴 곰방대가 몽실몽실 하얀 연기로 흘러가고
> 구멍 숭숭 뚫린 아버지의 깃발이 잠길 듯 위태롭게 흘러가고
> 빛바랜 햇살아래 쪼그리고 앉아 있던,
> 까맣게 마른 계집아이는 종이배를 타고 흘러갔어요
>
> 이제 당신은, 태양이 떠나고 도착하지 않는 달 사이
> 말간 얼굴로 서 있는 여자를 발견하게 될 거예요
>
> 그런데 어머니, 당신의 아이는…… 아직 다리 밑에 있나요?
> — 이진옥, 「씻김」 전문 (『예술가』 2018년 여름호)

씻김 당하는 주체, 곧 죽은 "계집아이"가 시적 화자인 이 시의 공간적 배경은 강가이고, 시간적 배경은 일몰 무렵. 죽어서도 저승으로 떠나지 않고 구천을 맴도는 망자의 영혼을 불러내("저문 강이 불렀어요") 천도굿, 곧 씻김의 의례가 진행되고 있다. 망자의 원한이나 이승에서의 아쉬움("낮의 뜨거움이 새긴 수치")을 씻어내려, 저승 문을 열고("단단하게 잠겨 있던 그늘이/물결을 열어"), 망자를 상징하는 신체(한지로 오려서 만든 "까맣게 마른 계집아이")를 배에

태워 저승에 보내기까지("종이배를 타고 흘러갔어요")의 과정이 그것이다.

'씻김'의 목적 중 하나는 죽은 자의 천도를 빌기 위한 것으로, 어둠의 시간이면서 영적인 시간("태양이 떠나고 도착하지 않은 달 사이")이 도래한 가운데 망자의 영혼은 '과연' 천도를 마친다. "말간 얼굴로 서 있는 여자를 발견하게 될 거예요"라고 그녀가 직접 말하고 있기 때문이다. 뿐만 아니라 삶과 죽음이 유별한 우리의 풍속에서 그녀는 어머니를 "당신"이라 칭하며 혈연을 거두기까지 한다. '씻김'의 목적 중 또 하나는 살아있는 가족의 평안을 기원하기 위한 것이다. 그러므로 굿이 끝나 망자의 천도가 이루어지고 나면 가족은 위로를 받아 망자를 잊고 현실로 복귀해야 한다. 그러나 시의 마지막 연을 보면 상황이 여의치 않아 보인다. '그런데'란 부사와 '어머니'란 호칭의 복귀와 말없음표(……)가 그렇다. "그런데 어머니, 당신의 아이는…… 아직 다리 밑에 있나요?"라고 그녀가 묻는다. '당신의 아이'라고 자신을 타자화시켰음에도 불구하고 그녀가 말을 잇지 못하고 다시 이승으로 붙잡아 내려지는 것은 어머니가 자신을 출산하던 시간까지 끌어안고 놓지 않기 때문이다. "단단하게 잠겨 있던 그늘"이 그간의 봉인된 세월을 의미하는 가운데 '계집아이'가 죽은 뒤 성인 '여자'가 될 만큼의 세월이 흘렀다는 사실을 뒷받침한다. 그럼에도 모성애는 죽은 딸을 놓아주지 않고 산 자와 죽은 자의 경계마저 흐리게 한다.

이번에는 죽은 어머니와 살아 있는 딸의 이야기다.

> 엄마라는 타인의 고통 속에서
> 나는 태어났어요
> 감자덩굴에 매달린 작은 감자알처럼
>
> 노래로 치욕을 견뎌낸 여인,
> 그녀가 낳은 핏덩이는

세상에 던져진 채 간신히 살아남았지요

아픈 모유를 먹으며 자라는 동안
나의 심장소리는 점점
엄마의 심장소리를 닮아갔어요

거리에 떠도는 영혼에게 잡혀갈까봐
벽 쪽으로 꼭 붙어서 걷고
두려울 때는 아무도 모르게 노래를 불러요

상처 입은 비둘기의 울음처럼
먼 고향의 파도소리처럼
가만히 숨결을 모아 소리의 꽃다발을 만들지요

노랫소리에 벽과 문이 열리고
이젠 혼자서도 밤길을 걸을 수 있어요
나는 더 이상 영혼 없이 태어난 아이가 아니에요

내 몸에서는 매일 감자 싹이 자라요
질 속에 박힌 감자에서
덩굴이 뻗어나와 나를 휘감아버릴 것 같아요

누구도 나를 범하지 못하도록 막아놓은
이 슬픔의 돌덩이를
그만 내 몸에서 꺼내주세요

당신의 정원에는 꽃이 만발하지만
감자꽃은 왜 없나요
감자꽃으로는 왜 꽃다발을 만드는 사람이 없나요

오늘도 먼지와 잡담의 거리를 지나
집으로 돌아와요
마침내 노래를 멈춘 엄마 곁으로

엄마를 어디에 묻어야 하나요
고향까지는 너무 멀어요
바다가 사막에게 젖을 물리고 있는 그곳까지는

* 슬픈 모유(the milk of sorrow): 페루 영화, 클로디아 로사 감독.

— 나희덕, 「슬픈 모유」 전문 (『문학과 사람』 2018년 창간호)

〈슬픈 모유〉는 2013년에 상영된 페루 영화다. 영화의 스토리 라인을 따라가고 있는 이 시는 딸인 파우스타가 즉흥적으로 만들어 부르는 영화 속 노래의 형식으로 씌어졌다. 내전(1980~1993)의 혼란기에 파우스타를 임신하고 있었던 엄마는 테러범들에게 강간을 당하고, 아빠는 엄마 면전에서 죽임을 당한다. 강간당한 임산부들의 공포가 "아픈 모유"를 통해 자식에게 전염된다는 '슬픈 모유' 병에 자신도 걸렸다고 믿는 파우스타는 "영혼 없이 태어난 아이"답게 방어적이고 수동적이다. 혼자서는 집 밖에 나서지 못하고, 동행이 있어도 "거리에 떠도는 영혼에게 잡혀갈까봐/벽 쪽으로 꼭 붙어서 걷고", 강간이 두려워 "질 속에" 감자를 넣고 살아간다. 감자의 부패로 질이 감염되어 코피를 흘리고 자주 기절하는 것이라는 의사의 진단에도 그녀는 귀 기울이지 않는다. 내전 때 질 속에 감자를 넣어서 강간을 피했던 이웃 여자가 나중에 결혼해서 아이를 네 명이나 낳았다는 엄마의 말을 절대적인 삶의 지혜로 받아들일 뿐이다. 그러나 "마침내 노래를 멈"추고 엄마가 죽자 "바다가 사막에게 젖을 물리고 있는" 엄마의 고향으로 시신을 모셔가려는 그녀의 노력은 "영혼 없이 태어난 아이"답지 않게 공격적이고 능동적이 된다. 그 가능성을 눈앞에 두었을 때 그녀는 시신을 운구할 돈을 마련하기 위해 자신이 하녀로 일했던 대저택의 정원사에게 절규한다. "누구도 나를 범하지 못하도록 막아놓은/이 슬픔의 돌덩이를/그만 내 몸에서 꺼내주세요"라고.

시의 행간 내지는 영화 속으로 조금 더 들어가 보자. 엄마는 살아서나 죽어서나 파우스타와 강하게 연결되어 있다. 생전의 엄마의 공포와 "치욕"은 곧 딸의 공포와 치욕이기도 했으며, 그녀는 엄마에게 전적으로 기대어 있다. 사후 엄마의 침묵과 고요는 이제 그녀에게 전적으로 기대어 있으며, 방부제를 발라 천에 고이 싼 시신은 여전히 자신의 침대에서 일을 마치고 돌아와 옆에 누운 딸의 노래를 들었다. 비록 가난한 외삼촌 집에 얹혀사는 그들 모녀였다 하더라도 사촌인 막시마의 결혼식이 있던 날, 시신이 있던 자리를 웨딩드레스에 내주고 잠시 침상 밑에 숨겨졌던 시간을 빼곤 그들 가족 공동체에서도 시신은 소외되지 않고 여전히 가족이었다. 「씻김」이 생사가 유별한 세계의 경계를 모성애로 번지게 했다면, 「슬픈 모유」는 공동체 전체가 아예 그 경계를 넘나들었다고 할 수 있다. 파우스타의 제지로 외삼촌이 마당에 파다 방치한 엄마의 무덤 자리는 어느 날 아이들의 물놀이장으로 바뀌었고, 그 주변에 양산을 쓴 외숙모와 사촌들이 모여들어 떠들썩하게 즐기고 있는 장면에서 보듯 죽음은 터부시되지 않는다. 내전을 지나온 모든 이들이 '슬픈 모유'를 함께 수유했던 것이며, 그 참담한 고통을 함께 나눠 가졌던 것이다. 일반화의 오류를 줄이기 위해 영화 속의 가족공동체에 국한시켜 볼 때, 이런 세계에서는 모두가 어머니이고, 모두가 딸이다. 이들이 공유하는 모성성은 자본주의적으로 아직 미분화된 세계의 전통적인 삶의 양식이라고 할 수 있겠다.

서두에서 인용한 신춘문예 당선 시들과 뒤에 인용한 세 편의 시들은 모성성에 대한 태도에서 뚜렷한 차이를 보인다. 전자는 모성성으로부터 얼마나 달아났는가를 보여주려 하고, 후자는 모성성과 얼마나 근접해 있는가를 보여주려 한다. 가족의 또 한 축을 이루는 부성성에 대해서는 다음 세 편의 시가 다시금 어떤 이야기를 해줄 것이다.

> 아버지가 마당을 다 쓸어놓고
> 대 빗자루를 짚고 마당가에 서 계신다.
> 구름 한 점 없는 하늘이 내려온다.
> 나는 그 마당에서
> 맨발로 걸음마를 배웠다.
> ─ 김용택, 「위대한 나의 아버지」 전문(『아시아』 2018년 여름호)

모성성이 모성애로 구현되듯 부성성은 부성애로 구현된다. 모성성에 대한 시가 그러하듯 부성성에 대한 태도의 차이가 세계를 대하는 태도의 차이가 된다. 전통적인 부성애 역시 세계와 조화의 자장 안에 있다. "마당을 다 쓸어놓고/대 빗자루를 짚고 마당가에 서 계신" 아버지를 바라보는 '나'에게 아버지의 배경은 "구름 한 점 없는 하늘"이다. 장군이 긴 칼을 짚고 서 있는 듯한 위엄이 제목의 "위대한"과 겹치면서 "그 마당에서/맨발로 걸음마를 배"우는 '나'에게 무언중에 유전되는 것은 아버지에 대한 주름 한 점 없는 외경심이다. '맨발'로 '걸음마'를 배웠기에 그 감각을 잊지 못하는 것일 테고, 그 감각이 비질을 하는 아버지를 잊지 못하게 하는 것일 테고, 그 아버지가 그 하늘을 잊지 못하게 했을 것이다. 임금이 행차하는 길에 새 흙을 뿌리듯 어린 아들을 위한 비질로 마당을 새로 펼쳐놓곤 했던 부성애를 정서보다 정신으로 받아들이는 이 시에서 부성성은 절대 권위를 갖는다. 아들은 '걸음마'만 배운 것이 아니었던 것이다. 그러나 빗자루로 '마당을 다 쓸어놓고' 맨발의 아들에게 '걸음마'를 가르치는 대신 "푸념"을 가르치는 아버지도 있다.

나는 푸념을 듣고 자랐습니다 아버지는 유언을 연습하시듯 말하셨지요 다 죽고 결국 전쟁에 나가지도 못한 반푼이가 가문을 잇게 됐구나 반푼이, 아버지는 제 어디가 마음에 들지 않으셨던 거지요 마음에 들지 않는다는 걸 그렇게 들으라고 말씀하셨지요 저는 손에 쥔 잔을 돌리며 생각했습니다 반푼이란 무엇인가 반푼이란 아버지의 아들을 의미한다 그리곤 침을 흘리며 중얼거리는 아버지의 입을 닦아드리며 말했지요 반푼이 애비라고 말한다면 아버지는 역정을 내시겠지요 그러나 아버지는 계속 중얼거리십니다 아버지에겐 그 말이 너무 소중한 거지요 피난 중에 이를 갈며 챙긴 무언가처럼 말입니다 최후의 소유인 거지요 그래도 아버지가 우리 집을 가문이라 발음할 때마다 황홀해집니다 비록 지금은 침을 흘리며 흉내 내기도 어려운 억양을 구사하시지만 원래는 근사한 억양을 가지고 계셨죠 그거였을까요? 억양이 맞지 않는 사람들끼린 사귈 수 없는 법이니까요 그러거나 말거나 저는 유리창을 닦듯 아버지의 얼굴을 닦아드리며 생각합니다 어쩌면 아버지에서 아들에게로 넘겨지는 모욕이야말로 유산이 아닌가? 아버진 이 가문의 분위기를 물려주기 위해 악을 쓰는 게 아닐까? 저는 이런 생각을 하며 얼굴을 윤이 나도록 문지릅니다 이렇게 내게 얼굴이 닦여지는 일이 모욕이겠지만 그건 인생의 굴레가 아니겠습니까? 아버지에서 아들에게로 이어지는

— 김재필, 「그러거나 말거나」 전문(『예술가』 2018년 여름호)

　　제목이 암시하듯 이 시는 ① 아버지의 어떤 언행(혹은 사유)이 전제되고 ② '그러거나 말거나'(①이 옳든 그르든, 사실이든 아니든 간에 상관없이) ③ 나의 어떤 판단이 뒤따르는 구조를 가지고 있다.

　1) 너는 반푼이다("전쟁에도 나가지 못한 반푼이가 가문을 잇게 됐구나") — 내가 반푼이건 아니건 간에 — 아버지는 반푼이다("반푼이 애비")

　2) "아버지가 우리 집을 가문이라 발음"한다 — 우리 집이 '가문'에 합당한 규모를 가지고 있건 없건 간에 — 아버지의 말은 허세다("아버진 이 가문의 분위기를 물려주기 위해 악을 쓰는" 것이다.)

　3) 아버지가 나를 모욕한다 — 모욕할 만하다고 인정하거나 왜 모욕하느

냐고 화를 내지 않고 — 나는 아버지를 모욕한다("유리창을 닦듯 아버지의 얼굴을 닦아"드린다)

4) 아버지가 "유언을 연습하시듯" 푸념을 한다 — 유언이든 아니든 — 푸념은 "아버지에게서 아들에게로 이어지는" 것이다(고로 아들이 푸념을 아버지에게 되돌려준다. 그게 "인생의 굴레"다.)

이러한 패턴은 낯설면서도 왠지 익숙하다. 아버지는 상처를 주는 공격적 입장이고, 아들은 상처를 받는 수동적 입장이지만, '그러거나 말거나'가 중재하는 가운데 아버지는 실속이 없고 아들은 실속을 다 챙긴다. 아버지가 아들에게 한 말은 "다 죽고 결국 전쟁에 나가지도 못한 반푼이가 가문을 잇게 됐구나"라는 푸념 한마디이지만, 아들은 "~하였습니다"체를 구사하며 공손하게 그 열 배, 스무 배의 푸념을 아버지에게 되갚아준다. 작품 속 청자는 아버지이지만, 작품 밖 청자는 독자이다. 아버지의 권위는 조목조목 부정된다. 독자는 아들의 편이 된다. 그러므로 아버지는 알라존(Alazon)이고, 아들은 에이론(Airon)이다.

"아버지에게서 아들에게로 이어지는" 것은 푸념과 모욕만이 아니다. "지금은 침을 흘리며 흉내 내기도 어려운 억양을 구사하"는 아버지가 "원래" "가지고 있었던" 근사한 억양"처럼, 아버지의 젊음은 아들에게로 온다.

나는 살아 있고, 나는 충분히 젊어 보았고, 아버지는 출발하셨고, 나는 그 정류소에 그대로 서 있고, 배터리가 거의 다 닳았고, 내려야지 내려야지 다짐만 하다가 아버지는 먼저 출발하셨고, 이미 예순 번의 정류소를 놓쳤고, 어쩌면 급히 지나쳤고, 어쩌면 조는 척 눈을 감고 있었고, 나는, 드디어, 마침내, 반백이고, 구부정해졌고, 가팔라졌고, 헉헉거리고 있고, 그때 그 정류소 앞에 그대로 서 있고, 번쩍거리고 있고, 눈물이 나오지 않아 엉엉 소리 내어 울고 있고, 이따금 발을 동동 구르며 저편 고갯길을 바라보고 있고, 온다던 막차는 언젠가, 벌써, 눈 깜빡일 사이, 가버린 거 같고, 칼칼한 첫차는 십중팔구 그냥

지나친 거 같고, 꿈결인 듯 단숨에 횅하니 지나간 방금 그게 막차였던 거 같
고, 막차를 가장한 첫차였던 거 같고, 으름장만 놓고 영영 출발하지 않은 막
차였던 거 같고, 어떡하나 인사도 못했는데, 손을 흔들어주지도 못했는데, 그
게, 영영, 다시는, 아니 올, 막차였던 거 같고, 다시는 손들어 불러 세울 필요
가 없어진 첫차였던 거 같고, 어떡하나 이를 악물고 조는 척 지나쳐야 할 막
차였던 거 같고
— 최영철, 「아흔아홉 개의 정류소를 지나」 전문(『애지』 2018년 봄호)

'걸음마를 배' 우던 아들은 자라서 아버지가 뭐라 해도 '그러거나 말거나' 청년이 된다. 아버지가 그랬던 것처럼 "나는 살아 있고, 나는 충분히 젊어 보았"다는 자신감에 차 있다. 아버지처럼은 되지 않을 자신이 있었고("아버지는 출발하셨고, 나는 그 정류소에 그대로 서 있고), 아버지와 함께 버스를 타지 못할 이유("배터리가 거의 다 닳았고")는 너무나 많았다. 아버지가 예순을 넘기며 늙어가자("이미 예순 번의 정류소를 놓쳤고") 나도 늙어가기 시작한다. 늙어간다는 것은 죽음을 향해서 달려가는 것이고, "내려야지 내려야지 다짐"해도 자의적으로는 결코 내릴 수 없는 브레이크 없는 버스를 타고 있는 것과 같다. 죽음이라는 버스에 탑승하기 싫어서 "그 정류소에 그대로 서 있"는 나 역시 "드디어, 마침내, 반백이고, 구부정해졌고, 가팔라졌고, 헉헉거리고 있"다. 아버지와 나의 거리는 더욱 멀어진다. 나이만큼의 생리적 거리보다 정서적 거리가 더 멀어진다. '나'가 "그때 그 정류소 앞에 그대로 서 있"는 사이 아버지는 [아마도] 아흔아홉에 세상을 뜬다("아흔아홉 개의 정류소를 지나"). '나'는 충격을 받고("번쩍거리고 있고"), 울음을 터뜨린다("눈물이 나오지 않아 엉엉 소리 내어 울고 있고").

뒤늦게 '나'는 다시는 아버지에게 갈 수 없음을 깨닫는다. "온다던 막차", "칼칼한 첫차"에서는 그래도 여유가 다소 있었지만, "방금" "지나간" "막차", "막차를 가장한 첫차"에서부터 긴장감이 고조되면서 "영영 출발하지

않은 막차", "다시는, 아니 올, 막차"에서는 번복하거나 결코 수정될 수 없는 시간의 불가역성이 확인된다. 그리고 이제 "다시는 손들어 불러 세울 필요가 없어진 첫차", "이를 악물고 조는 척 지나쳐야 할 막차"에 이르러 기회가 주어진다 해도 아무 의미가 없어진 아들의 완벽한 패배가 선언된다. 시의 절반을 차지하는 이 대목들의 혼돈, 애통, 회한은 애도의 다른 형식이기도 하다.

  부모와 자식은 필연의 관계이다. 부모라는 호칭은 자식에게서 비롯되고, 자식이라는 호칭은 부모에게서 비롯된다. 사회문화적 환경에 따라 달라지는 관계의 양상이 집단의 정체성이나 시대성을 달리 드러낼지언정 동서고금이 다 이와 같다. 부모는 자식을 낳고 자식은 자라 부모가 되는 이 무한반복의 역사와 문학의 동선은 같다. 시가 특히 첨예한 것은 관계의 찰나를 포착함으로써 인간의 저류에 흐르는 보편성을 담보한다는 사실에 있다. 인용된 시들 간의 친연성이나 그 반대의 경우가 보여주는 맥락과 거리가 우리 당대 삶의 단면인 이유이다. 다만 시적 주체의 세대 차이에 따라 시적 대상을 대하는 태도의 차이가 어느 정도 상관성을 보여주기도 했다. 젊은 층은 달아나려 하고, 중장년층은 되돌아가려 한다는 것.

제4부

전선에서 온 편지

문현미 「얼음 전선 — 서대문형무소」, 김석영 「내가 모르는 장면」,
이점선 「오늘 나는 네가 살지 못한 만구백오십번째 밤」, 위성욱 「난파」, 이영주 「묘지기」

 전선(前線)은 '우리'라는 보편에서 가장 멀리 있다. 그것은 우리에게서 파생하지만 우리는 함께 가지 않으며, 그것에 도달하기 위해 홀연히 떠난 '너'나 그 도정, 귀착점에 대해 우리는 무관심하고 무지하다. 이를테면, 우리라는 보편은 수세식 화장실이다. 배출되는 순간 분뇨는 변기 속으로 사라지고 동시에 의식 속에서도 사라진다. 정화조에 모였다 온 동네가 떠들썩하게 초록색 탱크로리로 옮겨지던 인상적인 냄새와 소음의 과정을 생략하고 언제부터인가 변기에서 직접 하수종말처리장으로 직행하게 되어 이제는 그 감각을 환기할 기회조차 점차 사라지고 있다. 오수 정화 작업을 거쳐 강과 바다로 유입되고 그것이 우리의 식수로 환원되고 있지만, 우리는 수돗물에 대한 중금속 오염 수치 정도를 궁금해할 뿐 분뇨와의 연계성을 별로 염두에 두지 않는다. 하수종말처리장에서 일하는 사람들이나 여기를 떠나 '그것'으로 떠난 '너'만이 그 전선에 머물며 분뇨의 생성과 소멸과 재생의 전 과정을 이해하고 통찰한다.
 물론 전선은 공간적 개념만은 아니다. 시간일 수도 있고, 역사나 정서, 관념이나 제도 혹은 꽃잎 벙그는 어떤 찰나일 수도 있다. 그러므로 이 글에서 전선은 '그곳'이 아니고 '그것'이다. 우리라는 보편이 가 닿지 못하는 '그것'에서 가을의 사서함으로 '너'들이 보낸 다섯 통의 편지가 당도했다.

체제의 전선

한 몸 제대로 서 있기조차 힘든
거기

나라를 지키려는 간절한 비무장의 지대와
민족혼을 뿌리째 뽑으려는 무장의 지대가
공존하는 거기

번뜩이는 칼과 칼집 속의 칼이 부딪히는
허공의 거기

총과 칼로 누르면 누를수록
더 단단해지는
더 날카롭게 벼리는

정복자들은 결코 알 수 없다

목숨 너머
불의 눈동자들, 천 년 별빛으로 흐르는 것을

소리 없는 울음이 켜켜이 쌓여가는
거기

> 한 발짝도 물러설 수 없는
> 영하의 최전선이다
> ─ 문현미, 「얼음 전선 ─ 서대문형무소」 전문(『시와세계』 2023년 가을호)

역사는 시간과 함께 흘러서 여기까지 오는 게 아니라 그때 "거기" 그대로 있다. 옛 건물들은 헐리고 시대의 공법에 맞게 새로 지어지며 달라진 길에 다른 사람들이 오가지만, 보존 잘 된 문화유산이 먼지를 털어내고 후손들을 만날 때 여전히 낯선 표정을 짓는 것은 그것이 당대의 것이기 때문이다. 역사를 만나기 위해서는 하수종말처리장을 찾아가듯 역사 속으로 걸어 들어가야 한다. "거기"에 전선이 있다.

3·1운동 시위 관련자와 항일독립운동가를 가두기 위해 일제가 만든 서대문형무소는 체제 간의 첨예한 접경 "지대"였다. "나라를 지키려"다 잡혀 들어간 국내 인사들에게는 "칼집 속의 칼"을 "더 날카롭게 벼리"던 "최전선"이었고, 일제로서는 "총과 칼"로 누르고 눌러 "민족혼을 뿌리째 뽑으려"던 "최전선"이었다. '너'는 텅 비어 있는 서대문형무소를 그저 둘러보고 돌아가는 '우리'라는 보편의 행렬에서 벗어나 그때 "거기"로 홀로 걸어 들어간다. "한 몸 제대로 서 있기조차 힘든" 형무소의 좁은 철창 안. "목숨"이 아니라 "목숨 너머"를 보는 수감자들 곁까지 가서 보고 듣고 기록한 이 시는 20세기라는 체제의 전선에서 '너'가 보내온 편지다.

감각의 전선

> 창문은 작아지려고 한다. 방을 더 크게 만들기 위해.
> 어디서나 제 몸을 따르려 한다. 흐르려 한다. 천장이 기울고 바닥이 튀어오르려 한다.

창문은 가끔 사시가 된다. 풍경과 방 안을 동시에 바라보려고 한다. 바람이 자신을 통과하기를 자신이 바람을 통과하기를 둘 다이기를 바라고 있다. 누군가 속삭였을 때 창문은 흔들린다. 대체로 창문이 흔들리는 이유는 그것뿐이다.

노을이 질 땐 노을이 붉게 물드는 것을 지켜본다. 사라지기 전이다. 어두워지기 전이다. 사라지는 것을 바라보는 것을 바라본다. 사라지는 것은 사라지는 것 속에 들어 있어서. 사라지기 전에 창문을 닫는다. 창문은 감정과 상관없이 움직인다. 하루에 한번은 뜨겁고 하루에 한번은 차갑다. 열면 닫히고 닫히면 열린다. 반대로도 움직인다.

창문은 늘 흐르고 있다. 창문은 상태다. 부드러운 물결. 물고기를 담지 않는 수족관이다. 투명하고 불투명하다.

눈을 뜨고 있어도 눈을 감고 있다. 눈을 던질 곳이 없다. 눈이 마주치니까. 보는 눈과 보이는 눈 사이를 창문은 본다.

창문은 놓여 있다. 창문은 펼쳐져 있다. 창문은 궁금하지 않다. 열려 있으면 열린 것이고 닫혀 있으면 닫힌 것이다. 반대는 없다. 풍경은 훼손되지 않은 채로 전달되어야 한다. 아무 의미 없는 구멍처럼. 지금 열린 그것은 꼭 열린 것처럼 보인다.

― 김석영, 「내가 모르는 장면」 전문(『창작과비평』 2023년 가을호)

창문은 채광과 환기, 통풍, 온도와 소음 조절 및 조망 등을 최적화하는 방향으로 설계되지만, 단열재와 냉난방 장치의 발달로 본래의 물리적 기능에서 건물 내부와 외부의 미적 기능을 극대화하는 쪽으로 나아가고 있다. 창문은 틀로 고정되어 있어 유동적이지 않으며, 안과 밖을 경계 짓는 기능과 역할을 담당한다. 물론 창문은 인공 사물이며 비인격체다. 그러나 '너'는 다르게 생각한다. "창문은 상태다."

어떤 사물이나 현상이 처해 있는 상황을 가리키는 '상태'는 주변 환경과 미세하게 연결됨으로써 변화 가능성 혹은 운동성을 내포한다. '너'에 의하면, 심지어 '창문'은 "늘 흐르고 있다." 이는 '창문'의 중용적 속성의 결과인데, "방을 더 크게 만들기 위해" "작아지려고" 하면서도 "어디서나 제 몸을" 기울여 "따르려" 하는 능동과, "열려 있으면 열린 것이고 닫혀 있으면 닫"히는 수동을 동시에 수용할 수 있는 자유에서 비롯한다. '창문'이 "풍경과 방 안을 동시에 바라보려고" "가끔 사시"가 되거나, "바람이 자신을 통과하기를" 바라면서 한편 "자신이 바람을 통과하기를" 바라는 것도 같은 맥락이다. "누군가 속삭였을 때" 정작 자신은 "흔들"리면서도 "풍경"을 "훼손되지 않은 채로 전달"하는 일 역시 자유가 선행되어야 가능하다.

  그러나 '너'는 '창문'에 이런 자유를 부여하지 않았다. 다만 '창문'의 감각을 끝 간 데까지 따라 들어간 것일 뿐. "사라지는 것을 바라보는 것을 바라본다."에서 앞의 '바라보는' 행위의 주체는 '창문'이고, 뒤의 '바라본다'의 주체는 '너'다. '노을'이 "사라지기 전에 창문을 닫"는 '너'는 그러므로 창문이라는 감각의 전선에서 편지를 쓸 수 있었던 것이다. 시인이 이 모든 것을 「내가 모르는 장면」이라고 짐짓 부인하는 것은 역설적으로 '창문'의 첨예한 감각에 도달한 '너'에 대한 신뢰에서 오는 것일지도 모른다.

관계의 전선

  믹서기 날을 물에 담그고는 그릇들과 함께 휘저었다 물 밖으로 손을 꺼냈을 때는 손에서 낭자하게 피가 나고 있었다 화를 낸다는 건 자신을 자해하기도 한다. 그릇을 던져버렸다면 내 손은 무사하고 그릇은 깨졌겠지. 믹서기날은 운명 같은 거다. 나를 베는 운명 분명 씻는 날이 아닌데 날은 아픈 날 물 속에 담겨 있었고 주의하지 않고 물을 휘저었다 그릇아 꺼져라 하고 그릇을 깨지 않으면서 구정물만 튀기면서 내 손을 회를 쳐 놓으면서 손을 치켜들고 병원으로 달려가면서 흐르는 피를 다 막지 못하면서 휘저으면서 나는 아무것도

들어낸 것은 없었다 손등과 손가락에 자잘한 흉터만 잔뜩 남았다 깨어지지 않은 그릇은 여생의 반려가 되었다
— 이점선, 「오늘 나는 네가 살지 못한 만구백오십번째 밤*」 전문
(『시와세계』 2023년 가을호)

* 시집 『어느 푸른 저녁』 88인의 트리뷰터 시집

불화는 주체와 대상의 관계에서 발생한다. 전쟁은 국가와 국가 간, 내전은 권력과 권력 간, 환경 문제는 정치와 경제 간, 폭력은 에고(Ego)와 이드(Id) 간…. 그 어느 것에나 강자와 약자 사이의 불평등이 전제된다. 개인 간의 사소한 다툼에서조차 그렇다.

이 시에서 전경화된 상황은, 드러나지 않은 어떤 대상에 의해 '나'가 "화" 났다는 점이다. 약자인 '나'는 화풀이로 '나'보다 더 약자인 "그릇을 던져" 깨뜨림으로써 심리적 위안을 얻을 수도 있었지만, 대신 "믹서기 날"을 넣은 물속에서 자신의 손을 "자해"한다. "그릇"이 '관계'를 상징하고 "믹서기 날"이 "운명"을 상징하므로, 시적 서사는 '흉터는 잔뜩 남았을지언정 자해 행위가 결과적으로 관계의 파국을 막았다'로 귀결된다. '우리'라는 보편이 직면한 현실의 삶이기도 하다. 몇 문장은 문법을 벗어나기도 하고("화를 낸다는 건 자신을 자해하기도 한다." 등), "분명 씻는 날이 아닌데 날은 아픈 날 물 속에 담겨 있었고"와 같은 구절에서는 '날'이라는 세 겹의 절묘한 언어유희가 아쉽게 불발되기도 했지만, 이를 화난 자의 비논리적 어투로 보면 의도적인 시적 표현으로도 읽힌다. 그런데 '너'는 여기에서 멈추지 않는다. 이 시는 기형도에 대한 헌사로도 읽힌다는 것이다.

심층적으로 결을 달리할 수밖에 없는 단서가 있다. 시의 제목 중 '만구백 오십번째 밤'을 365일로 나누면 30년이 산출된다. 그리고 각주에 있는 『어느 푸른 저녁』은 기형도의 시집 『입 속의 검은 잎』 발간 30주년 기념으로 젊

은 시인 88인의 시를 문학과지성사에서 묶어 간행한 시집이다. '트리퓨터 시집'을 트리뷰트의 오자(誤字)로 간주하여 해석하면(시집에도 실제 '트리뷰트'로 표기됨) '헌정 시집' 정도가 될 것이다. "그릇"은 시를 상징하고, "믹서기날"은 기형도를 상징하는 것으로 볼 수 있는데, 왜냐하면 "믹서기날은 운명 같은 거다."라고 시에 이미 명시되었기 때문이다. 운명적으로 만난 기형도로 인해 시를 "여생의 반려"로 삼게 된 '너'가 보내온 편지에는 기형도에 바치는 89번째의 헌사가 담겨 있다.

감정의 전선

어떤 마음은 모래에 사장되고
어떤 기분은
파도 속에 잠긴다
여기에 데려다 놓고 떠나가 버린
어떤 날씨와
여기에 불러다 놓고 사라져버린
어떤 생각이
수직으로 떨어지는 비를 맞고 있다
나는 누군가에게 목격되고
싶고
나는 누군가에게 들키고
싶고
우리는 숨겨진 바닥이 되었다
어떤 마음은 모래사장이 묻어두고
어떤 기분은 파도가 다가와 가만히 가져간다
왼쪽으로
오른쪽으로 사라지고 있다

가장 먼 바깥을 향해
마침내 바깥이 우리를 안에 가둬두고 문을 잠가버렸다
그것은 문어단지 속에 좌초된 안쪽이었다
　　　　　— 위성욱, 「난파」 전문(『시와반시』 2023년 가을호)

　감정이 작동하는 원리에 대한 연구가 지속되는 가운데 외부 자극에 대한 신체 반응을 지각한 결과로 어떠한 정서를 경험하게 된다는 비교적 최근의 이론은 미국의 윌리엄 제임스와 덴마크의 칼 랑게의 것이다. 이는 감정이 외부 자극 없이는 스스로 발생하기 어려운 어떤 느낌, 곧 현상 뒤의 지각이라는 사실을 분명히 해준다. 전쟁으로 자녀를 잃은 부모의 절규, 반려견을 학대하는 견주에 대한 기사 같은 것이 우리를 슬픔과 분노로 이끄는 것은 명백하지만, 지는 꽃이나 얼굴을 스치는 바람도 우리의 감정선을 자극하는 것은 매일반이다. 감정을 만 악의 근원으로 보고 통제의 대상으로 삼은 영화 〈이퀼리브리엄〉(2002)에서처럼 그것은 위험한 것일 수도 있고, 애니메이션 〈인사이드 아웃〉(2015)에서처럼 인간이 성숙하고 행복해지는 데 필요한 요건일 수도 있다. 그러나 이 주제는 철학적 명제를 품은 거대 담론만큼 규모가 커서 이 시의 슬라이스된 '어떤' 감정과는 괴리가 좀 있어 보인다.
　도시적 일상에서 여가 생활을 고려하더라도 배가 난파당할 확률은 높지 않지만, 경쟁과 부조리가 일상이 된 현실 속에서 생활 환경의 직·간접적 자극을 받고 우리의 감정은 자주 '난파' 당한다. 낱낱의 "나"들로 이루어진 "우리"라는 감정은 '난파'를 공유함으로써 시대적 보편성에 동참하게 된다. 그것은 "사장되고", "목격되고/싶고", "들키고/싶고", "숨겨진", "좌초된" — 에서 보는 바와 같이 피동적이며, "여기에 데려다 놓고", "불러다 놓고", "모래사장이 묻어두고", "파도가 다가와 가만히 가져"가고, "바깥이 우리를 안에 가둬두고 문을 잠가버"리는 — 에서와 같이 행위의 주체가 되지도 못한다. '문어단지'로 한 번 유연하게 미끄러져 들어간 문어가 배 위로 끌어올려져 다시는 바다로 돌아가지 못하는 것처럼 인간 역시 감정이라는 '문어단지' 속에서 저항하거나 빠져나갈 수 없게 "좌초된" 현존재가 아닌가. '난파'당한 현장에서부터 "가장 먼 바깥을 향해" "사라지"는 일부를 따라가지 않고, '너'는 '우리'라는 보편과 함께 '여기'라는 '좌초'된 삶의 현장에 남았다. 여기가 하수종말처리장이라고, 감정의 전선에서 '너'는 그 말이 하고 싶었을 것이다.

죽음의 전선

조지아와 함께 묘지를 걸었다
밤이고
여름이었다

죽은 사람들은 다정해
자기 몸을 내어 주잖아
깊은 곳에서

조지아는 내 귀를 끌어당겼다
가만히 속삭였다
어둠 속에서 나는
부드럽게 귀가 녹아내렸다

조지아는 천천히 흘러가
비석을 끌어안았다

이곳에서 사랑받고 있어

묘지 속 사람들은
홀로 걷는 한 사람을 사랑해
홀로 우는 한 사람을 바라봐
둥그렇게 모여서

영원한 현재가 되어가는 중이지

그의 노동은 끝나지 않았다
이번 삶의 노동은 아름답다
조지아는 그런 문장을 주머니에 넣고 다닌다

비석을 닦고
잡풀을 뽑고
까마귀의 추락을 지켜보고
비석 밑에 녹아 있는 내 무늬들을
쓸어 담고

알 수 없는
모든 것은
깊고
부드럽고
— 이영주, 「묘지기」 전문(웹진 『같이 가는 기분』 2023년 여름호)

이 여름밤에 다정하고 우아하게 산 자와 죽은 자가 "묘지를" 거닌다. '묘지기'인 "조지야"와 "죽은 사람들" 중 한 명인 "나"가 그들이다. 살아 있는 자들은 조지아와 친구가 아니며, 죽은 자들은 이제 산 자들과 무관해졌다. 누구도 묘지기에게 "다정"하지 않으며, 나란히 걸으려고도 하지 않는다. "홀로 걷"고 "홀로 우는" 조지아는 죽은 자들에게 "사랑받고 있"으며, 그가 주머니에 넣고 다니는 "이번 삶의 노동은 아름답다"라는 문장은 죽은 자들에게 이해받고 죽은 자들을 위무한다. 또한 누구도 죽은 '나'를 위해 "귀를 끌어당"겨 "가만히 속삭"이거나, "비석을 끌어안"거나, "비석 밑에 녹아 있는 내 무늬들을/쓸어 담"지 않는다. 서로 아무리 사랑했던 사람이라도 추모일이나 기념일에 잠깐 다니러 와 "비석을 닦고/잡풀을 뽑"을 수는 있을지언정 죽은 자와 함께 밤의 묘지를 거닐지는 않는다. 산 자들은 "까마귀의 추락을 지켜"볼 정도로 시간이 많지도 않다.

  죽음 이후 "영원한 현재"는 오롯이 죽은 자만의 몫이 된다. '죽음이 우리를 갈라놓을 때까지'란 문맥의 엄중함은 생과 사의 갈림길이 엄연함을 강조하기 위한 것이다. '유명을 달리했다'라거나, '별세하다'의 의미 역시 산 자로부터의 떠남에 관한 것이다. 애도와 장례를 끝으로 죽은 자는 죽은 자들만을 위해 고안된 장소에 매장된다. 사랑하는 자들이 아직 살아가는 집 부근과 동네 야산이 아니라 대체로 도시를 지나고 농로와 산길을 한참 거슬러 올라간 곳에 위치한 공동묘지로 간다. 필연적으로 누구나 다 죽을 것이고, '산 자'는 '아직 죽지 않은 자'와 동의어지만, 이렇게 가까이에 있는 죽음을 하수종말처리장처럼 가장 멀리 떼어놓으려고 하는 것이 '우리'라는 보편적 인간의 의식이다. "이곳에서 사랑받고 있어"라고 말하는 '묘지기'는 산 자보다 죽은 자에 가까이 있으므로, 산 자들에게 선망되거나 받아들여질 수 있는 존재가 아니게 된다.

  비석마다 새겨진 고인의 행적이나 생몰연대를 거의 외우고 있을 '조지아'는 죽은 자들의 친구다. 조문객들이 없는 밤이면 아무에게도 방해받지 않고 죽은 자의 이름을 하나하나 호명해서 긴긴 이야기를 나누며 더불어 걸을 것이다. 그 다정하고 고독한 독백을 듣는 '나'는 산 자와 죽은 자의 전선까지 나아간 '너'에 다름 아닐 테고.

'너'는 '우리'라는 보편이 가 닿지 못하는 곳/것을 향해 나아가거나, 혹은 '우리'라는 보편이 '난파' 당한 곳/것에 함께 머문다. 함축적 시인이라고도 할 수 있는 '너'는 시인의 상상력을 넘어서는 곳까지 도달하여 편지를 쓴다. 그래서 그 편지는 그 시를 쓴 시인조차 "알 수 없"고, "알 수 없는/모든 것은/깊고/부드럽고".

아우라가 현전하는 방식

김유태 「검은 원」, 문보영 「절벽 미소」, 김언희 「자기소개 — 에두아르 르베에게」,
장석원 「나의 영혼은 목소리에 저항할 수 없다 — Tracy Chapman 「The Promise」에 붙여」,
고경자 「벨베데레의 봄」, 최휘 「은사님이 더 이상 시를 쓰지 않았으면 좋겠다」

> 사물을 자신에게 보다 더 '가까이 끌어오려고' 하는 것은 오늘날 대중이 지닌 열렬한 관심사이며, 모든 주어진 것의 일회성을 그것의 복제를 수용함으로써 극복하려고 하는 경향이 바로 그 관심을 나타낸다.[1]

세계는 접근 가능한 디테일로 가득 찬 창고다. 모든 문화적 산물에 대한 정보는 인터넷을 통해 만인이 공유할 수 있는 지적 오브제로 바뀌었다. 전반적이고 보편적인 교양에 도달할 수 있게 되었으며, 연장자가 전수해주던 삶의 지혜조차 잠시 손가락 품을 파는 것으로 상시 습득 가능하게 되었다. 그럼에도 거인의 어깨에 올라앉아 벽돌 한 장 쌓는 일은 여전히 일부 전문가들의 몫으로 간주되어왔다. 인류 지식의 총량은 '벽돌 한 장'을 위하여 기꺼이 각주의 질료가 되어주었다. 주로 논문에서 특정 부분에 대한 보충 설명 내지 출처를 밝히는 용도로 쓰이는 각주는 연구자들 자신의 지적 노력과 지적 결벽을 증명하는 양 기능을 수행해오면서 한편으로 지성의 수직적 위계를 은연중에 드러내기도 하였다. 그러나 이제 일반 대중이 검색이라는 방식으로 그 결과물들을 평등하고 자유롭게 소비할 수 있는 시대가 열렸다. 이러한

---

[1] 발터 벤야민, 『기술복제시대의 예술작품 — 사진의 작은 역사 외』, 최성만 역, 도서출판 길, 2007, 50쪽

때, 최근 각주를 단 시들이 부쩍 늘고 있다는 사실은 아이러니하다. 이런 현상을 시의 지성화로 볼 수도 있고 지성의 대중화로 볼 수도 있을 것이다.

  시의 각주에 주목하는 이유는 각주가 함축과 암시를 제시하는 장르라는 시의 특성에 반한다는 점이다. 평론이나 여타의 산문에서도 가급적 각주를 사용하지 않으려는 추세에 비하면 특이한 현상이 아닐 수 없다. 시의 본문이 각주를 사용할 만큼 어려워졌다는 것인지, 혹은 그간 다루지 않았던 영역을 시에 끌어들여 시의 지평을 넓히고자 하는 것인지 나름의 이유가 있겠지만, 그것이 무엇이든 각주를 발생시키는 동기를 시가 필요로 했기 때문이라는 것만은 확실해 보인다. 시와 각주의 관계에서 무게 중심이 어디에 위치하는가도 중요하다. 시가 중심이고 각주가 부수적 역할을 하는 경우가 대부분이지만, 시가 각주에 지나치게 의존하는 경우도 물론 있다. 시와 각주의 문제는 시와 원본(Original)의 문제이기도 하다. 과연 시에서의 각주는 원본에 대한 오마주적 욕망인가, 원본의 아우라에 편승하기 위한 방편인가, 아니면 단지 원본을 소비하는 현장의 목소리인가.

  이 글은 몇 가지의 질문을 품고 시작되었지만, 이러한 질문들에 일일이 답하기 위한 것은 아니다. 다만 시에 등장하는 각주의 대부분이 문학을 비롯한 예술 전반이거나 책, 인물, 역사 등으로 다양하되, 검색을 통하면 어느 정도의 내용들을 파악할 수 있는 것이어서 각주가 있는 시를 독해하다 보면 어느 정도는 이러한 궁금증에 대한 답이 마련되지 않을까 싶다. 능동적인 독자의 시 읽기 방식으로 말이다.

    뼈째로 쓰는 말은 내 저승의 뜰을 미리 떠돈다

    추상화를 그린다더니 자취의 초상화를 그렸구나
    색깔의 눈물과 눈물의 색깔로

이름을 알 수 없는 너는 역광 안에서 사람을 처음 보는 표정으로 고개를 떨구네 매순간 하얗게 질려간다 나는

　　슬픔이 곧 주소인 우리의 오래전 실명한 눈을 닮은
　　검은 너를 바라보며
　　생의
　　단 한 번 흘러내리지 않을 언어를 기다리고, 언제나 밖에서 들려오는 목소리에 우리 자신을 종속시키려 했지만

　　모든 무렵마다 일시정지 버튼이 눌린 음악
　　성가의 전주(前奏)에서 발각되는 도처의 미라

　　미라의 그림자
　　너를 무엇이라 부를까 침묵만을 담은 악보를 너의 그림자라 부를까

　　증오만으로 설계된 그림자의 마을에서 수상한 숨을 쉬는 그림자에게 말을 걸면 나의 윤곽은 절벽이 되어 윤곽 안으로 가라앉고

　　타들어가는 손바닥, 허공이 피어나는 손바닥의 뼈와 뼈 사이, 불타는 그네에서만 들을 수 있다던 괴로운 종소리

　　나의 아버지, 나의 아버지, 어찌하여 아버지를 버리시나이까

　　어두울수록 선명해지는 검음, 나의 그림자를 너라 부를까

　　덜 아문 칼자국 같은 달
　　밤새 펄펄 끓던 이마를 우리는 숨긴 채
　　방금 버려진 꽃을 무덤가 주변에서 한 다발씩 주우며

무릎을 굽힐 때마다, 서로 같은 모양이던 검은 멍을 우리는 함께 문지르면서

　　* Kazimir Severinovich Malevich, Black Circle, 1913

　　　　　　　　　— 김유태, 「검은 원」* 전문(『현대시』 2018년 11월호)

　이 시를 독해하기 위해 독자가 취하는 방식은 왠지 대동소이할 것만 같다. 우선 시를 한 번, 두 번, 혹은 여러 번 읽을 것이다. 그리고는 카지미르 세베리노비치 말레비치와 〈검은 원〉 혹은 〈Black Circle〉이라는 제목의 그림을 찾아볼 것이다. 흰색 직사각형 위에 오른쪽 상단으로 치우친, 전체 면적의 1/2 정도 되는 검은색에 가까운 초록색 원을 이리저리 뜯어볼 것이다. 몇몇 백과사전을 돌며 그의 프로필과 작품 경향 등을 살펴보고, 그와 관련된 절대주의, 절대구성주의, 기하학적 추상, 미니멀리즘, 순수회화 등의 개념들을 유념하여 읽은 뒤 어딘가에 메모할지도 모른다. 그리고 다시 「검은 원」이라는 시로 돌아올 것이다.

　이윽고 〈검은 원〉의 강렬한 이미지와 '절대주의' 같은 개념들의 영향을 받으며 시에는 궁극의 '검은 원' 속으로 용해되어 들어가는 '검은 것'들이 부조처럼 드러나는 것을 보게 된다. 이는 '너'를 '검은 원'으로, 나를 '흰 바탕'으로, '우리'를 〈검은 원〉이라는 한 편의 작품으로 단순화시키려는 욕구를 뿌리치면서 "나의 아버지, 나의 아버지, 어찌하여 아버지를 버리시나이까"란 대목을 붙잡았을 때 가능해진다. '어찌하여 아버지[스스로]를 버리시나이까'로 읽을 때, '아버지'는 '검은 원'을 블랙홀로 만들면서 그 속으로 스스로를 던져 넣는 말레비치가 된다. "색깔의 눈물과 눈물의 색깔"이라는 방식으로 어떠한 이데올로기로나 대상으로부터도 자유롭기를 실천한 말레비치는 "추상화"를 넘어 그 자신 신념의 귀결과도 같은 "자취의 초상화"를 그렸다. 시인은 그것이 바로 〈검은 원〉이라고 말한다. "색깔의 눈물과 눈물의

색깔"이 말레비치의 기조라고 본 시인은 "뼈째로 쓰는 말"을 그에 상응하는 자신의 기조로 내세운다. 말레비치의 작품 세계와 〈검은 원〉이 「검은 원」의 독해를 이처럼 돕고 있다.

시에는 유독 많은 '그림자'들이 서성인다. "미라의 그림자/너를 무엇이라 부를까", "침묵만을 담은 악보를 너의 그림자라 부를까", "나의 그림자를 너라 부를까"라고 망설이는 가운데 "증오만으로 설계된 그림자의 마을에서 수상한 숨을 쉬는 그림자에게 말을 걸면 나의 윤곽은 절벽이 되어 윤곽 안으로 가라앉"으며 모호해진다. 그리하여 어찌 보면 이 시는 〈검은 원〉과 「검은 원」의 거리에 대한 성찰로도 읽히고, 원본(Original)에 대한 시인의 자의식의 양상으로도, 또한 〈검은 원〉에 대한 김유태식 각주로도 읽힌다. 무릇 원본을 빌려와 시인이 이득을 보는 것 중 하나가 이런 것이 아닐까. 원본의 아우라에 반응하는 독자의 태도에서 한 편의 시가 다양한 모습으로 완성된다는 것.

그림*에는 달빛을 받으며 숲길을 걸어가는 나귀와, 나귀가 끄는 낮은 수레에 앉은 인간이 있다 인간은 턱을 팔에 괴고서 뒤를 돌아본다 뒤를 다 돌아보지는 않고 육십 도 정도만 돌아보고 있으며, 돌아보는 각도가, 수레바퀴가 달빛에 그림자 지는 각도와 평행을 이루고 있다 검은 털의 나귀는 뒤 돌아보지 않고 앞 바라보되, 달 대신 달의 옆, 아무것도 없는 곳을 응시하고, 아무것도 없는 공간의 끝은 그림 바깥인데 너는 아무것도 없는 공간을 좋아하지 않느냐고 자상하게 되묻는 것 같다 길 완만한 오르막 나귀가 길을 멈춘 것인지 걷고 있는지 단정하기 어렵고 그림이란 건 원래 멈춰 있기 때문이고 그림은 삶을 정지하고 싶은 욕망의 산물이라고 모든 것이 멈춰 있는 달밤 턱 괴고 뒤 바라보는 인간 아무도 없는데 돌아보며 은근한 미소 날리는 인간은 곧 죽을 거라는 인상을 풍기며 그것은 그가 너무 미소를 짓고 있어서, 라고 그림 바깥이 생각한다 숲의 끝은 절벽이고 나귀와 인간은 절벽 앞에 있어서 신나고, 멈춰서 기쁘다고, 멈춘 것을 확신한 것은 나귀의 발이 일직선으로 곧게 땅을 짚고 있어서, 그제야 그림 바깥은 깨닫지만, 그들은 이제 도착했으며, 도착해버렸으며, 따라서 모든 것이 멈추었지만 더 멈추면 좋을 거라고, 그들 중 누군가 생각한다 늙은 세상을 어린애처럼 여전히 즐겁게 해주어야 하기 때문에** 나귀와 인간이 미소 지은 그림의 제목은 '나귀 가죽'이 아니라 '꿈의 신속함'으로 왜곡되어 누군가의 꿈에 나타난다. 신속하게 신속하게 죽으러 가는

* 샤를 페로의 「나귀 가죽」.
** 라 퐁텐느는 「나귀 가죽」 이야기를 들으면 즐겁다고, 세상이 늙었다고 하지만, 늙은 세상을 어린애처럼 여전히 즐겁게 해주어야 한다고 말했다. 『초현실주의 선언』, 앙드레 브르통

— 문보영, 「절벽 미소」 전문(『모든 시』 2018년 가을호)

각주가 달린 시는 각주를 찾아보라는 시인의 권유라고 생각하면서 다시 검색을 시작한다. 이 시는 각주를 달기도 하고 생략하기도 하면서 여러 개의 원본을 시의 축으로 삼았는데, 우선 각주가 명확하지 않아 독자를 당황하게 한다. "그림"에 대한 각주(*)는 '샤를 페로의 「나귀 가죽」'이 아니라, '샤를 페로의 동화 「나귀 가죽」에 들어 있는 삽화임. 귀스타브 도레가 그렸다' 정도로는 소개가 되어야 한다.[2] 시가 「나귀 가죽」의 동화적 서사와는 무관하게 4/5를 이 삽화에 대한 묘사에 치중하고 있기 때문이다. 두 번째 각주(**)에도 빠진 게 있다. 앙드레 브르통이 『초현실주의 선언』에서 「나귀 가죽」을 언급한 것은 사실이지만, "라 퐁텐느는 ~ 한다고 말했다"의 내용은 황현산이 그 「나귀 가죽」에 단 각주다.(같은 책, 78쪽) 즉 번역자가 다른 『초현실주의 선언』에서는 라 퐁텐느의 이야기를 찾지 못할 수도 있다는 것이다. 번역자와 출판사가 언급되지 않아 검색에 불필요한 시간을 소모하게 된 것

---

2 어찌 보면, 최초의 오류는 황현산에서 비롯되었다고 할 수 있다. 황현산은 『초현실주의 선언』(미메시스, 2012)의 번역·주석·해설을 맡았는데, 삽화 밑에 '샤를 페로, 『나귀 가죽의 삽화』'라고 설명했기 때문이다. 각주의 정확성이 왜 필요한지 보여주는 대목이다.

은 그 때문이다. 더욱이 이 책에는 귀스타브 도레가 그린 「나귀 가죽」의 삽화도, 라 퐁텐느의 「우화의 힘」의 한 구절도, 이브 탕기가 그린 〈꿈의 신속함〉(이 역시 작가에 대한 정보를 주었어야 할 것이다)도 몇 페이지를 사이에 두고 수록되어 있으므로 시가 이래저래 황현산과 그가 번역한 책에 빚진 바도 있는 것이다. 어쩌면 이 모든 내용이 세 번째 각주(***)로 달렸어야 할지도 모르겠다. 시에서의 각주도 시의 일부이며, 지적 노력과 지적 결벽을 증명하려는 각주의 기능이 시에서도 여전히 유효하기 때문이다. 그러나 「절벽 미소」는 의도적이라 할 만치 각주를 소홀하게 다루었다. 원본들의 경계를 지워야 한다는 듯. 그렇지 않으면 이들을 하나의 풍경 안에 담아내는 데 방해가 된다는 듯. 혹은 인용된 원본들에게 1/n의 지분조차 주지 않겠다는 듯. 더 나아가 "그림"은 「나귀 가죽」의 삽화가 아니라 시인이 문자로 다시 그려낸 〈절벽 미소〉가 되어야 한다는 듯.

「절벽 미소」의 핵심 이미지는 "절벽 앞에서" "아무도 없는데 돌아보며 은근한 미소 날리는 인간"의 "곧 죽을 거라는 인상"에 치우쳐 있다. '미소'에서 죽음을 보는 것은 '인간'을 태운 '수레'와 '수레'를 끄는 '나귀'가 멈춰 선 공간이 막다른 '절벽' 위이기 때문이다. '멈춤'은 "삶을 정지하고 싶은 욕망의 산물"로서의 죽음의 포용일 수도 있고, "더 멈추면 좋을" 죽음에 대한 거부일 수도 있지만, 그러나 "늙은 세상을 어린애처럼 여전히 즐겁게 해주어야 하기 때문에" 죽음은 아무리 악몽이라 하더라도 깨어나면 살아나는 '꿈'으로 "신속하게 신속하게" 대체된다. 죽음에 대한 매혹과 회피 본능을 '그림'과 '그림 바깥' 간의 심리적 대면으로 몰고 가면서도 시에 무게감을 주지 않은 것은 원본의 동화적 판타지를 배경으로 깔았기 때문일 것이다. 그리고 아이러니하게도 시의 후반부와 불안정한 각주의 얼버무려진 분위기가 시 전체의 분위기에 일조한 측면이 분명히 있다고 보여진다. 「절벽 미소」는 오히려 각주를 면밀히 검토해보지 않은 독자가 시의 감상에 더 유리했을 듯하다. 독해를 한답시고 작품들의 발표 연도[3]를 찾아보고, 귀스타브 도레의 삽화나 이브 탕기의 그림을 출력해서 벽에 붙여놓고 그것을 시의 장면들과 퍼즐처럼 맞춰보느라 시를 온전히 즐기지 못한 나의 경우처럼 과도하게 각주에 몰두하느라 시인이 그려서 보여주려던 〈절벽 미소〉에는 도달하지 못했을 수 있기 때문이다.

나는 침묵할 줄 안다 나는 나보다 더 없는 자를 한눈에 알아볼 줄 안다 성깔도 색깔도 없는 자를 나는 한 번도 진짜 섹스를 해 본 적이 없다 단 한 번도 진짜 알몸이었던 적 없다 하지만 고환 맛이라면 볼 만큼 봤다고 생각한다 그 냄새라면 맡을 만큼 맡았다고 나는 식민지의 식민지 태생이다 내 왼쪽 뺨에는 담뱃불에 데인 흉터가 있고 내 입 속에는 일곱 개의 나사가 박혀 있다 나는 아이를 죽여서 낳은 적이 있다 나의 반려는 죽은 말 대가리다 우리는 한시도 떨어져 지낸 적이 없다 이름 없는 해변에서 우연히 마주친 그 순간부터 나에게는 평생토록 피해 온 질문이 있다 나는 결국 내 눈을 내 손으로 찌르게 될 선택을 한다 나는 모든 것을 뉘우치지만 아무것도 뉘우치진 않는다 나는 하루에 거울을 두 번 보지 않는다 나는 삼십년 동안 죽은 화분 하나를 기르고 있다 시체를 기르듯이 나는 종말이 시속 오십만 킬로로 다가오고 있어서 좋다 지금이라도 내 눈앞에서 이 세계를 딸깍 꺼 버릴 수 있어서 좋다 하지만 온 우주가 일인용이라는 건 낭비라 생각한다 내 부모님은 두 분 다 사체기증을 하셨다 나는 춤이 정말로 무엇인지는 불판 위의 산낙지만이 안다고 생각한다 나는 순간순간 내가 동물이라는 사실을 자신에게 상기시켜 준다 태어나서 죽은 그 순간까지 줄기차게 더러워지다 죽는 종이라는 걸 나는 자지 보지 없이 사는 법을 모른다 자지 보지 없이 쓰는 법을 모른다 종종 나는 미친 말처럼 웃어젖히고 싶을 때가 있다 나는 부처님의 자지를 만져본 적이 있고 나

---

3 샤를 페로는 「나귀 가죽」을 1695년에 『운문 콩트』 속 한 편으로 최초 발표하였고, 귀스타브 도레는 1867년판의 『나귀 가죽(Peau d'ane)』에 이 삽화(https://commons.wikimedia.org/wiki/File:Peaudane4.jpg) 등을 그렸으며, 이브 탕기는 1945년에 〈꿈의 신속함〉을 그렸다.

는 보들보들한 시인들을 경멸한다
　　　─ 김언희, 「자기소개 ─ 에두아르 르베에게」 전문(『문학선』 2018년 가을호)

　때론 제목이 각주가 되기도 한다. 이 시에서 '에두아르 르베'가 그렇다. 그는 『자화상』(은행나무, 2015)을 "10대 때, 나는 『인생 사용법』이 사는 법을, 『자살 사용법』이 죽는 법을 가르쳐줄 거라고 생각했다."로 시작해 "내 인생 최고의 날은 이미 지나갔을 수도 있다."로 끝맺는다. "나는 앙드레피에르 아르날의 전시 오프닝 동안 타라스콩의 성 지붕에 서서 사랑을 나눴다. (중략) 나는 한 번에 두 사람과, 세 사람과, 그 이상의 사람과 사랑을 나눴다. 나는 해시시와 아편을 피웠고, 아질산아밀을 들이마셨으며, 코카인을 코로 흡입했다. 내게는 신선한 공기가 약물보다 더 중독성이 있다."에서와 같이 모든 주어는 '나'이고, "나는 내 진짜 생각을 말한 것을 후회한 적이 없다."에서와 같이 두서없이 떠오르는 자신의 '진짜 생각'을 가공하지 않고 자동기술의 방식으로 적어 내려갔다. 또한 "나를 바보로 보이게 하지만 않는다면 나는 많은 시간을 입을 벌리고 있을 것이다. 나는 항공술에 흥미가 없다. 형은 자신의 거북이가 도망쳐 라디에이터 밑에서 말라버렸다고 생각했다."에서와 같이 문장들이 엘피판 바늘 튀듯 맥락을 톡톡 건너뛴다. 「자기소개 ─ 에두아르 르베에게」는 이런 형식들을 패러디하고 거기에 시인 자신의 문체적 특성을 포갠다.

　기본적으로 '자기소개'에는 자기를 어필하려는 의도가 잠재한다. 단점도 장점으로 전환시키는 게 자기소개서의 고도의 전략이라 하지 않는가. 때문에 과장과 미화, 불리한 부분에 대한 배제 등 어느 정도의 왜곡이 뒤따르는 게 사실이다. 더욱이 자기가 아는 '나 자신'에 대한 오해와 편견이 있을 수도 있어서 이래저래 진정한 '자기'에 가 닿기는 쉽지 않다. '가만히 있으면 중간은 간다'거나 '긁어 부스럼'이라는 우리네 속담의 배후에는 '나'의 속내를 드러내는 것에 대한 경계가 깔려 있다. 그럼에도 불구하고 이 시는 '진짜 생각'을 말하는 '에두아르 르베'에 보내는 답신의 형식을 담보하여 솔직함이라는 '자기소개'의 덕목을 성취한다. 그런데 "고환 맛이라면 볼 만큼 봤다"거나 "부처님의 자지를 만져본 적이 있"다거나 "나는 자지 보지 없이 사는 법을 모른다"는 '자기소개'가 시인에게 왜 필요했을까. 이런 실토는 시인이 취득한 일종의 자격증이 된다. 시적 주체의 발화는 자주 시인의 육성과 혼동된다는 점에서 많은 시들이 성적으로 무균의 상태를 지향한다. 이와 같은 양태를 두고 "종종 나는 미친 말처럼 웃어젖히고 싶을 때가 있다"고 비웃을 수 있는 것이고, "성깔도 색깔도 없는" "보들보들한 시인들을 경멸"할 수도 있게 되는 것이다. 또한 시의 앞과 뒤에 배치된 성적 발화의 중요한 역할은 '나'가 진정으로 하고픈 말들인 중간 부분의 "나는 식민지의 식민지 태생이다"부터 "나는 춤이 정말로 무엇인지는 불판 위의 산낙지만이 안다고 생각한다"까지로 비등점을 낮추면서 시 한 편이 진실의 불꽃으로 활활 타오르게 만든다. '나'가 우월한 위치에 있어서가 아니다. 오히려 "순간순간 내가 동물이라는 사실을 자신에게 상기시켜"줄 때라야만 '경멸'이 가능해진다. "줄기차게 더러워지다 죽는 종"이 바로 '나'를 포함한 인간 그 자체이기 때문이다. '자기소개'의 형식을 빌려온 이 시는 결국 '나=동물'이라는 관계를 객관적으로 스캔하여 '인간=동물'이라는 범주로 확대시킬 뿐 아니라 "자지 보지 없이"는 "쓰는 법을 모"르는 '나'를 '우리'로 확장시킨다. 그리고 우리는 설득당한다.

노래를 모티프로 하는 시도 자주 보게 되는데, 아래 시도 그중 하나다.

> 그녀의 목소리가 나에게 다가온다
> 통증 때문에 숨 쉬고 있다는 사실을 깨닫지만
> 그녀가 노래를 불러줄 때

나는 살아난다

이것은 환상이 아니다
어쩌면 나의 형벌일지도 모른다
나의 그녀가 노래로 나를 어루만지고
나는 어쩔 수 없이 사랑에 빠지고
그녀가 떠나면
눈먼 자처럼 길을 잃고 눈물을 흘리고
한 발도 나아가지 못하고 돌이 된다

(중략)

노래가 끝나자
나는 다른 사랑으로 이주한다
새 사랑도 종국에는 사라지겠지만
내게 더 이상 사랑이 남아 있지 않지만
그녀가 나를 밀며 움직이라고 속삭인다

사랑에는 끝이 없어요
사랑은 실현되지 않아요
사랑 속에서 당신은 자유로워질 것이니까
두 팔을 벌리고
저 광야의 바람 속으로 팔을 뻗어요
나는 당신의 따뜻한 집이 될 거예요

눈을 감고 당신의 몸 안에
웅크리고 있는
사랑을 느껴보세요
당신은 떨고 있네요

아우라가 현전하는 방식

>나와 그녀는 노래 속에서 뒤엉킨다
>우리는 정오의 침묵 속으로 걸어간다
>사랑하는 사람의 숨결 퍼져 나온다
>햇빛의 방향(芳香) 속에 피가 돈다
>―장석원, 「나의 영혼은 목소리에 저항할 수 없다―Tracy Chapman 「The Promise」에 붙여」 부분 (『시로여는세상』 2018년 겨울호)

이 시 역시 제목이 각주를 품고 있어서, 시를 읽던 손길은 자연스레 검색창을 향한다. 그러나 동일한 노래 제목의 유튜브를 하나씩 클릭할 때마다 동영상을 재생할 수 없다면서 '저작권상의 이유로 해당 국가에서 차단한 콘텐츠가 포함되어 있습니다'라는 메시지가 뜬다. 그렇다 하더라도 구석구석을 뒤져 종국에는 재생되는 동영상을 찾아내어 트레이시 채프만의 목소리를 몇 번이고 들을 때, 눈은 가사와 시 사이를 오가게 된다. 이때 각주는 가수와 음색과 가사를 한 묶음으로 보는데, 가수와 음색이라는 '영혼'이 담기지 않은 가사는 무미건조하게 읽힌다. "그녀"는 노래한다. 읊조리듯 호소하듯. 나는 떠나 있었지만 내 마음 속에는 항상 당신이 자리하고 있었다고, 당신이 나를 기다린다고 약속해준다면 당신에게 돌아가겠노라고, 내 사랑은 변치 않았노라고. '나'는 이를 6~7연에서 "사랑에는 끝이 없어요/사랑은 실현되지 않아요/사랑 속에서 당신은 자유로워질 것이니까/(중략)//눈을 감고 당신의 몸 안에/웅크리고 있는/사랑을 느껴보세요/당신은 떨고 있네요"로 바꿔 듣는다. 가사에 '영혼'을 부여한 것이다.

그럴 만한 이유가 있다. 이 시에는 두 명의 '그녀'가 존재한다. "통증 때문에" 역설적으로 내가 "숨 쉬고 있다는 사실을 깨닫"게 만드는 현실 속의 '떠난 그녀'와 'The Promise'를 불러주는 '그녀'. '떠난 그녀'로 인해 '나'는 "눈먼 자처럼 길을 잃고 눈물을 흘리고/한 발도 나아가지 못하고 돌이 된다". "다른 사랑으로 이주"했지만, '나'는 이미 사랑 자체를 불신하게 되었다.

"새 사랑도 종국에는 사라지겠"고, "내게는 더 이상 사랑이 남아 있지 않"다고 말이다. 그러나 노래는 "사랑은 실현되지 않"기 때문에 "끝이 없"는 것이고, 그래서 "사랑 속에서 당신은 자유로워질 것"이라고 위로한다. 이윽고 "나와 그녀[통증을 주는 그녀]는 노래[위로를 주는 그녀] 속에서 뒤엉킨다". 사랑은 가도 여전히 '나'의 "몸 안에/웅크리고 있는 사랑"이 있음을 알게 되었기 때문이다. 완벽한 위로란 이런 것. 부제인 'Tracy Chapman「The Promise」에 붙여'는 이 시가 '그녀'에게 헌정되었음을 말해준다.

> 지난 시간들이 균열되지 않고 내게로 온다
> 루브르에서 모나리자를 만나듯이
> 크로아티아 언덕 마토스 시인의 눈과 마주하듯이
> 벨베데레 궁전의 봄을 보고 있다
>
> 클림트의 키스가 있는 방
> 영혼의 눈을 바라보고 있는 남자
> 고개를 젖힌 여자와 조응하는 각도에서
> 환하게 정점을 끌어올리는 순간
> 어떤 이는 아담과 이브를,
> 어떤 이는 장방형 문양에서 제우스의 남근을 떠올린다
>
> 노란 옷자락에 새겨진 에로틱한 인간을 매혹하는 연서
> 나비처럼 팔랑거리며 생을 휘발시켰으리
> 시간을 관통한 소리들 소멸되고
> 정오의 그림자들 웅성거린다
> 봄의 황금빛 터널을 지나고 있다
> ─ 고경자,「벨베데레의 봄」전문(『예술가』 2018년 겨울호)

독자 다수가 원본을 알고 있을 때와 원본이 시에서 중요한 역할을 하지

않을 때 각주는 생략된다. 이 시가 그렇다. 구스타브 클림트의 〈키스〉가 소비되는 빈도수는 말레비치의 〈검은 원〉을 능가한다. "클림트의 키스"에 별도의 작품 표시를 하지 않은 것에서 볼 수 있듯 이제 〈키스〉는 보편적인 '상품'이 되었다. '벨베데레'에 대해 아는 바가 없다 하더라도 시를 읽어보면 그곳에 이 이 작품이 전시되고 있다는 사실을 알게 된다. 그 궁전이 사보이 왕가 오이겐 왕자의 여름 궁전이고, 여기에 클림트와 에곤 실레의 작품을 전시하고 있다는 설명 등을 각주로 달았다면 한낱 군더더기가 되었을 것이다.

원본들은 자주 아우라를 잃어버린 채 소비된다. "루브르"의 "모나리자"나 "크로아티아 언덕 마토스 시인의 눈"은 루브르의 〈밀로의 비너스〉나 바티칸의 〈천지창조〉 등 다른 무엇으로도 대체될 수 있다. "지난 시간들이 균열되지 않고 내게로" 오는 것은 그때와 다름없이 내가 여행 중에 있기 때문이다. 그 연장선에서 "벨베데레 궁전의 봄을 보고 있"는 것이다. 2연에서 3연 둘째 행의 "나비처럼 팔랑거리며"까지의 〈키스〉에 대한 묘사는 현지에서 원본을 보는 중이거나, 한국 모처에서 복제품을 보았어도 비교적 비슷하게 느낄 수 있는 내용이다. 물론 원본과 복제품을 대하는 감정의 파고가 비슷하다는 얘기는 아니다. 그러나 3연의 "생을 휘발시켰으리"에서부터 나머지 3행은 마치 한 장의 스냅사진처럼 〈키스〉의 찰나적 정황을 줌인한다. "균열되지 않고 내게로" 왔던 "지난 시간들"과 "시간을 관통한 소리들"이 "소멸되고" 있는 순간을 포착한 것이다. "웅성거"리는 것은 사람들이 아니라 "정오의 그림자들"로 '시간'도 '소리'도 소거되는 순간, 다만 '봄'이 "황금빛 터널을 지나고 있"는 이미지만이 부각될 뿐이다. 이 시에서는 봄이 그렇거나 중요한 것이며, 심지어는 〈키스〉의 '망토'조차 '황금빛 터널'을 위해 내어주기까지 했을 정도다.

며칠 후에 은사님을 뵙기로 했다 나는 은사님의 시집을 몽땅 다시 읽는다 이건 의식적인 시 읽기다 은사님의 Y라는 시를 읽으며 은사님은 이렇게 시를 써도 되는가 의심한다 책을 열 권 넘게 내면 이렇게 망연자실 써도 되는가 한다

벚꽃 나무 이파리 끄트머리부터 붉게 물이 드는 계절이다 은사님은 이렇게 열 권이 넘는 시집을 내며 행간을 줄이고 내키는 대로 건너뛰고 한 줄씩 소멸시키다가 아예 시를 쓰지 않으실 것만 같다

시인이 없는 세상은 신난다 은사님들이 더 이상 시를 쓰지 않았으면 좋겠다 그럼 나 같은 뽀시래기들이 잠시 그 자리에서 부귀영화를 누려야지 그러다 삶처럼 사연만 길어지는 리얼리티에 질려 금세 시를 때려치우리라 그렇게 시가 사라지는 세상을 보고 싶다

하지만 나는 은사님을 기억해야 한다 은사님이 이미 써버린 시들이 은사님이 되어 제자들을 키워내고 있다 굴뚝의 연기처럼 밀려 나오는 제자들이 은사님의 문학제를 매년 해치우는 세상이 도래할 것이다

앞산 언덕에 저녁연기 같은 것들이 피어오른다 어떤 문학 행사에 참가했던 은사님이 피곤한 몸으로 지하철을 타고 집으로 돌아가실 것만 같은 시간이다 은사님은 흔들리며 이제 시를 그만 써야 하나 하다가 까무룩 잠이 들고 은사님이 떠난 뒤풀이에서 우리는 울다 웃다 욕을 하다
— 최휘, 「은사님이 더 이상 시를 쓰지 않았으면 좋겠다」 전문
(『예술가』 2018년 겨울호)

벤야민에 의하면, 예술작품의 유일성은 아우라의 다른 말이다. 원본에만 생기는 아우라는 바로 유일성에서 비롯된다. 예술작품의 존재 방식은 종교적인 의식(儀式)에서 출발하여 미에 대한 세속적인 숭배 행위로 이어져왔다. 이러한 제의 가치가 예술작품을 폐쇄적인 공간에 숨겨둔 채 신비로움의 아

우라를 조성해왔다면, 현대에 이르러 의식에서 해방된 예술작품들은 기술적인 복제의 가능성에 힘입어 전시 가치로 그 절대적 역점이 바뀌었다. 말레비치의 〈검은 원〉은 그의 〈검은 십자〉와 함께 인테리어를 위한 세트 상품이 된 지 오래고, 클림트의 〈키스〉 역시 앞에서 말한 바와 같다. 복제를 통한 소비뿐 아니라, 이제 인터넷에 떠도는 아우라가 제거된 원본 이미지들은 누구나가 가져다 쓸 수 있는 소재가 되었다. 그것은 변형과 왜곡과 파괴와 유희의 대상으로, 심지어는 무료이고 무제한 제공된다. 세계의 박물관과 모든 여행지를 둘러볼 수 있으며, 유튜브에는 사시사철 음악과 동영상이 흘러넘친다. 보고 들을 것의 다양함이 우리를 자극한다. 이것이 각주를 단 시가 급증하는 이유 중 하나라고 하겠다. 시의 지성화나 지성의 대중화는 동전의 양면과 같다.

이 시는 각주를 필요로 하지 않는다. 그러나 시 속에 벤야민이 들어 있다. '은사님'으로 대표되던 전통적 가치에 어렸을 아우라의 현주소를 그려낸 것이다. '은사님'이 아우라를 가지고 있던 시절, 제자들은 존경과 맹목으로 갖은 예를 다했을 것이다. 그러나 이제 '은사님'은, '은사님'의 "열 권이 넘는 시집"은, '은사님의 시'는, '의심'과 평가의 대상으로 전락하였다. "며칠 후에 은사님을 뵙기로" 하여 "은사님의 시집을 몽땅 다시 읽"지만, "이건 의식적인 시 읽기"일 뿐이다. 그럼에도 "은사님을 기억해야" 하는 이유는 "굴뚝의 연기처럼 밀려 나오는 제자들이 은사님의 문학제를 매년 해치우는 세상이 도래할 것"에 대비하는 '의식적인' 행위에 불과하다. 의식적인 행위에 어리는 제자들의 사이비 존경심을 믿고, "은사님들이 더 이상 시를 쓰지 않았으면 좋겠다"는 진실을 외면한 채 "제자들을 키워내고 있"는 '은사님들'에 대한 신랄한 풍자는 그러나 "피곤한 몸으로 지하철을 타고 집으로 돌아가"시는 '은사님이 "이제 시를 그만 써야 하나 하다가 까무룩 잠이" 드는 대목에서 연민으로 바뀐다. 아우라의 완벽한 죽음이다.

이제는 아우라를 살리는 것이 아우라를 파괴하는 것보다 더 어려운 일이 되었다. 그럼에도 여전히 우리는 아우라를 말한다. 시에서 그것은 텍스트의 표면에 드러나기도 하고 이면에서 우러나와 우리의 내면에 자리하기도 하며, 감각적으로 몸에 아로새겨지기도 한다. 이미지로, 전율로, 빛과 어둠으로 혹은 침묵의 형태로 말하고, 삶에 녹아들어 나의 일부가 되기도 한다. 도무지 실체가 없는 아우라는, 그러나 현전한다. 일방향이 아니라 쌍방향으로, 텍스트가 아니라 콘텍스트로. 곧 쾌와 감동을 부여하는 소극적인 방식으로서뿐 아니라 텍스트가 품은 질문에 답하는 독자의 적극적인 참여라는 방식으로. 그리하여 시가 자신의 욕망과 존재들의 욕망에 에워싸일 때 아우라는 빛을 발한다. 아우라는 현전(現傳)하지 않고 현전(現前)한다.

이미지 사용법

주병율 「신기루 — 굴참나무 잎」· 「김종삼처럼 말하다 — 먼지들」· 「너무 늦은 시간」· 「다알리아」,
한명희 「7년 7개월」· 「누구의 누구」· 「다음에」

1.

이미지 과잉이 사회문화적으로 이슈화된 지 오래다. 과장·왜곡되고 상품화된 이미지의 대량생산과 대량소비가 진행되는 와중에 실체적 진실이 무엇인지 모호해진 세계에 우리가 살게 된 것이다. 문학, 특히 시에서조차 그렇다.

양상은 조금 다르지만 소박하게 출발해보자. 어떤 대상에 대해 개인이나 집단이 받은 주관적·직관적 인상을 이미지라 했을 때 최초의 이미지는 전적으로 주체의 몫이다. 그리고 그에 대한 작용이나 반작용으로 그것을 재현하고 재생하려는 욕구를 실현하려는 주체가 있을 때 상상력을 동반한 이미지는 다른 존재, 곧 시로 태어난다. 시는 이미지를 품고 독자에게 이르러 새로운 대상이 되고, 새로운 이미지로 재창조된다. 이는 주체를 중심으로 선순환하는 이미지의 구조다. 시인은 주체를 감싸고돌고 이미지는 의미와 혈연관계에 든다. 그러나 이미지 과잉의 시에서는 다른 양상이 전개된다. 자율적이고 주체적인 구조가 아니라 타율적이고 비주체적인 구조에서 이미지가 생성되는 것이다. 즉 외부의 시선이 개입해 주관적·직관적 인상에 영향력을 행사함으로써 이미지를 위한 이미지, 감각을 전면화한 이미지가 선호되고 선택된다. 이미지는 더욱 화려하고 현란해지고 있다. 이는 2000년대 중반 '미래파' 이후의 시들에서 보여지는 현상으로 '미래파'가 와전된 결과라고 할 수 있다. '미래파' 시의 핵심이랄 수 있는 '존재론적인 통찰'(권혁웅)은 간과한 채 그들의 어법과 상상력만을 무비판적으로 수용했기 때문이다. 시인이 주체를 버리고 유행이라는 외부의 시선과 결탁했을 때, 이미지는 의미와 결별한 채 이미지 과잉이라는 시적 현상만을 남긴다.

시에 입문하려는 문학도나 젊은 시인을 중심으로 확대 재생산되고 있는 이미지 과잉 현상에서 비교적 자유로운 것은 어느 정도의 문단 구력이 있는 시인들이다. 그들은 시류에 휩쓸리지 않을 정도로 자신의 시 세계를 정립하였고, 이미지의 적절성을 가려 수용하거나 때론 배제하는 방법론을 주체적으로 운용한다. 주병율과 한명희 시인이 그들이다.

2.

새들도 해가 지면 두루 들어감에 들어가게 되니 굴참나무도 숲에 들어가고 어두워지는 숲도 굴참나무 잎에 들어가며, 굴참나무 잎은 한 산에 들어가고 한 산은 모든 산에 들어가며 모든 산은 한 계곡에 들어가고 한 계곡은 바람의 처소에 들어가며 바람의 처소는 말할 수 없는 곳에 들어가며 말할 수 없는 곳은 한 꽃잎에 들어가고 한 꽃잎은 눈과 입에 들어가고 한 눈과 입은 소리에 들어가고 한 소리는 귀에서 일어나고 귀에서 일어난 소리는 혀에서 일어나며 혀에서 일어난 소리는 마음에서 일어나고 마음은 일어났다 사라지고 다시 티끌 속으로 들어가며 티끌 속에는 일체 굴참나무가 들어가 해가 지면 새들도 산도 바람도 모두 두루 들어감에 들어가게 되니 어두워지는 한 세상이 일체 굴참나무 잎으로 들어가더라.

— 주병율, 「신기루—굴참나무 잎」 전문

저녁에 속해 있는 자는 십중팔구 시인이다. 낮에 속한 자들과 달리 그는 빛이 저무는 시간대에 '신기루'를 본다. 낮에 속한 자들이 빛의 허상을 보는 것과는 달리 그는 저녁이 품고 있는 "일체"의 세계를 본다. 인과도, 규율도, 위계도 없는 그 세계는 "어두워지는" 찰나의 일원이다. "해가 지면"은 시간의 단위가 아니고, "말할 수 없는 곳"은 공간의 차원이 아니며, "일어난 소리"는 공기의 파동이 아니다. 사물(새, 굴참나무, 숲, 계곡…)과 현상(해가 지면, 말할 수 없는)과 운동(들어가고, 일어나고)이 병렬로 연결되어 있어서 "어두워지는 한 세상"이 밝히 들여다보인다. "두루 들어감에 들어가게 되니"라는 지상에 없던 말로 인해 "굴참나무 잎"은 동양적 사유가 지켜온 생태계를 받아들여 고스란히 제 안에 품는다. 우리가 방금 목격한 이 '신기루'는 이미지일까, 의미일까.

주병율이 용의주도한 것은 감각적 이미지를 하나도 사용하지 않고 시 전체를 '신기루'라는 하나의 이미지로 묶어낸 점이라 하겠다. 이미지 과잉 시대에 대한 반발이나 거부로도 읽히는 이 시에서 이미지와 의미는 떼려야 뗄 수 없는 혈연관계를 이룬다. 또 한 편의 시를 보자.

햇살이 들자 육교 밑에도 뿌옇게 먼지들이 일어나 아침 새처럼 날아다녔다. 하늘과 땅 사이 그들의 발밑에도 볕이 좋은 은총을 기다려 밤새 봄이 다녀갔다고 은박지처럼 반짝거리는 먼지의 말을 나는 듣지 못했다. 정신병원에서 일제히 밀려난 듯이 사람들이 지하도에서 쏟아져 나왔다. 발바닥이 납처럼 푸른 사람들이었다. 쇠사슬을 끄는 듯이 앙상한 발목이었다. 마주보이는 박물관 지붕 위에서 새들이 날아갔다. 공사장 안쪽에서 콘크리트 바닥을 뚫는 착암기의 擴散音. 새들이 날아오르는 일체의 소리를 나는 듣지 못했다. 이 동네에는 허가받지 못한 것들이 너무 많은 듯했다. 순간 마르틴 하이데거가 장죽 같은 손바닥으로 내 뺨을 후려치고 저만치 육교 위를 건너가고 있었다. 한쪽 어깨가 무너진 듯이 그가 잡고 있던 육교의 녹슨 난간을 바라보다가 나는, 먼지와 같이 앞날을 향하여 나아간다는 것은 무엇일까를 생각했다. 육교 아래, 음력 삼월 열사흘, 클로드 아실 드뷔시의 봄.
　　　　　　　　　─ 주병율, 「김종삼처럼 말하다─먼지들」 전문

　이미지 사용을 위해서는 마치 '김종삼'의 허락을 받아야 한다는 듯, 혹은 이 시를 '김종삼'의 오마주로 쓰겠다는 듯, 시는 겸손하게 '먼지들'보다 '김종삼'을 우위에 놓는다. 그 연장선에서 '먼지들'이라는 내용보다 '김종삼'이라는 형식도 우위에 놓는다. '내용없는 아름다움'으로 대표되는 '김종삼' 표 특징들, 곧 건조한 문체와 이국 취향, 그가 애호했던 순수고전음악의 곡명 등이 시의 면면에 배치되었기 때문이다. 그렇다면 '먼지들'의 의미를 '김종삼'이라는 이미지에 덧입혀 말하고자 했던 바, 의미와 이미지에서도 이미지가 우위일까. 다음의 세 문장, "밤새 봄이 다녀갔다고 은박지처럼 반짝거리는 먼지의 말을 나는 듣지 못했다.", "이 동네에는 허가받지 못한 것들이 너무 많은 듯 했다.", "먼지와 같이 앞날을 향하여 나아간다는 것은 무엇일까를 생각했다."를 제외하고 나머지 부분은 모두 이미지인데, 이 세 개의 독백이 시적 이미지와 대등한 무게중심을 유지하고 있는 것을 본다. 이미지를 최소한도로 사용하되, 그것을 최대한도로 의미화할 것. 이것이 주병율의 시적 전략일 수도 있다. 그러나 역시 반전이 있다. 이 모든 풍경과 사색이 "클로드 아실 드뷔시의 봄"의 연주 내용이었다는 것. 내용과 형식, 이미지와 의미, 그 어느 것도 우위랄 것이 없는 선순환의 구조가 시를 감싸고돈다.
　이미지의 적정량을 시에 활용하여 의미의 완급을 조절하는 주병율과 달리 한명희는 이미지를 소거한 채 현실 삶의 의미를 직시하려는 욕망을 감추지 않는다. 개인사적인 소회와 인간 대 인간의 관계성에 대한 질문을 통해 존재의 면모를 개괄적으로 드러내는 작업에 몰입한다.

　　　6보다는 크고 8보다는 작다
　　　반년보다는 길고 일 년보다는 짧다

> 6보다는 크고 8보다는 작게
> 반년보다는 길고 일 년보다는 짧게
>
> 같이 산 사람
>
> 그를 알았다고도 할 수 없고
> 그를 몰랐다고도 할 수 없다
>
> 그를 잊었다고도 할 수 없고
> 그를 잊지 않았다고도 할 수 없다
>
> 그것은
> 크지도 작지도 않고
> 길지도 짧지도 않기에
>
> ― 한명희, 「7년 7개월」 전문

　시간은 공간 없이는 존재할 수 없으므로 사물에 속하며 1년 365일, 24시간 등 정교하게 구획된 단위로 인해 객관적 사물로 치부되지만, 개인사에서 그것은 전적으로 주관적이다. '7년 7개월'이 중요한 이유는 "같이 산 사람"과의 유형무형의 궤적이 그 안에 담겨 있기 때문이다. 그러나 한명희는 이를 감정이라는 주관으로 '길다'거나 '짧다'고 재단하는 것을 경계한다. 그 세월이 '작고' '짧았다면' "그를 알았다고도 할 수 없고" "그를 잊지 않았다고도 할 수 없"는 것이며, '크고' '길었다'면 "그를 몰랐다고도 할 수 없"고 "그를 잊었다고도 할 수 없다"는 사실을 직시함으로써 객관을 유지하려고 한다. '7년'이란 세월이 "6보다는 크고 8보다는 작"으며, '7개월'이란 세월이 "반년보다는 길고 일 년보다는 짧다"는 근거는, 그러나 역설적으로 '7년 7개월'을 기념과 추억의 절대적인 시공간으로 확정한다. 누군가에게 그것은 '2년 9개월'이나 '15년 3개월'이 될 것이다. 이 절대적인 시공간을 어떻게 작거나 크고, 길거나 짧다고 단정할 수 있겠는가.

누구는 누구누구의 아들이고 누구누구의 아들은 누구누구누구의 남편이며 누구누구누구는 누구누구누구누구의 제자이고 누구누구누구누구는 누구누구누구누구누구의 후배이며 누구누구누구누구누구의 동문이고 누구누구누구누구누구누구의 먼 친척이기도 하다네.

누가 나에게 누구냐고 묻길래 그냥 누구라고 했더니 그럼 누구누구의 누구냐고 다시 물었네. 나는 누구누구누구의 누구는 못되며 누구누구의 누구도 아니고 그냥 누구라고 했더니 그는 도무지 알아듣지를 못했네.

누구만으로는 누가 누구인지 알 수가 없다니 누구만으로 누가 누구인지 알 수 없는 누구들은 온몸과 온 마음으로 자신을 증명해야만 하네. 누구가 바로 누구라는 걸 누구가 다른 누구도 아닌 바로 누구 그라는 걸 스스로 증명해야만 하네 전력과 전심으로.
— 한명희, 「누구의 누구」 전문

한편, 인간은 개인적 존재이면서 사회적 존재이기도 하다. 「7년 7개월」에서 '나'의 개인사가 그렇게 중요했던 것과는 달리, 사회적 유대관계 속에서 '나'의 존재는 지워진 채 무수한 '누구'가 되고, 관계망에 따라 "누구누구누구누구누구"의 '누구'가 되기까지 한다. 존재의 출발이 '나'가 아니라 '누구의 누구'가 되는 세상에서 사람들은 '나'가 '누구'라는 걸 "도무지 알아듣지를 못"한다. "온몸과 온 마음으로" "전력과 전심으로" "스스로 증명해야만 하네"란 다짐에서 보듯 역설적으로 시는 이러한 노력에 대해 회의적이다. '증명할 수 없다'는 기정사실을 헛된 노력으로 치환하면서 이 시는 풍자의 효과를 얻는다.

두 편의 시에서 한명희가 보여준 것은 이미지 한 점 없이 구축된 의미의 세계다. 현실 삶의 추상성을 명징하게 드러내기 위해 의미에 덧씌워지는 그 어떤 이미지도 거부한다는 것인데, 이미지를 거부한 것 역시 이미지 사용법의 한 사례다. 이미지를 사용하지 않는다는 이미지가 그의 이미지다.

3.

　한 편의 시는 '보기'에서 출발하여 '쓰기'로 완성된다. '보기-생각하기-쓰기'라는 통상의 글쓰기 방법과 달리, 시는 대상을 볼 때 이미 '생각하기'가 함께 작동한다. 동일한 대상을 일반 사물에서 시적 오브제로 건져 올리는 과정을 착상이라 하지 않는가. 무엇을 어떻게 보느냐 하는 것이 늘 시의 관건인 이유다. '보기'는 관점이라고도 할 수 있는데, 이 관점의 다름으로 인해 시의 다름이 생기고, 시의 다름으로 인해 시인의 다름이 생긴다. 그러므로 시인의 다름이란 관점의 다름에 다름 아니다. 이때 관점의 대상은 사물과 현상으로, 자연사물과 인공사물을 포함한 천지 만물이 사물 안에 수렴되고 사물의 작용과 의식의 발현이 현상으로 수렴되는데, 이를 통칭하면 세계가 된다. 따라서 관점은 세계에 대한 태도, 곧 시인의 세계관이 작동하는 메커니즘이다. 주병율과 한명희 시인의 시의 다름의 최초도 관점이라는 다른 '보기'에서 비롯되었을 것이다.

　　용서하게
　　겨울 하늘을 무연(撫緣)히 휘날리는 하얀 눈들을 용서하게
　　사랑을 잃고 더 잃을 것 없이 가난해져서 너에게 전화를 하는 나도 용서하게

　　고군산 열도를 지나
　　심포 앞바다를 지나
　　망해사 500년 느티나무를 지나
　　낡은 포장마차 안 과수댁이 쳐주는 소주잔으로 앉아서
　　힘이 든다고, 힘이 든다고 말하는 이 미친 겨울바람도 용서하게

살다보면 때로는 저렇게 굽은 느티나무 등걸 위에 손을 올려놓고도
가끔씩 서로가 따뜻해지는 날이 있다고
대낮부터 불콰하게 젖어서 눈밭에 붉게 갈대로 눕는 과수댁도 용서하게
십 년을 혼자 모질게 버티고도 아직 굽은 마음이 있어서
검게 갯벌로 흐르는 저 진눈깨비 같은 눈물도 용서하게
만경(灣景)이 만경(晩景)으로 맺혀서 불덩어리로 눕던 바다
나는 아직 그 바다의 만경(晩景)을 마저 건지지 못하고
작은 등 하나 기댈 곳 없이 사락거리며 눈이 내리는 저녁
굽은 등으로 누워서 잠들 수 없었던 밤도 용서하게
갈 곳도 없이 헤매던 너의 지난밤도 다 용서하게

고군산 열도를 지나
심포앞 바다를 지나
망해사 500년 느티나무를 지나
사랑을 잃고 더 잃을 것 없이 가난해져서
아직도 무연(憮緣)히 휘날리며 붉은 눈발이 되어 내리는 나에게
너무 늦게 도착하던 시간도 용서하게
짧은 유서도 끝내지 못하고
사랑한 마음을 용서하게
이 추운 겨울을 용서하게

— 주병율, 「너무 늦은 시간」 전문

깨달음은 늘 너무 늦게 온다. "사랑을 잃고 더 잃을 것 없이 가난해"졌을 때 온다. 그것은 "너무 늦게 도착하던 시간" 때문인지도 모른다. "십 년을 혼자 모질게 버티고도 아직 굽은 마음이 있"는 것은 "아직 그 바다의 만경(晩景)을 마저 건지지 못하고" "짧은 유서도 끝내지 못하고", 무엇보다 아직도 "사랑한 마음"을 잃지 않았기 때문일 것이다. 그러나 '나'는 혼자 오지 않고 회한을 짊어진 대상들과 함께 왔다. 용서받아야 할 목록들, 즉 "겨울 하

늘을 무연(無緣)히 휘날리는 하얀 눈", "힘이 든다고 말하는 이 미친 겨울바람", "불콰하게 젖어서 눈밭에" "과수댁"처럼 눕는 "갈대", "검게 갯벌로 흐르는 저 진눈깨비 같은 눈물", "굽은 등으로 누워서 잠들 수 없었던 밤", "갈 곳도 없이 헤매던 너의 지난밤", "너무 늦게 도착하던 시간", "짧은 유서도 끝내지 못하고 사랑한 마음", "이 추운 겨울"은 모두 "너에게 전화를 하는 나"의 은유다. 그렇다고 하여 '나'의 무거움이 줄어든 것 같지는 않다. 대상들이 '나'의 짐을 나누어 졌듯 대상들의 짐은 '나'의 짐이 되기도 하는 생을 '나'는 살아온 것이다. 주병율이 「신기루 ― 굴참나무 잎」에서 보여준 선순환적 삶의 양상들이 이 시에서도 재연되고 있다. 경계 지우기가 아니라 경계 넘나들기의 방식으로 그는 생의 모든 국면과 소통한다. 이것이 가능한 것은 그가 '무연(無緣)히' 보는 사람이기 때문이다.

'무연히 보기'는 주병율이 세계와 시에 대해 가지는 태도이면서 그의 시적 방법론이기도 하다. 존재와 삶의 슬픔을 직시하기보다 그 안에 어둠처럼 잠겨 있는 상태. 강물이 흘러가는 것을 무연히 볼 때 강이 아니라 내가 강을 거슬러가는 것을 느끼는 그런 상태 같은 것. 수동이면서 동시에 능동인 상태……. "황혼도 아니고/해질녘도 아니고//해가 지는 모든 눈동자에/모든 눈동자에 해가 지고//어둠뿐이다/오직 어둠뿐이다//책도 없이/가방도 없이//세상을 떠난 이여//지금은 어디에 있는가/왜 안 오시나/(중략)/모든 눈동자에 해가 지고/강물은 소금이 되고"(「다알리아」)에서도 그는 존재에 대한 규명을 하지 않고 '무연히' 생의 비의를 드러낸다. 그는 인간보다 사물과 더 가깝다. 어둠과 친연성을 가진 자의 시각은 어둠으로 잦아드는 세계 속으로 녹아든다. 세계와 하나가 된 그가 용서를 빌면 세계가 함께 엎드린다. 용서하게, 용서하게, …… 용서하게.

다음이라는 건 없어

다음에 갔을 땐
문이 닫혀 있었고

다음에 먹었을 땐
그 맛이 아니었다

다음에 만났을 땐
그 사람이 아니었고

다음에 보았을 땐
그 장면이 아니었다

(중략)

다음은 다음일 뿐

기댈 수 있는 곳이
한 곳뿐인 사람들

기대지 않으면
곧 쓰러질 사람들은

언제나 여기에 기댄다

다음에
다음에 꼭

— 한명희, 「다음에」 부분

'다음'은 어떤 기준점의 바로 뒤일 수도 있지만, '정해지지 않은 미래의 어느 날'이라는 추상일 수도 있다. 이 때문에 '지금'은 '다음'으로 고스란히 유예되지 않으며, 상황은 변하고, 결과는 예측할 수 없다. '다음에 보자'는 의례적인 인사는 실행 가능성이 거의 없는 부도 수표에 가깝다. 그럼에도 사람들은 늘 '다음'을 기약한다. "기댈 수 있는 곳이/한 곳뿐인 사람들"일수록 "언제나 여기에 기댄다". 한명희가 생의 비의를 드러내는 방식이다. 허식과 허례와 허구가 "다음에"라는 용어에 집약되어 있음을 시에 포개면서, "기대지 않으면/곧 쓰러질 사람들"에게 "다음에 꼭"이라는 기대와 희망은 포장된 절망의 다른 말이라는 사실을 통찰하는 것이다. 이와 같이 '지금-여기'라는 삶의 현장에 한명희는 '유심히 보기'를 통해서 접선한다. 사회적 메커니즘 속에서 소시민적인 삶을 살아가는 인간관계에 대한 규명과 존재에 대한 주의 깊은 성찰이 그의 시세계를 이룬다.

4.

주병율과 한명희 시인이 세계를 대하는 태도를 '무연히 보기'와 '유심히 보기'로 일별했지만, 용어가 썩 들어맞는 것은 아니다. 후자의 '유심히 보기'가 더욱 그렇다. '유심'의 반의어는 '무심'이지만, 이는 '아무런 생각이나 감정이 없음'의 상태이거나 '세속적인 욕망이나 가치판단에서 벗어난 마음 상태'라는 사전적 정의에 비추어 봐도 '무연'이란 개념과는 거리가 있다. 두 시인의 시는 분명히 이미지나 시적 관점에서 거의 상반되는 차이를 갖고 있기에, '무연히 보기'와 '유심히 보기'가 반대의 궤를 이루게 되었다. 우연한 기회에 정확한 용어가 발견되기를 기대하며 개념을 규정하는 어려움에 대한 토로를 후기로 붙인다.

출발과 발생

이강하 「눈사람」·「칸나의 해안」·「붉은 화첩」·「줄무늬 돌」·「오래된 나무 이야기」

　　내 쪽으로 달려오는 자동차가 있다. 어떤 '나'는 자신을 지나쳐 멀어져가는 자동차의 뒷모습을 좇으며 배기가스를 맡지 않으려고 숨을 참거나 자신의 머리칼과 옷깃이 날리는 감각을 느낄 것이고, 다른 '나'는 자동차를 내면의 어딘가로 불러들여 황량한 과거의 먼지 자욱한 하루를 호출하거나 그늘에 세운 채 창문을 내려 잠시 한숨 돌리는 내일의 해안도로에 미리 가 있을 수도 있다. 시인의 시선은 세계이든 내면이든 늘 어딘가를 향하고 바로 그 도달 지점에서 자신의 시를 출발시킨다. 세계를 향했다가 세계의 끝에서 생성된 전자의 시는 형상화된 삶을 데리고 오고, 내면의 끝에서 출발해 돌아오는 후자의 시는 형상화된 관념을 데리고 온다. 둘 다 미적 스펙트럼을 경유하겠지만 아마도 전자는 에피소드로 구체화된 시공간을, 후자는 사유로 추상화된 시공간을 펼쳐 보여줄 것이다. 이강하 시인의 시적 영역은 후자에 속한다.

　　　님께서 아흔아홉 번째 눈을 뿌렸다
　　　잠시 쉬었다 가라고

"새로운 시작을 응원합니다"라고
정년퇴임 기념식에서 축하하며 손뼉 친 범고래들
어제도 고마웠다

마당과 화단 사이
하얀 새끼 부엉이 닮은 눈사람들, 눈이 부시다
밤새 잠꼬대가 심했을까
눈사람 하나가 목이 삐딱하다

범고래는 떠났는데 눈사람은 살이 붙었다
밤새 얼마나 탐닉했을까
눈의 골짜기를

바람 구름 고요의 섞임이 팽팽하다
지붕 끝에 매달린 고드름 속 사방도

오늘만큼은 샤갈의 그림이고 싶은 날
갈라진 흰빛 뒷면은 누구에나 거룩한 여백이 될 것이라고
중얼거린다

앞으로 내가 어떻게 사느냐
언제 사라지느냐가 문제가 아니다
지금, 내 몸에 스며들고 있는 서늘한 흰빛 무더기
이것이 화두다.

—「눈사람」전문

생의 전환기에 섰을 때 사람들은 지금까지 살아온 날과는 다른 방식으로 앞으로 살아갈 날을 설계하곤 한다. "새로운 시작을 응원합니다"라고 축원하는 이유이다. "눈"이 내리고, "정년퇴임 기념식"이 있었던 현실 공간이

"님"과 "아흔아홉 번째 눈", "범고래들" 등으로 상징화되면서 의미의 세계로 전환되는 이 시는 이강하의 시적 지향점을 잘 보여준다. 시인이 장차의 "화두"로 삼은 것은 문맥적으로 현실적 고려("앞으로 내가 어떻게 사느냐")나 미래적 염려("언제 사라지느냐")가 아니라 현재적 충만이다. '서늘한 흰빛 무더기'를 일컫는 "눈사람"을 "탐닉"하고 사물과의 교감에 이르는 일인데, 그러나 이강하 시에 있어서 이는 당장 공간의 충돌을 일으킨다. 곧 "마당과 화단 사이"의 현실 공간에 있는 "눈사람"과 "눈사람"에서 비롯된 환상적·관념적 공간("샤걀의 그림이고 싶은 날"의 "거룩한 여백")이 그것이다. 그럼에도 시에서 이 충돌은 파괴적이거나 상호 모순적이지 않다. 어떻게 이런 일이 가능할까. "바람 구름 고요의 섞임이 팽팽하다/지붕 끝에 매달린 고드름 속 사방도"란 두 행이 단서를 제공한다. '바람 구름'이라는 현상과 '지붕 끝에 매달린 고드름'이란 사물을 시인은 '고요'라는 관념을 섞어 사유의 세계로 이월한다. 현실이 아니라 내면에서 사건을 발생시키므로, 현재라는 시간성은 내면이라는 공간성에 자연스레 수렴되는 것이다. '서늘한 흰빛 무더기'가 스며들고 있는 '몸'이 물리적 실체가 아니라 정신 혹은 내면의 다른 말인 이유이다.

다음에 인용하는 「칸나의 해안」은 실재하는 고유 명사인가, 칸나가 피어 있는 해안을 주관적으로 명명한 장소인가, 혹은 이미지로 구성된 심상적 공간인가.

> 나는 꿈꾸는 사계
> 어린 아이들이 맨발로 저벅저벅 나를 밟으면
> 긴장이 풀리면서 붕 뜬 마음
>
> 네가 최초 걸음마를 배울 때
> 파도 사이로 지나가는 새끼 거북이가 된 것처럼

중심을 잃지 않게 아치를 바로잡아준 그때 그 스침이 번진다

큰 꿈이 작은 꿈을 통과하면
지우고 싶은 구멍과 상실감이 박살날까

호미 들고 뛰어온 사내아이가 갯벌 깊숙이 힘을 가하면
더 멀리 달아나는 것들
아직 상대도 스침이 두려운 것일까

그래, 아이야
그렇게 어디에서나 최선을 다하면 된다
다시 스치면 된다
매일 건강하게만 자라다오, 라는 말
먼저 삶을 경험한 어른들의 소망일 테다

그러고 보니
끝없이 움직이는 수평선도
구름과 물소리를 빚어 신비한 빛이 된 저물녘도
나의 최초 조력자를 닮았다.

―「칸나의 해안」 전문

이 제목으로 시인은 이미 여러 편의 시를 써서 발표한 듯하다. 지면에서 만난 기억이 있는데, 이처럼 부제도 달지 않고 한 제목으로 여러 편의 시를 쓰는 행위는 근래 여타 시인들에게서도 가끔 목격되기는 하지만, 여전히 낯설다. 부제의 기능, 일테면 시적 범주를 지시하거나, 시제에 대한 부연, 또는 시의 스펙트럼을 확장할 수도 있는 장치를 거부한 채 시편들이 저마다 독립 정부일 수도 있고, 뿔뿔이 흩어지는 난민일 수도 있다. 지면의 여기저기서 첫 작품처럼 혹은 마지막 작품처럼 출몰하거나 어딘가에서 분투하다

가 일란성 쌍둥이처럼 극적으로 상봉하고, 땅속 넝쿨을 따라 감자알처럼 한꺼번에 딸려 올라올 수도 있다. 「칸나의 해안」을 다시 만난 소회도 그중 하나일 것이다.

  그런데 다른 「칸나의 해안」들에서와 마찬가지로 이 시에서도 그것은 현실적 공간이 아니라 오히려 관념적 공간에 가깝다. "네가 최초 걸음마를 배"우던 곳이라든가 "갯벌"이라는 구체적 장소가 등장하지만, "스침"에 대한 통찰이 전면화되면서 시는 바로 현장을 벗어난다. "어린 아이들"은 "어른들"을 무장 해제시키며("어린 아이들이 맨발로 저벅저벅 나를 밟으면/긴장이 풀리면서 붕 뜬 마음"), 어른들의 속성인 후회("지우고 싶은 구멍")와 "상실감"을 "박살"내 줄 잠재적 가능성을 품고 있는 존재이다. "호미 들고 뛰어온 사내아이가 갯벌 깊숙이 힘을 가하면" 갯벌의 생물이 "더 멀리 달아나는" 건 그들이 아이의 "스침"을 두려워하기 때문이고, 이는 사내아이가 그들을 해칠 의사가 없다는 걸 그들이 모르고 있어서라는 것. 걸음마를 배우는 아이의 중심을 잡아줄 때 "스침"이 일어나는데, 이때 아이는 역으로 어른의 "아치"를 바로잡아 준다(이 시에서 "아치"가 자아를 바로 알지 못하는 어리석음을 가리키는 용어인지 명확하지는 않다). "스침"을 통해 "최초 조력자"는 아이에게는 어른이 되고 어른에게는 아이가 되므로, 「칸나의 해안」은 스치면서 소통하는 원초적 바름을 상징하는 이강하의 내면 공간이다.

    해 지는 저녁이 가면을 쓰고 꿈틀거린다
    어둠 속 가면이 백기를 든 골목으로 사라지면
    진실을 고백할 때다

    해넘이 찰나가 해돋이 찰나를 이해하듯
    바오바브나무는 성장기를 펼치며 혹한 시절의 나이를 꺼내서 매만진다

저녁이면 어떻고 새벽이면 어떤가
수백 년 뒤 작은 섬이 되면 어떻고 수백 년 뒤 모래알이면 어떤가
가슴 텅 빈 여기 깊숙한 숲에서 못생기고 뚱뚱한 동화를 쓰면 또 어떤가
서로가 통했다면 해지는 저녁이지

해 없는 동안만은 농한 기도로 고통을 덜어낼 것
해가 떠 있는 동안만은 일터에서
착한 공기로 틈과 틈을 배우며 사랑하기

해 지는 광경은 고통이면서 기쁨이다
시공을 초월한 불사의 사다리가 길어지는 강가
바오바브나무 표정이 축축하다

바오바브나무야, 더는 자책하지 마
너는 너일 뿐, 해지는 저녁은 내 마음이야.

—「붉은 화첩」 전문

앞의 시 「칸나의 해안」에서 "나의 최초 조력자"가 존재의 순수성을 의미한다면, 「붉은 화첩」은 "해 지는 저녁"이라는 시간의 순수성에 관한 것이다. "진실을 고백할 때"이며, "서로가 통"하는 "이해"의 시간대이며, 또한 "시공을 초월한 불사의 사다리가 길어지는" 시간대이다. "바오바브나무"와 "섬"과 "해지는 광경"이 연출하는 장관으로서의 「붉은 화첩」은 그대로 마다가스카르를 연상시키는데, 이강하는 풍경을 소비하는 것이 아니라 이 장엄한 "찰나"의 시공간을 "내 마음"에 그대로 옮겨 담는다. 이 큰 섬이 "수백 년 뒤 작은 섬이 되면 어떻고 수백 년 뒤 모래알이면 어떤가"라는, 어딘가에 얽매임이 없는 대범한 선적 사유는 "가슴 텅 빈 여기 깊숙한 숲에서 못생기고 뚱뚱한 동화를 쓰면 또 어떤가"라는, 내면의 해방으로 이어진다. 수명이 수천 년에 이르는 "바오바브나무"가 "성장기를 펼치며 혹한 시절의 나이

를 꺼내서 매만"지면서 "표정이 축축"해지는 것은 인간 대다수가 가지고 있는 '혹한 시절'을 위무하고 있기 때문이다. 자연과 인간은 본질적으로 이어져 있으며, 이강하의 시에서 그것은 더욱 강조된다. "틈과 뜸을 배우며 사랑하"는 낮과 "농한 기도로 고통을 덜어"내는 밤이 "해지는 저녁" 안에서 겹쳐질 때 "고통이면서 기쁨"인 소통의 시간이 완성된다.

    줄무늬 우는 소리가 요란하다
    팔색조 햇살 내리는 계곡
    지팡이 짚고 걷는 그림자들, 청색 층이다

    줄무늬 검정돌이 우리에게 말을 거는 사이
    세계적 교량 일곱이 널뛰기를 했다
    전쟁으로 죽은 아이가 아른거린다면서

    그래, 이젠 한마음이면 좋겠어
    전쟁 없는 세계라면 좋겠어
    줄무늬 돌이 나무에게 말을 거는 사이
    줄무늬 셔츠를 입은 소녀가 내 앞으로 빠르게 지나간다

    줄무늬 셔츠는 한때 내가 사랑한 친구가 즐겨 입은 옷이었지 함께 줄무늬 셔츠를 입고 봉사하러 가는 날에는 발걸음도 초록이었지 그런데 가끔 친구의 친구들과 축구를 했던 장소가 떠올라 심장이 쪼그라드는 것처럼 통증이 올 때가 있어 어쩌다가 친구의 친구와 심하게 몸싸움을 했고, 서로의 사과는 사과를 해도 피투성이 사과나무로 남았지 이제야 고백하는데 그때 그 주변 화살나무는 우리보다 더 고통스러웠다고

    지금 나라 밖 전쟁도 있을 수 없는 일이라고
    줄무늬 돌들이 계속 운다
    돌과 돌 사이

물소리는 누구의 기도일까

—「줄무늬 돌」 전문

이강하는 자연과 인간, 사물과 사물, 인간과 인간을 비롯한 삼라만상의 관계성에서 시적 기미를 발견한다. "흙덩이 하나가 바다에 씻겨 나간다면,/ 유럽 대륙이 그만큼 작아진 것이고" "어느 사람의 죽음도 나를 감소시킨다"는 존 던(John Donne) 식의 성찰이 시의 배경음이다. "줄무늬 검정돌"의 "우는 소리가 요란"한 것이나 "세계적 교량 일곱"이 "널뛰기"하는 이유는 "나라 밖 전쟁"의 참상을 공유하거나 "전쟁으로 죽은 아이가 아른거"리는 순간에 직면해 있기 때문이다. "친구의 친구와 심하게 몸싸움을 했"을 때, "그 주변 화살나무는 우리보다 더 고통스러웠"다는 사실을 깨닫는 일은 그 연장선에서 발생한다. 살상 무기인 '화살'을 닮았다는 점에서 배가되는 '화살나무'의 고통을 통해 이강하는 "전쟁 없는 세계"의 필연성을 역설하는 셈이다. 인간과 자연은 모두가 연결되어 있으므로, "나라 밖 전쟁"도 우리와 무관하지 않다는 사실 말이다.

구름을 피워낸 나무는 무슨 생각을 하는 걸까
나무 영혼이 빠져나가는 소리로 자라난 밑동의 가지
어린 가지들은 또 무슨 생각을 할까

나무 위에서 지저귀는 새는
또 어떤 마음으로
허공을 꿰매서 저녁의 이불을 만들까

저 나무는 전생에 누구였을까
구름이었을까
그래서 죽음이 가까워지면 운지버섯을 피워낸 것일까

진정 영혼의 소리를 남겨줄 나이라서
　　　저리도 겹겹 아름다울까

　　　가만히 벚나무 밑동을 매만지니
　　　내 영혼의 소리도 구름 되어 하늘로 날아갈 것만 같다
　　　신발은 무겁고 몸은 더 가볍게
　　　　　　　　　　　　　　　　　─「오래된 나무 이야기」 전문

　수명을 다해가는 "벚나무" 한 그루가 있다. 한쪽에는 "겹겹 아름다"운 "운지버섯"이 자라고, 한쪽에는 "밑동의 가지"에서 "어린 가지들"이 자란다. 생과 사가 공존하는 이 치명적 공간에서 감각보다 관념이 승하다는 것은 이미지보다 의미에 무게중심이 가 있어서이다. 죽어가는 나무와 그 "밑동의" "어린 가지"에 대한 묘사보다 그들이 "무슨 생각을" 하는지가 더 궁금한 이강하는 사물과 현상의 현장성을 사유의 공간으로 끌어들인다. '나무 위에서 지저귀는 새는 허공을 꿰매서 저녁의 이불을 만든다'라고 하지 않고 "나무 위에서 지저귀는 새는/또 어떤 마음으로/허공을 꿰매서 저녁의 이불을 만들까"로 변주하며 필히 '마음'을 경유시키는 방식 말이다. 나무의 생각, 어린 가지들의 생각, 새의 마음을 헤아리는 건 시인으로서의 직무이기도 하지만, 어쩌면 사물에 깃든 "영혼"과의 "스침"을 무수히 시도하는 것일 수도 있다. "가만히 벚나무 밑동을 매만지니/내 영혼의 소리도 구름 되어 하늘로 날아갈 것만 같다"는 구절에서 우리는 "나무 영혼"과 교감하고, "영혼의 소리를 남겨줄 나이"에 찬탄하는 시인을 만난다.

　만물은 대등하고, 서로 깊이 연결되어 있으며, 선한 영향력을 주고받는 관계라는 비의의 문고리를 이강하는 어떤 시에서도 놓지 않는다. 비밀병기 같은 원초적 바름의 세계가 그 안에 있다.

슬픔이라는 물렁한 관념 덩어리를

허유미 「브로콜리」, 이령 「슬픔의 가속」, 민구식 「과메기」, 손수진 「그녀의 밥」

    그만큼 퍼 썼으면 이제 바닥날 때가 되지 않았을까 하다가도, 그 정도 손을 탔으면 마모되어 각진 모서리 하나 남아 있지 않을 성싶다가도, 이 물렁한 관념 덩어리를 떼어다 밥을 짓고, 술로 마시고, 데리고 산책도 한다. 인생에서, 예술에서, 문학에서, 시에서 무장무장 소비하였는데도 마르기는커녕 여전히 철철 넘치는 슬픔을 본다. 도처에 출몰하고, 처처에 즐비한 슬픔. 자신의 본분이라는 듯 딱히 내 것도 아닌 각양의 슬픔과 접속하고, 그 표정을, 그 속내를 읽어내리는 족속이 있으니 이름하여 시인이다. 그들은 남이 보지 못하는 것을 보고, 일부러 보지 않고 피하는 것을 자신도 모르게 봐 버리며, 세상의 겨운 슬픔과 동행한다. 이쯤 되면 본분이라기보다 숙명에 가깝다.

    여기, 4편의 슬픔이 있다.

        언제부터 그는
        저 초록 구름을 키우고 있었을까
        온통 낯선 계절뿐인 이역(異域)에서

> 그의 언어는 눅눅한 허밍뿐이었다
> 엎드려 별자리를 되새김질하면
> 몸보다 큰 기침들이 쏟아지고
> 누런 달력 그린 얼굴에
> 톡톡 돋는 구름송이들은 그가 꿇은 무릎으로
> 구름을 정확히 발음하고 쓰는 동안
> 매일 부풀어 오른다
> 저 땅의 숨이 턱 막힐 정도로
> 사막을 건너 파란 지붕에 닿는다
> 잃지 말아야 할 것은 왜바람을 견디는
> 그의 턱에서 덜덜 떨고 있다
> 해는 느리게 하루라는 문장을 짓고
> 입김을 불어 구름을 키우는 노동을
> 우리는 식탁에 앉아 입을 활짝 벌려
> 브로콜리, 간결하게 브로콜리라 말해 버린다
> ― 허유미, 「브로콜리」 전문(『우리詩』 2021년 1월호)

두 개의 정황이 있다. 외래종인 브로콜리가 '이역'인 이곳에서 "구름을 키우는 노동"을 통해 완숙되는 과정과 '우리'가 브로콜리를 요리해서 먹는 마지막 두 행의 장면이 그것이다. 브로콜리의 형상을 비유한 초록 구름과 눅눅한 허밍, 별자리 되새김질, 큰 기침, 사막, 왜바람 등에서 알 수 있듯 브로콜리를 "키우는 노동"에는 우주 만물이 동참한다. 그러나 브로콜리를 결과로서의 음식물로만 여기고 "간결하게 브로콜리라 말해 버"렸을 때, 브로콜리는 우리에게 의미 없이 다가왔다가 입속으로 사라진 기호로만 남는다. 어찌 브로콜리뿐이겠는가. "누런 달력 그린 얼굴"에서 '그린'이 green의 의미인지, depict의 의미인지 어느 것으로 해도 "누런 달력"이 좀체 해명되지 않으며, "잃지 말아야 할 것은 왜바람을 견디는/그의 턱에서 덜덜 떨고 있다"

에서의 주어–서술어 간 호응이 이루어지지 않는(여전히 추상적이긴 해도 "잃지 말아야 할 것"이라고 쓰면 어떨까) 와중에도 이 시가 매력적인 것은 이런 사유의 틀을 보여주기 때문이다.

다소 오래된 전언이 떠오른다. "시는 말하는 것과 말하지 않고 남겨두어야 할 것, 보이는 것과 보이지 않는 것, 즉 텍스트와 콘텍스트로 되어 있다. 우리는 텍스트를 읽으면서 그것의 기화(氣化)된 어떤 상태, 어떤 마성(魔性)을 띤 뽀얀 에테르 상태의 콘텍스트를 통과한다. '시적인 것'은 이 같은 에테르 상태를 경험하면서 겪게 되는 의식의 화학적 변화에 의해 주어진다."[1] 즉, '시적인 것'은 "어느 때나, 어디에도" 있는 모든 것이지만, 콘텍스트라는 '의식의 화학적 변화'를 거쳐야만 시가 될 수 있는 그 무엇이다. 사물의 섬세하고 치열한 내면과 우리의 단순한 무감각의 간극이 여간해서는 좁혀지지 않을, 이 무한 반복되는 일상적 상황을 슬픔으로 짚어낸 감각이 이 시가 통과한 콘텍스트다.

> 나무들은 전력질주로 도망가고 구름은 집요하게 따라왔네. 울 걸 그랬어! 와디의 습관성 독백이 방울방울 차창에 맺히네. 오래된 고독이 자유낙하하는 화답행 버스는 화답(和答)의 관성을 거부하네. 차라리 좀 더 확실하게 무너져 내릴 걸 그랬어! 맹목적 다짐들을 바싹 당겨와 내리는 폭우는 이곳의 흔하디흔한 풍경이네. 수시로 범람하는 와디, 그녀의 웃음은 근본 압축된 슬픔이네. 어디 한마디 말 건넬 곳 없이 이별의 무게는 추억의 양에 비례하기에 와디, 그녀는 한동안 좀 더 젖을 요량이네. 몇 정거장을 놓친 악착보살 같은 와디의 눈물이 간벌된 가로수 길에 우두두둑 박히네. 예보도 없이 내리는 폭우는 그 누구도 피할 수 없네. 반복된 우기는 건기를 부르네.
> ― 이령, 「슬픔의 가속」 전문(『우리詩』 2021년 2월호)

---

1 황지우, 『사람과 사람 사이의 信號』, 한마당, 1982, 13쪽.

세계에 가려진 슬픔의 지점을 발견해낸 시가 앞의 「브로콜리」라면, 이 시는 슬픔을 전경화한다. 표면적으로는 폭우로 인해 와디가 범람하는 현상과 이별의 무게를 견디다 못해 슬픔이 범람하는 현상이 비유적으로 전개되고 있지만, 이면에서는 "맹목적 다짐들"의 안과 밖이 긴장을 고조시키고 있다. "울 걸 그랬어!"와 "좀 더 확실하게 무너져 내릴 걸 그랬어!"는 '울지 말아야 해!'와 '무슨 일이 있어도 무너져 내리면 안 돼!'라는 안의 '맹목'이 전제된 밖의 '다짐'으로 읽어야 한다. 그래야만 "맹목적 다짐들을 바짝 당겨와 내리는 폭우"와 "수시로 범람하는 와디"가 "와디, 그녀"에서 하나로 겹쳐질 수 있다. 흥미로운 건 시가 대칭으로 전개될 것임을 이 시의 첫 행이 예고한다는 것이다. '나무들'과 '구름'이 하나는 "전력질주로 도망가고" 하나는 "집요하게 따라"오면서 반대 방향으로 동시에 멀어지고 있기 때문이다. "그녀의 웃음"과 견디기를 지탱하는 "맹목적 다짐들"은 "근본 압축된 슬픔", "예보도 없이 내리는 폭우"와 등가이면서 후자의 폭발력을 강화한다. 전자가 뽀송뽀송할수록 후자는 "그 누구도 피할 수 없"는 '폭우'에 직면하게 되고, 시의 제목처럼 '슬픔'은 '가속'된다.

이 시가 시적 주체의 정신적 현실을 관념적 정서로 그려냈다면, 다음의 시는 물리적 현실을 구체적 실제로 그려내고 있다.

> 며칠째
> 한나절을 버티던 사내는
> 인력사무소를 빈손으로 나서
> 대낮 포장마차에 죽치고 앉았다
>
> 반쯤 말린 비린내를 씹으며
> 초장이 입술에서 술잔으로 옮겨지는 사이—
> 소주 한 병이 후딱 비워지는 사이

믿었던 이름들이 차례차례 과메기 쌈에 보태진다

시든 언어들만 질기게 씹던 사내는
후련한 듯 신난 듯 갯바람에 거품을 날렸다
녹슨 말들을 꿰어 건 목걸이를 바다에 던지고
엉덩이 때묻은 긴 나무의자를 밀치고 일어선 등 뒤로
싸락눈이 내린다

마른 김 한 장이 바람에 날아갔다
김이 눈에 앉아 젖는 사이
고추장 같은 욕 한 바가지가 또 흩어졌다
이번 생은 조졌어, 왕창 버렸어,

말린 꽁치처럼 뻣뻣한 사내는
덕장의 나이론 줄을 붙잡고
매운 초장과 덜 씹힌 과메기와 이름들이 섞인
재수없는 이번 생의 신 냄새를 꺽꺽 토해낸다

겨울 눈썹달이 외면을 한다
— 민구식, 「과메기」 전문(『우리詩』 2021년 3월호)

    대체로 삶의 현장과 직결되는 물리적 현실이 시에 들어올 때는 가공이나 장식을 배제한 날것으로서의 현실 언어가 그대로 차용된다. 감정 과잉이나 결핍, 시적 주체의 오버액션, 시인의 주관적 목소리 따위는 끼어들 여지가 없는 것이다. 백석이나 김수영이 그랬듯, 시대성이 스스로 입을 열게 되어 있다. 이 시도 그렇다. "사내"의 어느 오후를 삽으로 뜬 것처럼 스케치했을 뿐인데, 그의 생과 시대가 삽 자국 위에 허물어지는 흙 부스러기처럼 한눈에 밟힌다.

일용직 노동자로 성년을 시작하지는 않았을 "사내"의 점진적인 몰락에는 일하려고 해도 일할 데가 없게 된 사회 현실이 치명적인 작용을 한다. "갯바람"과 "덕장의 나일론 줄"이 암시하듯 일손이 필요한 노동 현장 가까이에 삶터가 있어도(대도시에서 일을 찾아 이곳으로 흘러 들어왔을 수도 있겠지만) 일자리를 구할 수 없는 것은 마찬가지다. 게다가 "믿었던 이름들"의 배신이나 무관용 역시 그의 몰락을 가속화시켰다. 울분에 찬 토사물의 "신 냄새"와 "재수없는 이번 생"은 같은 맛과 냄새를 풍긴다. "사내"는 "이번 생은 조졌어, 왕창 버렸어,"라고 스스로를 진단하지만, 그에게 다른 생이 없다는 것을 그도 알고 독자도 안다. 상황과 형편은 달라도 돌이켜보면 장삼이사들은 자주 생의 막다른 길에 몰리지 않았던가. "겨울 눈썹달"조차 "외면"하는 "사내"의 개별적인 슬픔이 보편적 슬픔으로 읽히는 것은 그 때문이리라.

> 요양병원 침대 위에
> 그녀는 오늘도 목에 핏대를 세우고 소리를 지릅니다
> 밥 안쳤냐!
> 그녀의 화두는 언제나 똑같습니다
> 의사이건 간호사이건 요양보호사이건
> 아들이건 딸이건 그런 건 문제가 되지 않습니다
> 그녀의 관심사는 오직 밥을 안쳤는지의 여부가 궁금할 뿐입니다
> 어떤 기억이 저리도 오래도록 머릿속에 남아
> 사람들을 이토록 다그치게 하는 걸까요
> 그녀의 말과 표정은 무서우리만치 집요합니다
> 금방이라도 뛰쳐나가
> 밥을 지어 먹여야 하는 누군가가 있는 걸까요
> 아니면 따뜻한 밥 한 그릇 먹여 보내지 못한 사람

슬픔이라는 물렁한 관념 덩어리를

>   못내 사무쳐
>   저리도 아픈 상처로 남아 있는 걸까요
>
>   ─손수진, 「그녀의 밥」 전문(『우리詩』 20201년 3월호)

어느 괴팍한 성정에 대한 이야기가 아니다. 이 시는 "그녀"의 심연에 자리 잡고 있다가 "그녀"가 모든 의식을 놓고 난 다음에야 되살아난 어느 불씨에 관한 이야기다. "밥 안쳤냐!"는 "그녀"의 일갈은 "금방이라도 뛰쳐나가/밥을 지어 먹여야 하는 누군가"와 "따뜻한 밥 한 그릇 먹여 보내지 못한 사람"을 상상적으로 끊임없이 의사와 간호사, 요양보호사, 아들과 딸 앞으로 호명해낸다. 그러나 그 일의 발단과 경위와 결과들이 얽힌 일화는 스스로 출구를 막고 일찍이 그녀의 내면에 갇혔으므로, 그 일은 세계를 향해 봉인되었다. "어떤 기억이 저리도 오래도록 머릿속에 남아/사람들을 이토록 다그치게 하는 걸까요"라는 질문을 경유하며 이 시는 치매 환자와 우리가 자연스레 자리를 바꿔 앉도록 유도하면서 우리를 다그침을 받아야 하는 존재로 환치시킨다. 생로병사의 하드웨어적 슬픔이 아니라 "밥 안쳤냐!"라는 소프트웨어적 슬픔이 시적으로 힘이 센 이유다.

빈센트 반 고흐의 〈슬픔〉이 슬픔을 무한대로 분양하듯이, 슬픔에 관한 시 역시 남의 슬픔을 배양해서 다시 내 것으로 만드는 일련의 과정을 부추긴다. 고흐가 찾아낸 슬픔이나 시인이 발견한 슬픔이 다르면서도 같은 것은 그것이 운명이나 고통을 관통하는 어느 찰나를 포착했기 때문이다. 우리의 생에 윤슬이 있다면 무수한 슬픔과 슬픔이 만나는 빛나는 찰나가 아니겠는가. 그 만남을 위해 시인은 슬픔을 시로 쓰고, 독자는 슬픔을 시로 읽는다.

아, 시의 불행 시의 희열!

김옥종 「풍장(風葬)」, 문경재 「함정」, 이돈형 「노릇」, 신현락 「문장의 표정」

1.

> 門을 열어주려 하나 門은 안으로만 머리가 걸린 것이 아니라 밖으로도 너는 모르게 잠겨 있으니 안에서만 열어주면 무엇을 하느냐 너는 누구이기에 구태여 닫힌 門 앞에 탄생하였느냐
> ― 이상, 「定式 4」 부분

> 문을암만잡아다녀도안열리는것은안에생활이모자라는까닭이다. (중략) 나는그냥문고리에쇠사슬늘어지듯매어달렸다.문을열려고안열리는문을열려고
> ― 이상, 「가정」 부분

우리가 운명론자는 아니더라도 운명의 기미를 느낄 때가 있는데, "닫힌 문 앞에 탄생"한 시인의 숙명을 생각하면 자주 그렇다. 시 쓰기란 시작(詩作) 과정이지만, 시에 대한 태도를 비롯해 한 생이 체험한 사물과 사건과 현상, 곧 시적 대상을 비롯해 시적 상상력 등을 질료로 삼는다. 현실과 비현실, 생활과 비생활이 시의 주된 범주이면서 한편 그 너머의 세계를 넘본다는 점에서 시 쓰기는 늘 지난하고 혹독한 여정이 된다. 그럴 수밖에 없다는 사실을

위의 시가 보여주고 있다.

  생의 이치는 시인의 삶과 비(非)시인의 삶을 동일 궤적 속에 둔다. 시인에게도 생활이 없을 리 없으므로 운명의 속절없음에 놓인 시인과 비(非)시인의 동선은 '문'의 안과 밖에서 겹쳐진다.「정식 4」에서 '문'의 안에는 시가 있고, '문'의 밖에는 시인이 있듯,「가정」에서 '문' 안에는 생활이 있고, 문의 밖에는 가장이 있다. 그러나 시에 도달하지 못한 채 시인이 '문' 밖에 있으므로「정식 4」의 '문' 안에는 시가 '모자라고', 제 역할을 다하지 못한 가장이 '문' 밖에 있으므로「가정」의 '문' 안에는 생활이 '모자라다'. 이때 '문'은 시를 그만두지 못하는 시인과 생활을 그만두지 못하는 가장이 돌파해야 할 그 무엇이 된다. 열리지 않는 '문'을 열고, '모자라는' 시를 채우기 위해 시와 시인은 '문'의 안과 밖에서 고군분투한다. 제 그림자에 정확하게 내려앉는 나뭇잎, 그 언저리가 시의 자리일 것이므로.

2.

    울음은 가장자리에서
    가장 크게 부패한다
    생의 내장은 마른 논배미의 갈라진 등허리

    초막에서 할배는 몸피를 줄이고
    영혼의 무게를 늘리고 있는 중이다

    겨울은
    뜨거운 바람으로 거듭나는 길
    잠시 차가움은
    내버려두자

쓸쓸함은 북서풍으로 오지만
말려서 보내는 것,

뼈만 남아야 보낼 수 있는 것들의 합창은
이러하다

나무가 아직 미열이 남아 있는 잎사귀를 보낸다든가
낚싯바늘에 꼬리가 걸려 올라온 운저리를 말린다든가
헛맹세에 버림받고 돌아와 쏟아낸 눈물이 말라 있었다든가
가을에 내기 위해 이른 봄볕의 그늘을 품은
가시오갈피 목을 꺾어 장아찌를 담는다든가
이를테면 말이다

뼈만 남아야 갈 수 있는 길로 가려거든
공복에 도수 높은 알코올로 염을 해준다든가
— 김옥종, 「풍장(風葬)」 전문(『우리詩』 2021년 4월호)

  이 시에서 '풍장'은 주검에 대한 하나의 태도가 아니다. 풍장의 주체들이 죽음과는 무관한 채 '마르는' 행위에 동참하고 있기 때문이다. 예외가 있다면 "낚싯바늘에 꼬리가 걸려 올라온 운저리" 정도.
  '풍장'의 결과는 백골화다. '울음'의 백골 상태("울음은 가장자리에서/가장 크게 부패한다")와 같이, 인간의 내장이 아닌 "생의 내장" 역시 "마른 논배미의 갈라진 등허리"로 백골화되어 있다. 보다시피 이 시에서의 백골화는 인간의 주검에서 진행되지 않는다. "할배"가 "몸피를 줄이고/영혼의 무게를 늘리고 있는" 것도 죽음을 준비하기 위한 것이 아니라 생의 의미를 깨달은 자의 지혜의 일부다. 오히려 "겨울은/뜨거운 바람으로 거듭나"기 위해 "차가움"을 말리고, "북서풍으로 오"는 "쓸쓸함"조차 "말려서" "뼈만 남아야 보낼 수

있는 것들의 합창" 속에 끼워 넣는다. "잎사귀"와 "운저리", "버림받고 돌아와 쏟아낸 눈물"과 "가시오갈피"는 '마르는' 과정, 곧 '풍장'을 거침으로써 다른 존재가 된다. 흙과 섞여 썩음으로써 "잎사귀"는 자신을 내보낸 나무로 되돌아가고, "운저리"는 제 몸을 공양하여 인간의 생명에 보태고, "눈물"은 헛맹세를 깨우쳐 의식을 밝히며, 봄볕 아래 "가시오갈피"는 가을에 차려낼 장아찌가 된다. 죽음의 '풍장'이 아니라 생명으로 전이되는 '풍장'으로, "뼈만 남아야 갈 수 있는 길"이 어디인지 이제야 드러난다.

그런데 인간에게도 이런 '풍장'이 가능할까. 죽은 자에게 산 자가 표하는 최대의 예의는 '염'이다. 시인은 "공복에 도수 높은 알코올로 염을 해준다든가"라는 마지막 행에 시적 비의를 숨겨놓았는데, 술에 취하면 겪을 수 있는 흔한 감정의 해이 상태가 아니라 그것은 극진한 예로 불러들인 '순간의 성화(聖化)'(옥타비오 파스)에 가까울 것이다. 물기를 말리는 일과 공복에 도수 높은 알코올로 염을 해주는 일이 나란히 '풍장'일 때, '풍장'의 본질이 그러하듯 거기에는 삶의 도저한 농담도 함께한다.

3.

입을 가린 채 그곳으로 들어가려 했으나

그 어둠

또 짙은 침묵

무대도 없이 구석에 누군가 앉아있었다

소리 없는 음악

헬스트레이너였다 고개를 무릎에 파묻고

    엘이디 두어 개 불빛이 러닝머신 위에 가지런했다

    다리에서 뛰어내리기보다는

    물속에서 숨을 참는 자세로

    내가 뒤돌아 나오는 것도 모른 채

    정수리, 어깨, 팔뚝의 실루엣이

    어떤 음악을 연주하고 있었다
                    ─ 문경재, 「함정」 전문(『예술가』 2021년 여름호)

 찰나의 포착이라는 시의 특성에도 불구하고 영화적 용어로 '한 컷' 안에 시가 담길 때가 흔한 것은 아니다. 하나의 장면에 수렴되기에 이 세계는, 우리의 내면은, 너무 복잡다단하고 다층적이며 분열되어 있기 때문이다. 팬데믹이 바꾼 우리네 일상은 표면적으로는 일층 단조로워졌다. 국가의 통제 아래 행동의 제약을 받으며 다수가 비슷한 패턴의 나날을 보내고 있는 와중에, 그래서일까, 시인이 '시작메모'에서 밝혔듯, '미래보다 현재가 중요한 시대에 불안과 동거하면서 타인의 삶을 자주 눈여겨보는 것도 우리의 습관이 된 듯하다.' 여태까지는 간과해왔던 '동시대를 견디는 개인들의 삶이 누군가에 의해 한 땀 한 땀 기록'되고 있으며, 이 시에서처럼 '어느 날 발길에 이끌려 우연히 보게 된 단골 헬스장 트레이너의 어둠도 그중 하나'일 것이다.
 타자의 삶이 내 속에 육화되고 있다. 폐쇄된 헬스장. 밤낮으로 휘황하던

"무대"는 불이 꺼졌고, 떠날 수도 머물 수도 없는 처지에 놓인 헬스트레이너가 "다리에서 뛰어내리기보다는/물속에서 숨을 참는 자세로" "고개를 무릎에 파묻고" 앉아 있는 곳. 그 어둠이 얼마나 깊었으면 그는 "내가 뒤돌아 나오는 것도 모른 채" 온몸으로 흐느낌이라는 "음악을 연주하고" 있다. 그 "소리 없는 음악"으로 인해 '나'는 뒤돌아 나오면서도 헬스트레이너의 곁에 앉는다. 그 어둠의 깊이를, 어둠의 무게를 같이 느낀다. 타자의 어둠을, 시대의 어둠을 깊이 호흡한다. 타자가 앓고 있으므로 시인도 앓는다. 시인의 운명이다.

4.

    요양병원 흡연구역에서 우리가 닮은 것을 알게 되고

    흙벽과 기둥만 남은 신전에서 노릇의 꿀꿀함을 설파하던 돼지처럼 침을 흘렸다 서로의 종말이 남아 있어

    닮음을 떼어놓으려 할수록 다급히 떠나는 트럭에 실린 기분이 들었다

    우리는 한 공간을 맴돌다 가는 돼지의 발바닥보다 깨끗하지 않아 사무치기 쉬운 게 냄새였고

    뒤통수를 긁으며 먼발치는 먼발치대로 힘이 부친다는 말에

    어젯밤 길고양이가 내게로 와 몸을 비빌 때 곁을 주며 착한 이웃이 되자고 서둘러 말한

    방심처럼

그 서두에 먼저 엎드리고 싶었다

　　주차장의 차들이 방심을 덮어쓰고 있어 모두가 박힌 말뚝이 되었지만

　　어떤 노릇은 태생이 피보다 진해 아무리 씻어도 발바닥보다 더러웠다
　　　　　　　　　　— 이돈형, 「노릇」 전문(『우리詩』 2021년 7월호)

　맡은 바 구실이라는 '노릇'의 사전적 의미는 어른 노릇, 선생 노릇, 부모 노릇 등에서 보는 바와 같이 일정한 의무를 수반한다. 아이 노릇이란 말은 들어본 적 없지만, 불운에 처한 스승이나 병약하고 노쇠한 부모의 경우 도리와 같은 의미로 혼용되고 있는 것을 볼 때 '노릇'에는 윤리적이거나 물리적인 책임도 뒤따른다. 지금 "우리"가 당면한 문제가 바로 이 자식 '노릇'과 관련되어 있다.
　이 시는, 게임으로 치면 테니스가 아니라 스쿼시에 가깝다. 공은 요양병원에 입원한 (부모 중 어느 하나로 추정되는) 환자와 화자 사이를 오가지 않는다. 연민과 자책과 회의와 변명 따위의 복합적인 감정은 오히려 요양병원에 누군가를 입원시키러 왔거나 면회 온 가족의 일원들과 화자를 향해 몇 배속으로 튕겨 나온다. "흙벽과 기둥만 남은 신전"이란 부모를 유폐시킨 요양병원이거나 화자의 심리적 공간이며, 경건과 예배가 소거된 부모의 피폐한 몸이기도 하다. 자식 '노릇'을 제대로 하지 못했다는 자괴감의 벽에 대고 번갈아 라켓을 휘두르는 "우리"는 우연히 "흡연구역"에 모이게 된 개별적 존재들이지만 그러한 이유로 한눈에 "우리가 닮은" 연원을 파악하게 된다. 누구는 '노릇'의 부당함에 대해 불평하고("노릇의 꿀꿀함을 설파"), 누구는 병원비를 대느라 "먼발치는 먼발치대로 힘이 부친다"고 토로하는 가운데 '나'의 자의식은 "돼지처럼 침을 흘"리면서, "돼지의 발바닥보다" "더러"운 나의 '노릇'의 실체를 본다. 자기 내면에 대한 이 날카롭고 첨예한 응시는 시인과 시를

가로막는 이상의 저 '문'을 돌파하여 '모자라는' 시를 채우기까지 나아간다. 시를 쓴다는 것은 실로 무서운 일이다.

5.

  이제 남은 일은 발표뿐이라면서 그는 나이테 문장을 보여주었다
  톱날로 제재를 구하고, 끌과 대패로 첨삭을 하고, 니스 칠로 윤문을 보았으니
  나무의 생로병사가 볼만하지 않겠냐는 뜻이다
  나는 식탁으로 쓰기에 맞춤이라는 데 동의를 표하고 문을 나선다
  미끈한 무늬가 싫다기보다는 한 존재가 죽으면서 남긴 문장이 저럴 수야 없으리라는 생각으로
  잘려나간 늙은 나무의 기원을 보러가는 것이다

  밑둥치의 다친 얼굴은 제 몸 지워진 방향이다
  해와 달이 서로의 몸을 둥글게 바꾸듯이
  허공으로 뻗어가던 나무의 안팎을 자연스럽게 연결해주는 순접의 관계를 찾고 있었을까
  톱날자국 입에 물고 깊게 파인 언중이 어긋나 있다
  쭉정이 같은 싸락눈이 손등에서 굴러 떨어진다
  어디선가 나무의 문장이 뿌리째 뽑혀진다

  나는 서둘러 돌아와 퇴고를 막 끝낸 문장 사이를 들여다본다
  겨울나무 사이를 흔들고 있는 바람을 살포시 걷어내자
  잎잎이 화려한 수사로 치장한 세월을 발밑에 깔고
  고통스런 기억들이 말끔하게 수선되어 있었다
  누군가의 달력으로 쓰기에 알맞은 풍광이었으나 원본과는 거리가 멀다

> 문장의 생로병사에서 보자면 기원은 퇴고와는 아무 상관이 없다
> 밑둥치가 썩은 수피에서 새순이 연둣빛으로 터져 나올 무렵
> 몇 그루의 나무가 더 베어져 그의 식탁은 더욱 반질해지고
> 이미 나를 지나간 문장은 외딴 숲길에서 혼자 골똘할 것이다
> ─ 신현락, 「문장의 표정」 전문(『시와문화』 2021년 여름호)

시를 읽다가 마지막 행에서 문득 깨닫는다. '제 그림자에 정확하게 내려앉는 나뭇잎'이 시의 자리라 했을 때, "이미 나를 지나간 문장"이란 제 그림자를 찾지 못한 나뭇잎이고, '모자라는' 시의 일종이라는 것을. 각종 문예지에 발표되는 숱한 시들 중에 눈에 띄는 시가 많지 않은 것은 시인이 '문'을 돌파하지 못한 채 여전히 '문' 밖에서 '문고리에 매어달려' 있는 상태이기 때문이라는 것을. '모자라는 시'에 대한 반성문 같은 이 메타시는 그러나 '문'을 돌파하여 제 그림자에 정확하게 내려앉은 나뭇잎이다. 현실과 비현실, 생활과 비생활 그 너머의 세계인 "원본"과 "기원"의 시공간에 대범하게 시를 부렸을 뿐만 아니라, "나무의 생로병사"와 "문장의 생로병사"를 통해 우리의 시 쓰기를 아프게 꼬집고 있다. 여기에서 '나무'와 '문장'은 시를 은유하는 이음동의어이다.

 시인 그 누구라도 시 쓰기의 결과는 자주 참담하다. '그'는 "톱날로 제재를 구하고, 끌과 대패로 첨삭을 하고, 니스 칠로 윤문"한 "나이테 문장"을 보여주었으나 이는 "식탁으로 쓰기에 맞춤"이고, "한 존재가 죽으면서 남긴 문장"의 의미를 찾던 '나' 역시 "퇴고를 막 끝낸 문장 사이"에서 "누군가의 달력으로 쓰기에 알맞은 풍광"을 발견한다. '식탁'과 '달력'의 실용성과 물량주의적 생산성은 예술성과는 동떨어져 있다. "잘려나간 늙은 나무의 기원"이 소거된 "나무의 문장"이나, "고통스런 기억들이 말끔하게 수선되어 있"어 "원본과는 거리가 멀"어진 "문장"은 "외딴 숲길에서 혼자 골똘할"

뿐 이미 시인을 지나쳐 갔다. "미끈"하고 "반질해"진 문장은 "톱날자국 입에 물고 깊게 파인 언중이 어긋나 있"는 나무의 "밑둥치"를 퇴고한 결과이고, "잎잎이 화려한 수사로 치장한 세월"은 "고통스런 기억들"을 퇴고한 결과이다. 이때 '퇴고'는 윤색의 다른 말일 터. 아, '기원'과 '원본'을 알 수 없게 되어버린 시의 불행이여!

6.

아, '기원'과 '원본'을 찾아 절벽 아래 어둠 속으로 뛰어내리는 시의 희열이여!

발표지 목록

제1부

시의 방위(方位) : 『예술가』 2019년 겨울호
언제나 너무 많은 '非'들 : 『시와세계』 2023년 봄호
바깥이라는 안의 전형 : 『예술가』 2018년 여름호
좋은 시, 어려운 시, 달아나는 시 : 『시와문화』 2020년 가을호
이렇게 절실한 말 : 『미네르바』 2024년 겨울호
문학의 '그러함'이라는 생장점 ― 문학은 무엇이었는가 : 『예술가』 2022년 겨울호

제2부

당신의 난각 코드 끝자리 : 『시와세계』 2024년 봄호
야만의 시대기 : 『우리詩』 2022년 1월호
사회현상이 문학에 기입되는 방식 : 『시와문화』 2024년 겨울호
적과 동지라는 딜레마 : 『우리詩』 2022년 10월호
팬데믹 시대 마스크를 쓴 시들 : 『예술가』 2020년 가을호
팬데믹 시대 마스크를 쓴 시들, 그 이후 : 『우리詩』 2022년 5·6월호(분재)

제3부

약속, 마음, 육체라는 신화 : 『예술가』 2020년 겨울호
존재론적인 고통과 육체로 환원된 정신주의 : 『시와세계』 2017년 겨울호
신드롬과 징후 : 『시와문화』 2017년 가을호
수학은 어떻게 시로 건너오는가 : 『예술가』 2020년 여름호
보이는 것 뒤에 보이지 않는 것들이 : 『우리詩』 2023년 4월호
고통에 관한 시적 아날로지 : 『예술가』 2021년 봄호
머물기, 달아나기 혹은 되돌아오기 : 『예술가』 2018년 가을호

제4부

전선에서 온 편지 : 『시와세계』 2023년 겨울호
아우라가 현전하는 방식 : 『예술가』 2019년 봄호
이미지 사용법 : 『시와세계』 2019년 봄호
출발과 발생 : 『시와세계』 2024년 여름호
슬픔이라는 물렁한 관념 덩어리를 : 『우리詩』 2021년 5월호
아, 시의 불행 시의 희열! : 『우리詩』 2021년 10월호

찾아보기

인명

ㄱ

강계숙 215
강영환 169
강정 215
강주룡 100
강현국 25
고경자 301
구스타브 클림트 302
권기선 186
권박 108
권택영 46
권형영 132
귀스타브 도레 294
긴즈버그 212
김경주 214
김나영 150
김네잎 169
김륭 191
김명인 150
김병호 62
김사인 102
김석영 280
김성규 139
김수영 222
김승일 172
김언희 297

김옥종 335
김완 237
김용택 270
김유미 51
김유철 122
김유태 292
김은령 147
김은상 53
김은후 178
김이듬 69
김이하 176
김재필 271
김종삼 309
김종희 124
김중일 189
김행숙 19
김현 166
김현주 131
김혜리 216
김효은 177

ㄴ

나희덕 153, 268
뉴턴 220
니체 202

ㄷ

데리다 45
데카르트 45, 152
도스토옙스키 222

ㄹ

라이프니츠 220
라캉 46
라 퐁텐느 294
레닌 95
레비나스 45
로버트 메이 220
로버트 셀턴 208, 212
류근 166

ㅁ

마광수 105
마르크 오제 39
마틴 스콜세지 210
문경재 337
문보영 294
문성해 47
문현미 279
미셸 드 세르토 39
민구식 330

ㅂ

박관서 142
박성민 168
박수빈 166
박용하 168
박윤일 26
박정원 152
박지웅 55, 84
박찬일 21, 194
반연희 95
발터 벤야민 289, 303
밥 딜런 207
배창환 230
백무산 106
베노이트 만델브로트 220
베르길리우스 221
보르헤스 71, 223
빅토르 어얼리치 222
빈센트 반 고흐 332
빌 비올라 249

ㅅ

사르트르 45, 248
샤를 페로 294
서안나 97, 157
서태지 213
성보현 227
세르비우스 221
손광수 208
손미 49, 170
손세실리아 166
손수진 332
손원평 117
송경동 179

송문희 167
슈클로프스키 222
신동옥 111
신현락 341
심영의 86
심지현 262

ㅇ

아르키메데스 20
아리스토텔레스 152
안토니오 타부키 190
안현미 148, 177
알브레히트 뒤러 249
앙드레 브르통 294
에두아르 르베 297
엘리엇 184, 212
여국현 168
위성욱 284
윌리엄 제임스 284
유하 222
윤여진 262
이강하 317
이길한 235
이돈형 339
이령 328
이병률 161
이병일 24
이보경 255
이브 탕기 295
이상 63, 333
이수명 31
이슬아 62
이승하 153
이영광 154, 175

이영숙 129, 170
이영주 286
이윤설 259
이은래 171
이장욱 29, 66, 137
이재무 140
이점선 282
이종민 225
이진옥 265
이태 135
이태수 146
이희형 160

ㅈ

자크 랑시에르 111
장석남 233
장석원 300
장석주 126
장우원 113, 173
전선용 135, 173
전혜성 262
정선희 262
정일근 263
정현종 230
제니퍼 A. 스쿠바 116
제임스 러브록 152
제임스 조지 프레이저 221
제임스 카메론 185
제페토 62
조세희 98
조정래 135
조창환 173
조향미 165
주병율 307

ㅊ
채선 167
천명관 117
최문자 254
최영철 273
최휘 303

ㅋ
카지미르 세베리노비치 말레
    비치 292
칸트 45
칼 랑게 284
클림트 304

ㅌ
토마스 아퀴나스 152

ㅍ
페트로니우스 184
푸코 45

ㅎ
한나 아렌트 20
한명희 72, 128, 310
한영수 100
한정원 147
함기석 158

허연 251
허유미 327
허정애 249
헤겔 45, 141
헬레나 노르베리 호지 156
호르헤 루이스 보르헤스 71
호메로스 83
황보름 87
황준원 117
황치복 64
황현산 294
휘민 155

용어

ㄱ
가족 서사 261
가치의 세계 234
각주 289
감각의 전선 279
감정의 전선 283
강한 개인 207, 218, 219
객관적 상관물 32
공생 256
공시적 감각 115
관계의 전선 281
귀로 듣는 시 218
기생 256
기원과 원본 342

ㄴ
나비효과 222
난각 코드 97
난해시 62
내면의 민주화 141
노동 93, 110
놀이적 속성 68

ㄷ
달아나는 시 70
동의성 248, 256
동지 136

ㅁ
메타 프랙탈 224, 226
멜로디 204

모성성 262, 270
무작위성(randomness) 222
미래파 63, 307
밀레니얼 세대 59

ㅂ
반려 30
변화의 전통 213
복제품 302
부성성 262, 270
비건 248
비규칙성(irregularity) 223
비선형성(non-linearity) 222
비(非)인칭화 33
비장소 39, 42
비정치 136

ㅅ

삼포세대 87
상생 256
선근 인연 228
세계화 105, 145
세속적 시간 187
수직적 콘텍스트 249
수평적 연대 87
수평적 콘텍스트 249
수학적 사유 220
순간의 성화 336
시극집 216
시의 방위 18, 27, 30
시의 지성화 290, 304
식민지 109
신자유주의 95, 206
신화 17, 24, 192
신화적 시간 187

ㅇ

아날로지 248, 256
아르키메데스의 점 20
아우라 290, 302
아포리즘 195
알라존 199, 272
애도 228, 230, 250, 274
액자형 시 186
야만 104, 115
에이론 199, 272
연기(緣起)의 세계 226
영원회귀 202
오리엔탈리즘 17
왜상(歪像) 33
우연성 223

원본 290
유일성 303
이미지 과잉 306
이분법적 세계 229
이의성 248, 257
인간의 역량[potentia] 234
인본제일주의 152
일상의 민주화 141

ㅈ

자기 갱신 209
자기동일성 220
자기유사성(self-similarity) 223
자동기술법 211
장소성 39
재난의 리얼리티 164
적 136
전설 24
정치 행위 86
제국주의 95
주술 17
죽음의 전선 285
지성의 대중화 290, 304
지적 오브제 289
직선적 시간 246
집단지성 143

ㅊ

체제의 전선 278
친일파 청산 240
칠포세대 87

ㅋ

카오스의 기하학 220
코비드-19 150, 164
콘텍스트 328
키치문화 222

ㅌ

태양신 17
텍스트 328
통시적 감각 115
파르티잔 135
파토스 68
표류부동의 세계 231
프랙탈 220, 224, 236
프롤레타리아 112

ㅎ

하위 지류의 전범화 법칙 222
해체시 63
행위하는 시 218
현실정치 105
혼성교배적 속성 216
환경 파괴 152

작품 및 도서

ㄱ

「가여운 거리」 251
『가이아』 152
「가정」 333
「가족」 262
「간다」 166
「갈라진 교육」 262
「감염」 167
「검은 기린」 191
「검은 봄」 154
「검은 원」 292
〈검은 원〉 292
「고대 그리스식 비극」 76
『고령화 가족』 117
「고백」 140
「과메기」 330
「구두, 발자국」 26
「국경」 186
「권총, 매의 입술책 & 벌받지 않은 떠버리」 211
「그가 나에게」 200
「그녀의 밥」 332
「그늘에 앉은 남자」 169
「그러거나 말거나」 271
「그러려니 비극」 122
『기담』 214
『기술복제시대의 예술작품 ― 사진의 작은 역사 외』 289
「김종삼처럼 말하다 ― 먼지들」 309

「김혜리가 만난 사람:김경주」 216
「꿈속에서 우는 사람」 126
「꿈에 네가 나왔다」 32
〈꿈의 신속함〉 295

ㄴ

「나귀 가죽」 294
『나는 이 세상에 없는 계절이다』 214
「나는 이제 예전만큼 자주 걷지 않지만 방 안에서도 산책할 수 있다는 것을 알게 되었습니다」 160
「나의 영혼은 목소리에 저항할 수 없다 ― Tracy Chapman「The Promise」에 붙여」 300
「난각 코드」 97
「난파」 284
「난해시 · 대중시 · 통속시」 62
「낮술」 202
「내가 모르는 장면」 280
「내 그물로 오는 가시고기」 98
「내 슬픔은」 113
「너무 늦은 시간」 313
〈네 명의 사도들〉 249
〈노 디렉션 홈 : 밥 딜런〉 210

「노 디렉션 홈 ― 밥 딜런의 삶과 음악」 208
〈노량〉 102
「노릇」 339
「누가 수조 속에 가물치를 풀어놓았나?」 150
「누구의 누구」 311
「누나라는 말」 166
「눈사람」 318

ㄷ

「다알리아」 314
「다음에」 315
「달마고도를 걷는다」 244
「당부」 176
「대낮의 군대」 153
「도시가스」 35, 37
「도시가스」 31
「동지」 139
「돼지! 그리고 비디오」 203
「들꽃 요양원」 166

ㄹ

『러시아 형식주의 ― 역사와 이론』 222

ㅁ

「마스크」 157, 158, 165
「마스크 안의 기도」 173
「마요네즈」 262
「마음에 대한 보고서 2 ―詩

에 대하여」 196
「마음에 대한 보고서 3 — 감사에 대하여」 198
「마음에 대한 보고서 6」 198
「마음에 대한 보고서 11 — 육식에 대하여」 196
「마음에 대한 보고서 17 — 내 눈동자에 대하여」 199
「마음에 대한 보고서 20 — 정신병자에 대하여」 205
「마음의 잠」 189
「면역」 161
〈명량〉 102
「묘지기」 286
「무단결석」 41
「무릎의 문양」 214
「문장의 표정」 341
『미래출현』 117

ㅂ

「바다를 두고 — 序詩」 202
「바람에 실려」 106
「박쥐」 262
「밖에 있는 사람」 43
「밖이라는 것」 47
「반려」 29
「방문객」 230
「백설공주가 일곱 난장이와 자꾸 헤어진다」 203
「뱀사골에서」 135
『범망경(梵網經)』 227
「법의 자서전」 233
「벨베데레의 봄」 301

「변신마스크」 177
「병 깊은 자의 노래」 204
「봄 전갈 — 2020 대구 통신」 146
「부치지 못한 시집」 245
『북극점』 수정본」 195
「불가촉시민」 147
「불면」 170
「붉은여우를 찾아서」 152
「붉은 화첩」 322
「브로콜리」 327
「飛禽島」 51
「비대면의 가을」 168
「비대면의 세계」 179
「비장소」 39
「빨간 우체통」 25

ㅅ

「사라진 사람들은 부엌에 모여 산다」 132
「사이비」 78
「4·16의 아침」 230
『사티리콘(Satyricon)』 184
「사회적 거리두기 2.5」 173
「살던 동네」 74
『상징미학』 105
「새로운 작시술, 서사의 문법」 64
「새의 훗날」 55
「생로병사」 124
「생활세계에서 춘천 가기」 66
「생활의 실패」 168
「서울에서 보내는 편지」 142

「선암사, 꽃의 시간」 238
「성웅(聖雄)」 102
「소년」 197
「손」 254
「수건의 고독사」 129
「스마일 마스크 증후군」 169
「스위스행 종이비행기」 128
「슬픈 모유」 268
〈슬픔〉 332
「슬픔의 가속」 328
「슬픔 한 권 — 코로나19를 발췌하다」 167
「시간의 얼굴」 242
「시골 창녀」 69
〈식스 센스The Sixth Sense〉 44
「신기루 — 굴참나무 잎」 307
「신분당선」 155
「12월 32일」 170
「씻김」 265

ㅇ

『아이네이드』 221
「아흔아홉 개의 정류소를 지나」 273
『알렙』 223
「알 수 없는 고통」 197
「어느 푸른 저녁」 282
「어떤 부활절」 153
「어머니」 202
「어머니의 문장」 263
「어서 오세요, 휴남동 서점입니다」 87
「어처구니 보고서」 178

「얼음 전선―서대문형무소」 279
「에포케」 147
「여행」 227
「예약된 마지막 환자」 259
「오감도」 63
「오늘 나는 네가 살지 못한 만구백오십번째 밤」 282
『오늘의 기분』 86
「오뒷세이아」 83
「오래된 나무 이야기」 325
「우리는 타인의 얼굴에서 어떻게 격정의 감정을 읽어 내는가」 249
「우화의 힘」 295
「위대한 나의 아버지」 270
「은사님이 더 이상 시를 쓰지 않았으면 좋겠다」 303
「을밀대 지붕 위의 체공녀처럼」 100
『음유시인 밥 딜런 ― 사랑과 저항의 노래 가사 읽기』 208
〈의식〉 249
「이끼」 131
「이 노을은 어딘가 익숙하다」 73
「이런 적은 처음입니다」 150
「이 시절에」 171
「이웃에 계신 하느님」 201
〈이퀼리브리엄〉 284
「인간의 조건」 20
『인도 야상곡』 190
「인류」 203

「인류에 대한 관심」 202
〈인사이드 아웃〉 284
〈일간 이슬아〉 62
『일리아스』 83

ㅈ
「자기소개 ― 에두아르 르베에게」 297
「자연처럼」 175
『자화상』 297
「잘 가」 84
「장자」 237
「적」 137
「전염, 그 현상에 대하여」 173
「절벽 미소」 294
「定式 4」 333
「제국의 밤」 95
「죽은 나무가 나무다」 199
「죽은 나무의 구멍 속에도 저녁은 찾아온다 ― 베리에게」 218
「죽은 자들의 대화」 71
「줄무늬 돌」 324
「중앙SUNDAY ― 서울, 포스터」 199
「지구를 지켜라」 19
「지상의 말들」 246

ㅊ
「창문들의 플랫폼」 49
「1990·내 밥」 197
「천변 풍경 3」 168
「첨성대의 발달」 21

『초현실주의 선언』 294
「추모 도서 출간 파티」 172
「7년 7개월」 310

ㅋ
「카만카차19」 148
〈카멜롯의 전설〉 221
「칸나의 해안」 320
『칼잡이들의 이야기』 71
「코로나 시대에 신은 줌(zoom)놀이를 한다」 177
「코로나 학번」 166
「코코넛 매트」 108
〈키스〉 302

ㅌ
『타란툴라』 211
〈타이타닉〉 183
「타인의 집」 117
「타프롬 사원과 스펑나무」 255
『태백산맥』 135
「테레민을 위한 하나의 시놉시스(실체와 속성의 관점으로)」 215
「토끼풀을 먹은 토끼를 나무랄 수는 없듯이」 80
〈틱택〉 214

ㅍ
『80억 인류, 가보지 않은 미래』 116
「팥」 24
「팬옵티콘」 217

〈폐허의 거리(Desolation Row)〉 212
「포효」 212
「풍장(風葬)」 335
「프랑켄슈타인 — 어(語)의 발생학」 215
「프랙탈」 225

『프롤레타리아의 밤』 111
「프롤레타리아의 봄밤」 111

ㅎ

「하이델베르크의 고독」 53
「함정」 337
「행복한 바보, 바보 행복한」 235
『황금가지』 221
「황무지」 184, 212
「황석산을 오르며」 240
「회복기의 노래 1」 205